国家"十二五"出版规划重点图书

丛书主编　徐光兴　申荷永

心理学与中国文化丛书

HANZIQING
Fuhao Zhong de Qinggan Shijie

罗建平 ◎ 著

汉字，象形会意；
心理学，触摸情感；
追随心理学，走进汉字中蕴含的情感世界。

◀符号中的情感世界

全国百佳图书出版单位
时代出版传媒股份有限公司
安徽人民出版社

图书在版编目(CIP)数据

汉字情:符号中的情感世界/罗建平著.—合肥:安徽人民出版社,2015.10
ISBN 978-7-212-08392-2

Ⅰ.①汉⋯ Ⅱ.①罗⋯ Ⅲ.①汉字—关系—情感—研究 Ⅳ.①H12

中国版本图书馆 CIP 数据核字(2015)第 252799 号

汉字情:符号中的情感世界

罗建平 著

出 版 人:胡正义
责任编辑:张 旻 郑世彦   责任印制:董 亮   装帧设计:宋文岚

出版发行:时代出版传媒股份有限公司 http://www.press-mart.com
　　　　　安徽人民出版社 http://www.ahpeople.com
　　　　　合肥市政务文化新区翡翠路 1118 号出版传媒广场八楼
　　　　　邮编:230071
　　　　　营销部电话:0551-63533258 0551-63533292(传真)

制　　版:合肥市中旭制版有限责任公司
印　　刷:安徽省人民印刷有限公司

开本:710×1010 1/16   印张:18.25   字数:236 千
版次:2016 年 1 月第 1 版 2016 年 1 月第 1 次印刷

标准书号:ISBN 978-7-212-08392-2   定价:43.00 元

版权所有,侵权必究

丛书序言一

人，生活在文化中。文化锻冶了我们的心理和行为。品味一种人生的文化，就是要在那片覆盖厚厚的土壤中，寻找有可能逝去或行将消失的文明宝藏，从而发掘生命的意义、价值的取向和人性的美好。

中华文化源远流长，其内涵博大精深，用心理学这把利器进行挖潜，可以使其不断地显现出充盈活泼的生命力，让人产生丰富的情感体验和生活，这是具有何等现代能量的事业。如果心理学是一把开启大门的钥匙，中华文化中的各种矿藏，就可能成为天光一泄的智慧精灵，是具有诗性特征的闪烁星辰，也是铺垫在永恒的生命河流中的沙粒，它有可能成为现代人理解、处理某些窘迫的社会困境时，所开凿的一窗深邃微明的天窗。

我们编写的这套丛书涉及了中国传统文化中佛学、禅学、汉字、梦文化、武术和古典民族音乐等各个领域，是现代心理科学与中国传统文化的一次次精彩的碰撞，我个人觉得它可以给广大读者带来意想不到的惊喜和新的省思。因此这套丛书也可称之为是一种"新国学"的展示。

通过对儒家学说的心理分析，让人从中学习一种积极的正能量，多一点志向去济世济民；通过对道家、易学等的心理学研究，使人可以多一点自我修炼，修身养性，提高生活的质量；现代人容易精神困惑，心理压力又日趋增大，通对佛学、禅宗的心理学阐述，让我们做自己的"心理医生"，多一点洒脱去"救心"，让个体的生命意义更具光彩；中国的古典音乐和武术，让我们提高审美情趣，使我们达到一种心平德和、修身正己的目的。

因此，这套丛书从精神领域出发，将中国传统文化精髓和人类直观的生活世

001

界,与心理科学互为交融,让我们更好地感受生活,活在当下,把握过程,其主旨是继承了中国人自古以来珍视生命的优秀文化传统。

  人,活着,是需要智慧的。智慧,就蕴含在我们的文化之中,就像鱼儿在海水中一样,海在你的外面,也在你的里面。鱼离不开海水,人的智慧和存世感也离不开文化。

  当我坐在绿树芳草成荫的庭园中,听着周围湖水的呢喃声,并在古色古香的书斋中写作这篇小序时,清心寡欲,真气充盈,就深切地感受到这种文化和智慧的存在。此所谓观体象而悟道,融妙理于常序,是以作序谨记,并为天下识者智者荐之。

徐光兴

2013 年夏日于连明湖畔沐心斋

丛书序言二

"心理学与中国文化"具有多重的意义。对于中国学者来说,要真正理解"心理学"的意义,必然要考虑心理学的文化因素,犹如"心—理—学"之汉字的寓意和内涵。实际上,若要真正发挥心理学的作用,实现心理学的意义,也必然要将其与文化密切结合。

西方心理学史的学者们,认为心理学的第一个故乡在中国。这是基于对心理学本来意义的一种深度理解。中国的《易经》,中国的儒学,中国的道家,东方的佛学,便是心理学的源泉与宝藏,包含着对心理学极为重要的启发。即使是从纯科学的角度来说,对于物理学、化学、数学,以及对于科学技术的发展,中国文化也都具有不可限量的作用。这在李约瑟的《中国科学技术史》以及卡普拉(Fritjof Capra)《物理学之道》等著作中都有详尽的阐述。许多当代科学都能从中国文化中汲取灵感和启迪,又何况具有更多人文元素、以认识自己和服务人类事业为宗旨的心理学呢!

作为心理分析师,我一向认为,当面对心理疾病及其背后原因,以及面对深层无意识内容时,最为重要的不是诸多外来的理论,而是我们自己的文化基础。弗洛伊德认为,博大深厚的中国文化对于人类理解自身具有无可比拟的作用。荣格曾把汉字称为可读的原型,把中国的《易经》视为足以动摇西方心理学基础的"阿基米德点"。他与泡利[①]合作的论"共时性"(synchronicity)专著,正是对《易经》的原理在科学与心理学中的发挥。我们与国际分析心理学会(IAAP)合作,组织与主持了连续五届的"心理分析与中国文化国际论坛"(1998—2012),便是要继续发扬中国文化对于当代深度心理学的意义。

---

① 泡利(W. Pauli),1945年诺贝尔物理学奖得主,曾作为荣格的"病人",接受荣格的心理分析。

——符号中的情感世界

很多年以前,我曾在《光明日报·学术理论版》撰文评价"心理学与中国文化"的意义(1997年3月1日),记得当时是用这样一段文字开始的:"心理学与中国文化有着内在的联系,有着丰富的内涵。在我们的理解中,中国文化本身便是一种充满了心理学意义的文化,心理学的意义也正是中国文化的突出特色。因此,当代心理学的发展,应该注重中国文化中这种心理学的意义。心理学与中国文化有着双重的内涵,有着双向的作用,因为从心理学的角度,也将能够帮助我们增加对于中国文化的理解。"

数年后,我们又用"中国文化与心理学"为标题,同样在《光明日报·学术理论版》发表文章(2000年7月25日)。其主要内容涉及三个方面,以回应心理学与中国文化以及中国文化与心理学的思考:(1)为心理学提供智慧;(2)为智者提供灵感;(3)为心理学立心。在我看来,通过诸多西方心理学家的努力,当代心理学已经有了一个较为完整的躯体,并且五官俱全,也有了一个注重认知的头颅。但是其所缺少的,正是一颗"心"。而在"心理学与中国文化"的主题中,或者说我们中国文化心理学,所蕴含的也正是这种"心"的意义。

后来有了《中国文化心理学心要》(人民出版社2001年版)。我之所以为其取名为"心要",实际上包含了这样三种寓意。首先,"心要"之"要"为钥匙之"钥",在我看来,中国文化是打开西方深度心理学的一把钥匙;同时,西方深度心理学也是打开中国文化中心理学意义的钥匙。其次,是"药物"之"药";我认为当代的中国心理学是有病的,具有贫血、冷漠和分裂等症状;于是,需要从文化中获取营养并进行医治。最后,是"要领"之"要",犹如"要"之本义,身中之枢纽,要领其节奏。在随后的《心理分析:理解与体验》(三联书店2004年版)中,更是将"医心与心理治疗""安心与心理教育""明心与自性发展"作为心理分析与中国文化之重要意义的表达,阐释"心理"之文化寓意,以及"理心"之化育与转化。

我想,这也能说明《心理学与中国文化》丛书所包含的意义。"学"之寓意为觉悟,本身便是中国文化对心理学的启发。心中之学,理化为觉;寓心所悟,中心愿也。以此作为序言。

申荷永
2013年9月于洗心岛

目　录

丛书序言一 ································· 001
丛书序言二 ································· 003
前　言 ···································· 001

一、性：生命与本源
（一）生之谓性 / 003　　（二）生命、生育与归属 / 007
（三）玄牝不察,生之存存 / 013　　（四）从灵性到觉醒 / 016

二、情为何物
（一）青：生命的气息和表达 / 025　　（二）丹：情绪无意识 / 031
（三）曲则有情 / 035

三、欲望与需求
（一）人类欲望 / 043　　（二）需：顺乎天意的期待 / 048
（三）要：欲望之手 / 053　　（四）求：吾将内外而求索 / 058

四、欢天喜地
（一）悦"神"而如意 / 065　　（二）心空为喜 / 068
（三）心空灿烂,离火朱雀 / 073　　（四）"快"意"悦"来 / 077
（五）笑：生之喜,成之乐 / 081

五、怒气冲冲
（一）忾："生"与生气 / 089　　（二）怒气、勇气和存在 / 093
（三）忿：开辟、生发与动荡 / 097　　（四）怒：征服、攻击与战争 / 101
（五）从嗔怒到讴歌 / 106

六、恐惧与敬畏
（一）"恐"与"矩" / 111　　（二）惧：无所适从的焦虑 / 117

(三)从畏惧到偎依 / 121　　（四)蛇害与恐"怖" / 126

七、悲伤与创伤

(一)悲:离恨别苦 / 133　　（二)"哀"兮"吊"兮,魂归兮 / 138

(三)锡:从日神家族的内争到身心创伤 / 142　　（四)悲"怆"的回声 / 148

八、百忧感其心

(一)忧:祖灵与面具 / 155　　（二)郁郁多悲思 / 158

(三)筹划与操心 / 162　　（四)"烦"事"恼"心 / 167

(五)虑:思虑而忧虑 / 171

九、羞愧难当

(一)羞:进献者的亏欠情结 / 177　　（二)惭:难以为情 / 181

(三)臊:食肉动物的"无耻"气息 / 185

(四)愧:人性的尺度 / 189　　（五)赧:羞涩呵护着爱 / 193

十、奇耻大辱

(一)耻:命门失守的痛苦 / 199　　（二)黍:黥刑之耻 / 203

(三)辱:地母之伤 / 205　　（四)侮:母权的沉沦 / 210

十一、惆怅、寂寞与迷茫

(一)惆怅河,乡愁船 / 219　　（二)寂寞:远离喧嚣的静美 / 225

(三)孤独:自我的镜子 / 229　　（四)迷茫与无聊 / 232

十二、深仇大恨

(一)恨:非我族类其心必异 / 239　　（二)对立与仇恨 / 242

(三)憎:恨的结构和功能 / 248　　（四)恨的本质 / 251

十三、爱与生命

(一)"爱"的呼唤 / 255　　（二)仁者爱人 / 260

(三)孝:族群延续的生命意识,自我超越的社会责任 / 265

(四)生生不息,回归本源 / 269

参考文献 ········· 273

后　记 ········· 278

前　言

　　本书在文字学研究成果的基础上,对情感类汉字结构做深度解析,探寻其中的原型意义。在此过程中,沿着相关汉字的隐匿路径,进入情感的原型世界,找到情感的本质,进而呈现情感之间的内在联系。

　　笔者坚信汉字背后的原型存在,就像当年的谢里曼对古希腊神话真实性的认定。笔者认为汉字是一个自组织的原型系统,而不是信手拈来的、可以任意指代的语言符号。今日工具意义上的汉字,如同把化石当做砖块,嵌入建筑构件中。原型视域下的汉字则是一次复原化石的生命之旅,重新回到字象之初的灵动而鲜活的状态,亦即让字来说话,字说字话。

　　但汉字原型是一个重大理论问题,需要大部头的专著加以论述,而且还会存在各种学术争议。本书旨在原型的运用,仅在正文之前稍微提及其理论与方法的理据。笔者的前两本汉字原型专著(2008;2011)的绪言或引言中都做了相关说明。这里就汉字原型的范围、类型等相关理论问题做补充说明。

　　本书所探讨的汉字情感原型基于荣格的集体无意识原型,主张原型的相通性、超越性(因而不受制于文献的局限性),因此在论述相关汉字时,也不时比较印欧语言的相关原型。这也与汉语与印欧语的深层相通有关(谈济民,2001;周及徐,2002等)。在此基础上,顾及社会无意识、文化无意识。

　　汉字原型本质上与周易卦象相通,以形义见长,为字象的构成,关乎"字本位"(徐通锵,1997;潘文国,2002)。但汉字本身又有深远的音义关系。汉字形与音的相互关系有点像海森堡的测不准原理,扑朔迷离。

　　对此,笔者提出初步看法:

　　其一,汉字的图像性与祭祀有关,后世道家画符也是把汉字的形加以放大。但祭祀也有咒语,咒语与符的结合或许是汉字音义发生的最初形态。这与生物进化中,线粒体与细胞核等共生一样,语言进入文字而融化、固化在其中。

其二,汉字的形与音如同量子力学中的粒子性与波动性,相辅相成。汉字的粒子性就是其可见的象,是结构化的存在。但波动性是这种存在的动力和变化所在。照量子力学理论,电子吸收一定的能量就会跃迁到较高的轨道,但不稳定,很快就会回到基态,此刻会释放出一个光子,物体因此而显现。

汉字原型的生成与之相似。汉字的本义,那种回归到原初态的意象就是返回基态的电子所致。而回归本源本身也是一次"做功"(势能转化为动能),表现为象征。汉字的象征就是其原型释放出的光子——意象,即原型的浮现。在这意义上,汉字原型具有原子能的威力。

波粒两象性是微观领域的特征,汉字形音的两象性是汉字原型层次的特征。当然理论物理学还有弦理论的概念。我们也不妨说弦相当于汉字的形,而弦的振动便是其"弦外之音"。

此外,我们也可以把形对应于空间关系,音对应于时间关系。这是牛顿时空观下的汉字观。根据相对论时空观,我们发现,在"光速"关系中(见引言,电子回归基态释放光子),时间和空间可以互相转化。回到汉字原型框架中,这就是形与音的内在互动。

其三,汉字的形,如同现代哲学讲的在场(presence);而汉字的音,便是不在场(absence)。那个不在场实际上不断地涌现而在场。在此意义上,在场是意识的,不在场是无意识。相对而言,汉字的形与音,便是意识与无意识的关系。

以中国文化的逻辑,汉字的形归属于天(而天本身又归于时间性的圆,具动态的存在),具有神性;汉字的音归属于地(而地本身又归于空间性的方,具固着的存在),系一方水土一方音的方言性(地气、根气)。

以上是笔者对汉字形音关系的思考提纲,也是本书启动汉字原型的理据。

本书在启用汉字原型方法的基础上,结合五行模式,对情感的结构和内

前　言

容做了本土化的梳理,并与汉字原型互补、呼应,形成一个整体。

笔者在《汉字中的身体密码》一书中认为身体器官是无意识的储存所;本书则进一步把身体器官看成是情绪发生的源头。这是基于中医五脏与五志(五种情志)对应关系而言的,即《内经》所谓:肝志为怒,心志为喜,脾志为思,肺志为悲,肾志为恐。

现代心理学认为快乐、愤怒、恐惧和悲哀,是最基本的或原始的情绪(克雷奇,1981)。这与中医的五志大体相通,只是中医"多"了个"脾志为思"。这个"多"不是多余,而是一种"闰"的机制。从原始情绪的属性讲,脾思与其他情志不在一个层面,脾思是自我意识层面的情绪。

中医讲的五大情志本质上来自五行关系,即木为怒,火为喜,土为思,金为悲,水为恐。而五行属性源自一年四季的物候变化:木为春,火为夏,金为秋,水为冬;而土分散在四季中,即每个季节的最后一个月,叫做四季土。土涵盖了四季,超越了四季。土的超越性,反映在情绪分类上,便是思虑(脾思)的自我意识特征。

五行中的土又叫中央土,具有统率性。中央土,具有中庸往复均衡的动态结构,也具几微发生的自组织性。思虑是人的理性属性,也构成人的日常情绪——烦恼。作为五志的思,便是自我意识情感的基础或框架(令人想起康德的时空框架和知性范畴)。

以此为起点,本书引出五大自我意识情感,并且也对应五行关系:惭愧之于土;耻辱之于金;仁爱之于火;仇恨之于木;惆怅之于水。这是以自我意识情感的五行属性加以归类的。其中惭愧归为土,与思虑之土相通,可见惭愧是一种极为重要的自我意识特性,有回归大地,反思、反身而诚等土的遮蔽、谦卑、涵容等特性。从周易角度讲,惭愧是以坤土为主体,内藏艮土,合之为地山谦;而思虑以艮土为主体,内藏坤土,合之为山地剥。两者互为枢纽,建立情感世界的纵横轴线。

耻辱有如被踩躏的秋叶,属金,收敛而委屈,与悲之凄凉相应。恨为木,深入树根的气,与怒气对应;怒气是上升到树枝、树梢的气,恨是压抑到树根的气,彼此因果相关。火是光明,是希望,是神爱的宣言,是人间愉悦与幸福的源泉，故与喜对应。迷茫、惆怅，无所依托，如漂浮无涯，陷入无望无助的恐惧中，自然与水之恐关联。

这样，我们初步设立了情感的五行模型，为后续工作提供思路。

根据五行生克关系，构成本书的章节秩序：上篇是情感的基础篇，讲情感的性情发生和欲望动力；中篇以原始情感为构架，思虑、忧虑（土）统率其间；下篇为自我意识情感的展开。以原始情感而论，具有先天属性，故而其五行逆行。从火的喜悦第四章开始，蕴含着人类使用火带来的积极情感，而后一路逆行为木之怒发第五章，水之恐惧第六章，金之悲伤第七章，土之忧虑第八章。下篇进入自我意识情感，五行顺行。接着中篇忧虑之土，开始惭愧土的情感之旅第九章，随即为耻辱之金第十章，惆怅之水第十一章，仇恨之木第十二章，仁爱之火第十三章。火的希望和光明属性作为结局，与中篇开首喜悦之火遥相呼应。

情感的五行关系，其生克逻辑错综复杂，自成一体。如与卦爻等术数系统结合，可以推演出全新的情感心理学体系。本书仅以此作为汉字情感心理学的框架思路，引导汉字情感原型的浮现。

我们在研究过程中发现，汉字情感原型的发生，有三个方面值得注意：

第一，汉字情感原型的宗教神学背景（黄奇逸就主张汉字最初为祭祀文字；白川静也持祝咒观）。很多情感性汉字，照今人的常识很难理解，学界的解释也颇为牵强，但在宗教祭祀的背景下，众多谜团迎刃而解。无疑地，在充满巫术神学的上古时代，文字最初也是祭祀活动的产物，情感类汉字的原型也不可避免地染渗透着神学的气息。

第二，汉字情感原型发生的生活、生产方式及其文化心理，主要是农耕-定居文化与游牧-狩猎文化间的对立和交往。相关情感的缘起、衍生深深地打下了这两大文化的烙印。与此相关的是农耕神话与狩猎神话（阿姆斯特朗，2005）。

第三，相应的汉字情感原型分别与母系社会、父系社会的文化心理形态相联系，有的情感变迁反映了母系社会向父系社会过渡的矛盾和无奈，有的体现了对母系时代的美好回忆。这主要表现在大母神的慈爱和庇护，父权的威严和掌控。这些汉字原型也构成当今生活的许多象征。

　　这三个方面,是人类历史的重大事件,以文化、社会、习俗等方式进入群体和个体心理,同时储存在汉字深处。这是我们研究汉字情感原型的基础。

　　由此,汉字情感原型为我们提供广阔的思考、研究和运用空间。首先是心理学的,或分析心理学的。在情感的平台上遥望文化历史、宗教神话、社会关系;反思自我:人格阴影、阿尼玛和阿尼姆斯、自性和面具。其次是文化人类学的、社会学的、艺术发生学的,循着汉字原型的踪迹(类似德里达的 trace),开发其深厚的宝藏。其三是哲学的。在原型的深处,情本体得到有效的回应,情与认知也不再分离。情感原型的深度与哲学思辨的深度不期而遇。

　　我们期待汉字情感原型的原子能从远古喷发,向现时代释放出巨大的象征当量,激荡着我们心灵的正能量!

[一]

性：生命与本源

性，先秦哲学中多指人性、本性。儒家经典《中庸》开篇就说："天命之谓性，率性之谓道。"《郭店楚简》呼应道："性自命出，命自天降。道始于情，情生于性。"《周易·乾》："乾道变化，各正性命。"《庄子·庚桑楚》："性者，生之质也。"围绕着性，古今学人论说宏富。简单说来，性首先是有生命的存在者，特别是人的天生禀赋。[1]由此，性发展出丰富而深刻的意蕴，昭示着人性的秘密。

---

[1] 张祥龙：《先秦儒家哲学九讲——从〈春秋〉到荀子》，广西师范大学出版社 2001 年版，第 237 页。

一、性：生命与本源

（一）生之谓性

性是什么，孟子说"生之谓性"。宋理学家程颢说生就是性，性就是生。① 在甲金文里，"性"直接写作"生"；②生承载着性的含义、功能，换言之，生就是性的异体字。③ 因此，若要理解"性"的奥秘，就得从"生"字入手。甲骨文中的"生"，下面一横代表土地，上面为植物出苗分枝之象。这是初生的幼苗吧，是的，古人一定很关注，特别是农人，田野的稻米种子等何时出苗啊，能否平稳长大啊！

幼苗一天天地生长，古代圣人也注意到了。他关注的重点恐怕不是实际功利方面的，而是思考禾苗是如何生长出来的。这有点像生物学家的理论思维。圣人一定感悟到禾苗有一种类似尼采讲的生命意志——顽强地往上生长。他发现禾苗一天一个样的成长（生啊生！有点像新生儿日长夜大），不由感叹"生生之谓易"，易就是变易、变化。许慎也意识到了生命的这种进取精神，他在《说文解字》里把"生"定义为"进也。象艸木生出土上"。

生就是进，是上进。这是一种抵抗地心引力的"逆袭"活动，是不断地克服引力而获得的前进动力。古文字学家认为，生的古音为"shang，今湘湖方言仍读此音"。④ 生古音念 shang，与"上"音相通。因此，生就是上生，向上的生长。这是追求"上"界——天空阳光的生。

---

① 蒙培元：《情感与理性》，中国社会科学出版社 2002 年版，第 167 页。
② 李圃，郑明主编：《古文字释要》，上海教育出版社 2010 年版，第 608 页。
③ 汉语大字典编辑委员会：《汉语大字典》，湖北辞书出版社，四川辞书出版社 1992 年版，第 2200 页。
④ 生，《广韵》所庚切。庚字的古音是 gang。所庚切音为 shang。何金松：《汉字文化解读》，湖北人民出版社 2004 年版，第 115 页。按，沪语中生也念 shang。

根据易理,阳气是上行的能量(如人体督脉的阳气从尾闾向上行),生的上长性便是阳气的运行。阳的本源是太阳,世界各地普遍流行着太阳崇拜的神话故事,本质上反映了初民对生命的期盼和敬畏。中国的太阳神包括伏羲、羲和、黄帝等。[①] 易经之首的乾卦,为纯阳之卦,爻辞以龙作为阳性生命力量的象征,从初爻、二爻的潜龙勿用、见龙在田,到五爻的飞龙在天,龙的逐级上升体现出生命的节律。

生的阳性上升属性自然是性的本质,所以许慎说:"性,人之阳气性善者也。"若以生命向阳的本能讲人性的话,儒家"人之初,性本善"之说也就理所当然。其中善从羊,而羊与阳相通,民俗三阳开泰即画着三只羊。这里"性本善"暗含着心性向上、生命朝阳。

再回到"生"的禾苗生长上。"生生之谓易"究竟是如何变易的?人们观察到出生的苗,左右生出叶芽,接着又生出四片叶芽、八片叶芽……这样一直发育成完整的农作物。这如同《周易·系辞》所说的"易有太极,是生两仪,两仪生四象,四象生八卦"。禾苗的生长过程,种子便是其太极,为原初状态,而后一点点的生发。

易由太极的分化过程体现了生物发育、分化的过程,在形体上表现为成双结对的分形。这是一种自相似、自复制的生命自组织现象。自相似性的形态在自然界中广泛存在,诸如连绵的山脉、河流、飘浮的云朵、树冠、花朵、大脑皮层等。20世纪70年代,法国数学家曼德布罗特(Benoit B. Mandelbrot)把这些部分与整体以某种方式相似的形体称为分形(fractal),创立了分形几何学(fractalgeometry)。[②]

其实,较之分形、自相似等复杂性理论,在上世纪70年代的中国出现过一个更为通俗的学说:生物全息论。这是从中医穴位的全息构成出发,延伸到生物领域的。如植物的叶片形状,往往与该植物整个形状相似:针叶树长得细细长长的,其叶子细长如针。这便是"生"的自相似。"生生之谓易",也就是幼苗一个个出芽生成,不断地自我复制、自相似地成长,而形成一棵从树叶到树冠、果子,各个层次的全方位全息。

相似而相亲,这便是"姓",因而也是同姓同族而来的性。作为同一个母体

---

① 何新:《诸神的起源》,时事出版社2002年版,第48—59页。
② 参见曼德布罗特著,陈守吉,凌复华译:《大自然:与分形几何学》,上海远东出版社1998年版。

一、性：生命与本源

诞生的个体，彼此间因"姓"而相似、相亲，从兄弟姐妹到族人、乡亲，同姓人延伸着生命的整体。从前村口的大榕树，便是村民聚会、集市、过节的地方，以树的生生全息衬托出人的生生亲情。

全息就是相似，微小的局部与整体相似，一叶知秋。"生"字的两根苗芽作为植物初始态，是其成熟形态（完整的农作物或树木）的缩影。同样，人的幼年行为也反映了成年后的整体特征，所谓一岁看三岁，三岁看八岁，八岁看终身。而抓周民俗以周岁幼儿随机抓取手边器物，来暗示其将来的喜好，由此说明成年后的整体特性。据说钱锺书周岁时，家人让他抓周，桌子上摆满了各种玩具、糖果、什物等。对此钱锺书唯独选择了书，因此取名"锺书"。果然，钱老一生爱书。

"生"是出苗，是起始、起源状态。而在维柯看来"出生与本性就是一回事。"[①]这意味着作为人性、物性等本质属性的"性"，与出生态或初生态的"生"，本来也就是一回事。这样，"性自命出"可以理解为"生"的初始态，显示了其天命本质。

初始态，也是稚嫩态，想想婴幼儿的细嫩、水灵和纯真，也就是刚刚开始人生的那种状态（"人之初"），你会感到很亲切，真切地感觉到什么是"率性"之美。而早上梦醒时分的朦胧状态（如庄子所说的梦蝶境界），象征着新生，也是初始本真态。

初始态让人有"新生"的感觉。在我们的生活中存在着各种初始态：前往陌生地探险、结交新朋友、新生入学、进入新的工作岗位，以及结婚——做"新人"，怀孕生育大变身。[②] 这些"新"的环境（物理的、文化的、人事的），都会带来新鲜、好奇，乃至期待。有的人"喜新厌旧"，乐于变迁，经常"跳槽"，以求新奇；说到底，其人渴望回到初始态，一次次地更新心理的"皮肤"。

这就是"初来乍到"的新！汉字中，有个副词——"才"表达了这样的情境和心情：才来、才回、才会、才明白等。

其实，才的本义正是草木初生，从地下冒出之形，为初始义，"古亦用此为纔

---

① [意]维柯著，朱光潜译：《新科学》，人民文学出版社1986年版，英译本导言，第12页。这说明了历史与逻辑的统一。
② 孕妇的怀孕期间生理心理的变化，主要是激素水平的变化，所谓带走老病。

始字",引申为副词表示开始。① 才,加上土,便是"在"(《说文》:"在,存也。从土才声。")这与"生"字完全同构,同样显示出"在"的生生不息、在在处处。

"在"是很普通的字,对应的英语为 at。自从因特网网址邮址出现那个带圈的@,"在"之 at 大显神通;继而微博世界的"艾特"(@),无比鲜活地传递着你我他当下的存在——心愿、情感和意见等。艾特之"在"让人无时无刻地进入"初来乍到"的新奇和变易中。

艾特了"在","存"也就出现了。"存"从才从子,既有初生的草木,又有初生的赤子,强化了初始态的特性。这样,"存在"(to be)作为一个抽象的哲学名词,原本是草木之出土、胎儿之降生的活脱脱意象啊!

古希腊语有一个词 physis,一般表示整体的存在。其动词 phyein,意指"生长"。海德格尔认为 physis 的原意指"从自身绽放的东西",就像说玫瑰的绽放。② physis 后来演变为自然、物理等不见生机的抽象概念,而其原初意象却与"生""性""才"以及"存"和"在"遥相呼应。

图 1-1 土,吐也,万物涌现

---

① 刘钧杰:《同源字典补》,商务印书馆,第 8 页。
② 陈嘉映:《海德格尔哲学概论》,生活·读书·新知三联书店 1995 年版,第 40 页。

存在就是在场(present)的真切,如演唱会现场、足球赛场,那是各类粉丝聚集的地方,充满血管贲张的兴奋、无所顾忌的互动。这样的存在,也就是生命的律动。因此英语中的存在(to be),也可以翻译成生存、生命。哈姆雷特有一句著名台词:生还是死,这就是问题(to be or not to be, that's a question)。这里 to be 便是存在,是生命。

当我们说对某人某物感兴趣时,也就是进入存在的生命张力中。兴趣的英文为 interest,由 inter(在…之间)和 est(存在)组成,正好体现了进入存在的真切状态。进入存在,一切变得生动活泼、潜力大增(参见第十三章第一节)。有关兴趣的格言反映了存在生命态的基本特性:哪里有兴趣,哪里就有记忆(歌德);兴趣是最好的老师(爱因斯坦);天才,就是强烈的兴趣和顽强的入迷(木村久一);兴趣是生长中的能力的信号和象征(杜威)。

(二) 生命、生育与归属

生,从秧苗到树木,都是向着阳光的生。森林里的树木最能体现这样的生,设法上升到最高处,获得阳光的恩赐。但是就生命路径而言,升到一定的高度便会有反身下降的运动。这就是位于树冠的果实,成熟后的坠落——如果不是人为采摘的话。

春华秋实,前者是春天树木的"升华"气机;后者是秋天树木"成熟"的气机。成熟者瓜熟蒂落也,对于大多数果树来说,果实的最后归宿就是回归大地。秋天的凋零不仅是落叶,也是果实的掉落,难怪英语中秋天一词又作"fall"(下降)。

在自然生命发生的过程,有升必有降,坠落事件有其必然性。很多植物开花结果后,风吹果落,跌入大地,经历系列变故。果子中的种子找到合适的土壤,又生根发芽。

这个常识性的过程,古人的感受可能与今人有所不同。他们很可能感叹生命从果实到种子,再回到果实的神奇循环;惊叹那些滚落后遁形不现的果子、种子转而又化变出更多的生命形态。他们寻找果子坠落的路径,倾听果子从树枝跌入地面的滑落声……

采集时代的人们充满了这种生活经验。随着时间的流逝,这种采集经验的表象和记忆沉淀到集体无意识深处,似乎被遗忘了。然而我们追溯某些语音的无意识因缘时,惊异地发现了采集经验的心理原型。

这与"果蓏"一词的探究有关。"果蓏"最早载于《周易·说卦》,是艮卦的一个属性。但对其词义的解释众说纷纭,无法确认"果蓏"的本义。学者进而把它置于汉藏语系的亲缘词汇中考察,发现它们有共同的语音形式"Kl-"。后来复辅音分离,变成"K-l-"的形式,写成汉语便是"果裸",初指落地有声的树木果实,后来又扩大范围,包括同样是圆形的瓜蓏,而不分木实、草实,在地、在木,一概写成联绵词形式的"果蓏"。[①]

无疑的,"果蓏"就是原始人类用以模拟果实滚落于地的声音。这个声音后来演变成很多以"kulu"或"gulu"等为基本形式的词汇,如蜾蠃、骨碌、轱辘等多有浑圆、转动的意象。而究其根本,源于果子的坠落,回到其大地本源,回到其原初状态,就像人回到婴儿态、疲惫者钻进被窝;或者鸟儿回巢、兔子回老窝。

"果蓏"之落地,是"适得其

图 1-2　树的因果

---

① 任继昉:《汉语语源学》,重庆出版社 2005 年版,第 10—14 页。

一、性：生命与本源

所"，是回到母体之"所"的再生。有意思的是，"所"自身就有回归母体的隐喻。所从户从斤，从象征角度讲，户为女阴，斤为阳具；所还有一个从户从且异体字（戽），而"且"本义就是阳具。① 因此，"所"代表的处所，不是一般的地方，而是有着本源生发力的。"所"也就发展为连词"所以"。

这么说的话，笔者不由想起沪语连词 gaklao，写作"葛咾"，表示"所以"。② "葛咾"音通"果裸"，或者"谷落"（谷子脱落），也是果实坠落的拟音。沪语属于吴方言，比较古老，而"葛咾"是沪语中又是较古的词汇，想必把果实滚落于地的原始意象无意识地转换成事物的必然归属，因而成了因果连词。

与"果祼"音义相关的还有"各"字。以"各"为声符的字有：客、格、阁、胳、骼，以及路、落、络、洛、骆、落、硌、辂、赂。细心的读者一定觉察到"各"的声符有两种不同的发音：前面一组字声母为 g（或 k，k 与 g 均为牙音，相通）；后面一组字的声母为 l。同一声符的不同音，那意味着"各"是个复辅音，即"各"的音符最初很可能是 gl 的复合，随着语言的发展，g 和 l 分离，彼此独立形成上述声符字。

"各"为 gl 的复合，也就是"gulu"，或"果祼"。那么"各"是何物的降落？且看"各"的构成：从夂，从口；夂为足，口为所在之处，即从外面到里面，与入同义。③ 各是脚的落地，相当于"落户"，是人落到其居住的地方，如同种子流落到适合生长的土壤。"各"不是一般意义上的居住，其原型实际上反映了远古人类从游牧转向定居的重大事件，是回归土地的伟大选择。

"各"之定居，与农作物的"果祼"相辅相成，即驯化植物的种子，使之有效地回到田野，周期性的生长；同时定居者也驯化野猪，成为农耕生活的重要组成部分。野猪向家猪的转变，在远古心灵中有着特殊地位，猪的驯化简直成了人自身驯化，即文明化的象征。

何以故？那就请到"各"的定居地——"家"里去看看。"家"字下面果然有个猪（"豕"），那是已被驯化，处于圈养状态的猪。"家"猪是种猪，就是牡猪。甲金文圈的豕多为牡，即豭。④《说文》："家，居也。从宀，豭省声。"家，从宀（屋顶

---

① 罗建平：《汉字原型中的政治哲学》，广东教育出版社 2008 年版，第 236—237 页。
② 钱乃荣编著：《上海话大词典》，上海辞书出版社 2008 年版，第 379 页。
③ 尹黎云：《汉字字源系统研究》，中国人民大学出版社 1998 年版，第 135 页。
④ 邹晓丽：《基础汉字形义释源》，中华书局 2007 年版，第 128 页。

斜面的象形），表示家居的，是可以遮雨避风的场所。通常认为，一些边远地区的农村尚有楼上住人，楼下养猪的习俗。由此推论古代人豕同居，以猪作为家的代表。①

"家"字从猪，根本上讲强调其生育生殖性，亦即家庭是人类繁殖的基础。与家有关的形声字也透露了相关信息。如庄稼的"稼"，作为动词有播种、耕种的意思。《诗经·伐檀》："不稼不穑，胡取禾三百廛兮。"植物的生育生殖为耕种，人的生育生殖活动则为婚嫁，这个"嫁"反映母系社会招郎上门的婚姻制度（母系社会消亡后，仍有女婿上门的习俗，谓之"寄豭"），②体现了"家"的生育功能。

不过"家"从豕，笔者以为其中恐怕还隐含着更为直接的"性"象征。前文已提及甲金文中的豕多指公猪，突出其生殖器。而豕的音义与矢接近，③矢在精神分析中经常表示阳具的。④ 因而"豕"本身因"矢"的音义关联而为阳具的象征。相应的，"宀"为家的房屋空间；作为容器，精神分析学通常视其为女阴的象征。这样，"家"实际上就是阴阳两性的交合关系。

在古代民俗和神话中，豕通常以其阳具象征而用于丰产巫术。"在希腊的塞室摩佛里亚（Thesmophoria），小猪，代表地猪的后代，也是阴茎的象征，被抛入假想为蛇类麇集的深谷"，"深谷是大地的子宫；蛇和深谷在一起，还是代表大地的生育力。"⑤

猪被当做插入大地的阴茎，从而令大地受孕、丰产。这样的大地，可以看做是"家"放大，亦即把家的生育空间转化成大地的生育空间。这个放大了的家，就是故乡，就是生养一方族群的水土，有着深厚情感的土地。

颠沛流离回到故土的人们，总会深情地亲吻足下大地。这故土包含着怎样的情怀？或者说大地之"地"蕴含着什么秘密？

---

① 尹黎云：《汉字字源系统研究》，中国人民大学出版社1998年版，第259页。
② 流沙河：《文字侦探》，新星出版社2011年版，第40页。
③ 豕与矢审纽，韵部通转，与彘相通。彘之矢，一般指中箭。
④ [英]米兰达·布鲁斯-米德福，德菲利普·威尔金森著，周继岚译：《符号与象征》，生活·读书·新知三联书店2010年版，第224页。按，射门等隐喻。
⑤ [德]埃利希·诺伊曼著，李以洪译：《大母神：原型分析》，东方出版社1998年版，第192页。

一、性：生命与本源

籀文中"地"写作"墬"，①其构造与"坠"（墜）相同，都是从阜从猪，下面为土的结构。从"坠"字反观"地"，我们猜测地与坠落事件有关。那么大地究竟发生什么事件呢？"坠"字从猪，据说是野猪被猎人追赶或杀伤后从山上滚落下来之形。②哦，坠落事件与猪有关。联系希腊丰产巫术，猪的坠落，难道不就是作为阳具的猪插入或"坠落"大地的行为？

猪坠落大地深处，物理上是地心引力，但从历史原型的角度讲，野猪的坠落是人类驯化野猪，使之归顺大地的隐喻。人在驯化动物的同时，自己也被驯化（从游牧转向定居）。由此猪转化成人的集体无意识，是内存着大地之坠的无意识。③

由此可见，"地"字所含的猪是何等的重要！明人陈士元在《梦林玄解》曾提及："梦身变作猪形，凶。梦此者是其本来面目。"这里猪代表梦者的无意识，而无意识恰好是自我的真实面貌。这也说明"家"之成家，"蒙"之启蒙，其猪的意义（无意识潜能等）所在了。

马叙伦认为地为氐（氏）的转注字。④ 地的音义可以看做是"低""抵"。⑤"低"表示地的下属位置；"抵"表示地的下沉引力。因此，大地就是抵达，是猪的驯养抵达，人的无意识的抵达，是生命、生活的抵达，亦即家族、氏族共同体的抵达。

这样的抵达实际上是氏族、民族不可抗拒的向心认同，体现了文化地心引力场的效应，其回归之心乃是一种"自由落体"运动（"叶落归根"）。换言之，文化上的这种"自由落体"表现为乡土意识、血缘根脉、族群归属等。

大地的抵达或"自由落体"，究其根本在于属地性和归属感，在于"属"的心理原型。"属"繁体作"屬"，从尾从蜀，《说文》解释为连接。文字学家张舜徽指出"属"的本义当为禽兽之交接，即"牝牡之合"。⑥ 原来"属"与"家"一样，都是

---

① 《说文》："地，元气初分，轻清阳为天，重浊阴为地。万物所陈列也。从土，也声。墬，籀文地从队。从彖，读若弛。彖、也一声之转。"
② 何金松：《汉字文化解读》，湖北人民出版社2004年版，第281页。
③ 罗建平：《汉字原型中的政治哲学》，广东教育出版社2008年版，第258—259页。
④ 李圃主编：《古文字诂林》，第10册，上海教育出版社2004年版，第194页。
⑤ 低、底、抵音义皆通，为同一声符氐。《说文》："氐，至也。从氏下箸一。一，地也。"氏为底的本字，有下义，见苏412。氐与地音义相通，马叙伦谓"氏为地之转注字。"诂林，9卷935页。
⑥ 杨琳：《汉字形义与文化》，南开大学出版社2012年版，第353—354页。

011

阴阳交合的关系。阴阳和合而生,就成了一家子,因而彼此"归属"了。

一个"归属"了的人,自然就拥有了所在家族、地域的"属性"。这在远古时代是非常重要的社会关系;部落社会对人的最大处罚,不是没收财产,也不是羁押审判甚至处决,而是驱逐出族门。成年礼就是赋予青少年成年的权利,获得其族群的社会"属性"。"属性"说到底,就是属地化的特性,是"自由落体"获得的"动能"。

尽管"属性"系现代汉语,是英语 attribute 的汉译。但是在汉字原型看来,属性的翻译依旧蕴含着其原初的意象。从词源上讲,attribute 源自拉丁文 attributus,由 ad(到、到达)和 tribuere(给与、分配)两部分组成。而 tribuere 的语源与 tribe(部族、宗族)有关。① Tribe 社会组织严密、礼仪复杂,抵达(ad)这样的群体,也就是加入、成为其成员,获得相应的社会"属性"——attribute。

因此,"属性"源自"归属",只有归属于某社会关系的人才具有该社会组织的"属性"。当然"属性"一词使用范围较广,从人一直延伸到物,如化学属性、物理属性等。总之,在物的层面,属性,为归类的范畴;在人的层面,属性,为归属的范畴。

属性,属与性相遇,虽然从词汇角度讲,此"性"为词尾。但就属的阴阳交合而言,自有其"性"的意味,亦即"属"的性行为及其带来的属地化。

属与性的关系,可与英文的 gender 相对照。Gender 表示生;性,性别;种属。Gender 的词根为 gen(生),许多同源词由此衍生,如 genital(生殖器),genius(天才,天赋),genetic(遗传的,起源的),generate(发生,产生,生殖)等。这些同源词总体上还保留着"生"的意象。此外 gen-还派生 kin(家族、家属;k 与 g 通转,故与 gen 同源),king(国王),kind(种类,善良)等词。②

Gender 从生、性开始,继而表示种属。生和性的含义变换为 kin;而种属义则变换为 kind,king 是对种属群落的统治和治理。由此反观"属",本义为生、为性,进而也是种属、种类。这显然反映了共同繁殖生育的一群人具有同族、同类的凝聚力,其成员共享其属性、特性。

万物生而有所归;有所归而成其类;成其类而天地现。这个过程《周易·系

---

① 张卓宇:《解词析义记单词》,世界图书出版社 2001 年版,第 722 页。
② 王文明:《英语词汇奥妙无穷》,湖北教育出版社 2000 年版,第 268—269 页。

辞上》讲得很清楚:"天尊地卑,乾坤定矣。卑高以陈,贵贱位矣。动静有常,刚柔断矣。方以类聚,物以群分,吉凶生矣。"又说:"天地之大德曰生,圣人之大宝曰位。"圣人手里的大宝,就是万物生而归属、归类的"位"。

植物果实落地而孕育新生,人定居而孕育文化,野猪坠落之驯化而形成大"地"的归属。如此皆源于"性"之生生不息。性、人性,以及事物的属性关乎大母神的生育原型,是地心引力的坠落(异于生的逆引力的上升),是属地而归属的。

(三) 玄牝不察,生之存存

生长是一件奇妙的事,一粒种子埋在地下,破土而出,先幼苗,后成树,从无到有,于古人而言,自然很惊异。以前,在农村长大的孩子,对种子的萌芽、生长,也有类似的惊奇。

《周易·系辞》曰:"仰以观于天文,俯以察于地理。"后者自然包括对种子发芽、生长的仔细观察。"生"之为幼苗,一定俯身细看,或趴在地上的看,这才是最为贴近的看——"卧"。尹黎云认为"卧"从目从人,是垂目看,其本义就是趴(后来才引申为趴着睡),[①]即为了临近观察而趴着,就像今日摄影师趴在地上,长镜头短镜头的摆弄一番。对此古文字中有个从生从目的"眚"字显示了"俯以察于地理"的生动场景。

"眚"是什么?眚乃性的古体字![②] 生之谓性,圣人细察生命的发生,参悟生的秘密,亦即探究"生"——幼苗、树木的生殖器何在! 生之性器在哪里? 幼苗破土而出,显然生之性器就是大地,是深藏不露的大母神。进一步说,生之性器

[①] 尹黎云:《汉字字源系统研究》,中国人民大学出版社1998年版,第81页。
[②] 李圃,郑明主编:《古文字释要》,上海教育出版社2010年版,第977页。

也是化育万物的宇宙生殖器,即老子名之为"玄牝"的生殖器。老子说:"玄牝之门,是为天地根。"而"牝"是一切母性动物的生殖器。"玄牝"象征着深远的看不见的生产万物的生殖器官。①

由于看不见之故,"眚"字就有了目障的意义。《说文》:"目病生翳也。从目生声。"眚,在此解释为眼睛生翳,即眼结膜组织的异常增生导致的视觉障碍。当然,这个"眼翳"不仅是实指,也可以虚指,表示我们的心灵被遮盖,不能正确认识事物。常言道:一叶障目不见泰山,表示心灵的眼障而不见真相。凡夫俗子通常被事物的表象遮蔽而不见事物的本质。

心灵的遮蔽,荀子早有系统论述。他在《解蔽篇》中指出:"故为蔽:欲为蔽,恶为蔽,始为蔽,终为蔽,远为蔽,近为蔽,博为蔽,浅为蔽,古为蔽,今为蔽。"也就说由于个人的爱好、憎恶、始终、远近、知识多寡、古今差异等,可以导致思想认识上的偏差或错误。

较之于荀子所列,幽深不可见的宇宙生殖器玄牝为人类理性最大的蔽。玄牝乃道之隐喻,而"道之为物,惟恍惟惚。惚兮恍兮,其中有象;恍兮惚兮,其中有物。窈兮冥兮,其中有精;其精甚真,其中有信"。

道如此地不可捉摸、虚无无形,我们习用的理性思维完全被屏蔽("眚")。对此老子提出"涤除玄鉴,能无疵乎?"亦即涤除杂念,以直觉的心智作深入观照。为此,"塞其兑,闭其门,挫其锐,解其纷,和其光,同其尘,是谓玄同",从而"致虚极,守静笃。万物并作,吾以观复"。②

老子这番话,精深而义丰,就本节而言,破除"眚"的眼障,参悟"性"的本质,不是依靠外在的技术手段,如显微镜、摄影机等,而是内求于"玄鉴",一种超越感官的深远认识。也就是说面对看不清的事物("眚"),人们会眯起眼睛细看。这个眯眼动作乃"小其目而视",即从少从目的"省"字;③而少就是小。《说文》:"省,视也。"由此可见,省之看,是眯眼的看,是因以"眚"(视物不清)的看。考察"眚"和"省",其音义相通,④而林义光等人则认为甲骨文中,"省"与"眚"就是同一字。⑤

---

① 萧兵,叶舒宪:《老子的文化解读》,湖北人民出版社1993年版,第611页。
② 以上四段分别引自《道德经》21章、10章、56章、16章。
③ 汤可敬:《说文解字今释》,岳麓书社1997年版,第480页。
④ 王力主编:《王力古汉语字典》,中华书局2000年版,第783页。
⑤ 李圃,郑明主编:《古文字释要》,上海教育出版社2010年版,第364页。

一、性：生命与本源

这就清楚了：眯眼的看，就是省略外部事物的注意力而转向内部，也就是所谓"反省""内省"。如此"省视"，不仅仅是眯眼了，而且是微闭双眼地沉思了（很多高僧大德手持念珠，双目微闭，即入"省视"态）。当外感器官关闭时（"塞其兑，闭其门"），内部世界诞生了，灵魂的眼睛开启了，它穿越表象，解蔽目障，臻于大道。

这是一只怎样的灵眼？我们在甲骨文里找到了这样的一只眼：目上有一条直线，像箭一样，大概表示目光炯炯，如日亦如电。这便是"直"（直）字。① 《说文》："直，正见也。从乚从目从十。"段玉裁补充道："从乚从十从目。谓以十目视乚。乚者无所逃也。"

从一直线的目光到十目之象，文字的形变，无意之中把目光如箭的意象转化为与十日并出相似的十目聚焦的意象。这样的看（"正见"），是众目睽睽的看，是正气浩然、不可回避、无处遁形的看。"直"字从"乚"，音义为"隐"，为隐遁，在十目聚焦下自然难以藏身。

"直"眼有如此神力，几乎成了今日激光武器，有着强劲的穿透力。这样的"直"眼近乎佛家的慧眼，乃至法眼，是内在世界的眼，是洞察本源的眼。概言之，"直"就是灵眼。

图 1-3　直与觉：内外世界的视像融合

那么这个灵眼在哪里呢？这便是从直从心的"悳"（悳）。"悳"，从心，无非强化其"正见"的心灵力量。而"悳"，正是"德"的本字。"德"的出现，不由令人惊异：这意味着什么呢？德在中国哲学中是与道相对应的一个重要概念，此处的德有何深意呢？

管子说"虚无无形谓之道，化育万物谓之德。"（《心术篇》）德，得也；德所得到的是内观"玄鉴"，是无形之道的"感悟"形态。这是"道德"的本体论含义。今

---

① 李圃，郑明主编：《古文字释要》，上海教育出版社 2010 年版，第 1176 页。

天讲道德时,也应上溯到这一本源意义,即道德首先有着道体的存在,而后是德的内在性,是良知的天秤。①

德,其哲理多玄奥,我们还是回到本义。《说文》:"德,升也。"上文提到植物有一种向上生长的气机,即阳气的上升气机。许慎把"德"解释为升,是否意识着圣人直心透视生命的本生长本质?领悟到生命之微妙发生?

《周易》有个"升"卦,为地风升,即巽木在坤土之上。其基本意象为耸立于大地之上的树木,可以看做古代的建木,或宇宙树。象曰:"地上有木,升,君子以顺德,积小以高大。"生命积小以高大,立于大地,升向天空,实际上也是人的存在的隐喻。

人的存在,就是原初意义上的"人才",即与天才、地才三分的才。海德格尔称之为"Dasein"。Dasein,由 Da 和 sein(存在)组成。Da 意指"这里""那里",是打开林中空地,是对 sein 的解蔽、呈现,进入光亮。② Da 的解蔽正显示"眚"之"性"从遮蔽到解蔽的过程。

性,天地万物的生命生殖之性,一方面是神秘而掩蔽的("眚");另一方面也是德之内省、洞察之境,是触摸存在的脉搏。

(四)从灵性到觉醒

"性"字体现了生命、存在这类"大道理"。这种哲学层面的"大道理",好像臻于至高,无以复加。但是从人性的复杂性、事物的玄奥性来说,似乎意犹未尽。

---

① 直,直线、笔直,本身就有测量、规矩的意思,故而有数"值"之说。直与心的结合,也可以看成是心中的一把尺,是度量良知的尺。
② 张祥龙:《从现象学到孔夫子》,商务印书馆 2001 年版,第 76—78 页。

一、性：生命与本源

那么"性"还有什么秘密？不错，"性"还有更深的蕴含，那就是它的另一个异体字："覰"。

覰：性的异体字

"覰"显然带有"通灵"的气质：左边是"灵"，右边是"觉"，昭示其来路非凡。我们即以此为路径探究"性"的灵性世界。

"性"字带"灵"，那意味着与此相关的人和物具有灵的特征。我们提及某某人很聪明，有灵气，通常指其才华卓越，超出常规。如杨丽萍的舞蹈弥漫着清越的灵气，《雀之灵》表现出人格化的孔雀与天地生命的对话；画家吴冠中江南水色画，清雅简约，灵韵闪烁；扁鹊、华佗等妙手回春，乃医圣之灵。

人之灵气，还有层次之分，一般的灵气主要体现在灵感思维上，如诗人的绝世佳作、科学家的伟大发现。高级灵气就很特殊了，如灵童转世的记忆、宗教人士的灵智洞察、天启神交的梦觉经验，以及其他令人震惊的灵异现象。今天讲的消息灵通人士，最初可能指那些有灵智力的通灵者，能感知灵界的信息。

灵气之有也存乎动植物。动物中的蛇，向来笼罩着神秘的色彩，很多民族有蛇守护地下宝物的传说。民间还流传着蛇的报复性，所有这些都指向蛇的灵性——灵蛇。灵蛇在大地深处，"地"字本身就是从土从它的构造，而"它"便是"蛇"，[①]一条守护家园的"地头蛇"。蛇也存在于人体的深处，瑜伽修炼就以灵蛇喻指身体能量的蛰伏和发动。[②]

龟具有灵气，因而时常被称为灵龟。龟，归也，回归其本源（出生地）。龟吃的较少，冬眠时能耗更少，几乎不进食；龟动作缓慢，呼吸独特，而又长寿，道家从中悟出"龟息"的道理。据说龟能察觉陌生场所气场的旺衰。民间风水信仰认为，欲知屋内旺气吉祥的位置，可以让龟来甄别。届时让龟置于房内，观察其爬行路径。当龟定在某个位置不动时，这便是居室中的风水宝地。在一些放生报道中，常有灵龟回首三顾放生者的动人场景。

[①] 《说文》："蛇，它或从虫。"参见第十二章第二节。
[②] 灵蛇，又叫拙火，密宗认为，人体海底轮眠伏着一条威力巨大的灵蛇，成三蜷半之形，其头向下垂落。一旦唤醒灵蛇，它就会喷发出一股强盛的"灵热"（又称拙火、灵力），向冲刺上盘百会，所经之处的身体机能修复，潜能得予激发。

017

家养动物中,狗是最有灵气的,能领悟主人的意图,其中一种格力犬(Greyhoun),又名灵缇,估计与其善于配合主人狩猎的灵性有关。野生动物也不乏能通人心的兽类,如海豚救人、老虎报恩的故事。① 民俗文化中,狐狸诡异而邪祟;而狐狸精就是狐狸之灵的附身,妖艳歹毒的象征。

植物的灵气较多地体现在那种对树精的描述中。人们相信,数百年乃至上千年的大树老而成精,不得懈怠,更不可随意砍伐,否则会降灾。仙草、灵芝、占卜用的蓍草等,都是富有灵性的。古希腊神话中的宁芙(nymphs),多半是林间的树精神女、护树神女、水泽神女等。②

其实在远古心灵中,河川山峦,无不是充溢灵气的,具有神性的。古希腊神话的众多神灵(海神、山神、地神、水神等)反映了万物有灵论的古老信仰。在中国民间,道教诸神也体现了这一观念。因此,无机物也赋予了鲜活的灵性。比如《红楼梦》里的那块著名的天石,投胎人间便是灵石;江南园林的假山也是具有人格特征的。

万物有灵的信念也遗留在语言中。沪语"老鬼三"(laojusan)一词就是表示"那东西、那玩意"。③ 如:"迪只老鬼三如何如何! 是啥格老鬼三?""老鬼三"何以泛指事物或东西? 笔者以为,老是词首,有强调语气的功能;鬼就是灵的意思,小鬼头谓机灵的小孩;三表示多,所谓三生万物,④引申为一般事物。当然,"老鬼"也可以理解为物老而成精、而有灵;⑤三也可以写成"彡",意为纹路(杉、衫),表示物体形态。

以"老鬼三"表示东西或事物意味深长,这样的话,所有的东西都是活的,都有灵魂的,包括山川草木,都可以与之感应和对话。因而,只要提起"老鬼三",沪语世界的无意识,就会唤醒万有的灵物……

灵,存在于万物中;而性的异体字之所以含有灵,似乎暗示着人性、物性的灵

---

① 如《太平广记》卷第四百三十一"虎六·李大可"谓:路遇有人野行,为虎所逐,既至,伸足有刺,其人为虎拔刺,日投鹿相报,及其家既丰。
② [美]鲁姆编著,刘佳,夏天注释:《古典神话人物词典》,外语教学与研究出版社2007年版,第254页。
③ 钱乃荣编著:《上海话大词典》,上海辞书出版社2008年版,第270页。
④ 沪语中很多词汇词尾用三,如:来三、肮三、瘟三。
⑤ 老鬼,就是老练、熟练,究其根本也是成精之故。

一、性：生命与本源

意。今日物态的思维大肆抽象而逻辑地谈论事物的属性、特性、理性等，是否还顾及其中的"灵"性呢？我们还是探讨一下"灵"字何以为灵的缘故。

灵，繁体作"靈"，上面是霝，下面是巫。霝就是零，落雨，零落；霝从雨，从三口，表示念咒，祈祷降雨。① 零，许慎解释为"余雨"，有余数的意思。今日消费找钱还说"找零"多少。这个"零"不是数学上空无的"0"，而是"零头""零用钱"的"零"。不过，"霝"的音义的确有中空、空明的意思，②如窗棂的"棂"（櫺），指光线从窗棂格射入，疏朗而明亮。

霝与巫的结合为"靈"。巫为巫术，念咒祈求的仪式，显然靈与降雨的巫术活动有关。古代祈雨仪式很隆重，有个"雩"字就是古代

图1-4 灵，零也，空灵妙有

为求雨而举行的一种祭祀：如雩祭；雩禳（出雨消灾）。可见祈雨有很多社会功能。祈祷天雨为有雨，是谓灵验。"巫"是一种与天界不可见事物沟通的活动，从事这样活动的人为巫师。巫的对象的是"无"；而无，繁体为"無"，是以舞蹈形式祈求冥冥中的"无"。③

靈从霝从巫，既有霝的空明，又有巫的空无，无疑的，灵之空灵为其本性。灵的空明、空灵，一般指认知方面的通达、明白，继而表示心物方面的通透无碍。后者如《心经》所说"心无挂碍无挂碍故"，即达到修行至深而了无障碍的境地。前文提及的灵眼，穿越物理障碍而洞察事物的本源，而灵智可谓超越常理障碍而达到事物的深层领会。当然，这种空灵的通透无碍也形容少女的纯真无邪，如"一双水灵灵的大眼睛"通常用以形容未被世俗污染的圣洁，无所挂碍的纯一。

靈，玄虚灵妙，不可言说、不可思议，是超越常理，超越理性的空性，对此，有非常道的"觉"才能"领悟"，这正是"灵智"所在。

---

① ［瑞典］高本汉，潘悟云译：《汉文典》，上海辞书出版社1997年版，第373页。
② 殷寄明：《汉语同源字词丛考》，东方出版中心2007年版，第569—570页。
③ 巫、無、舞三字同源。参见萧兵、叶舒宪：《老子的文化解读》，湖北人民出版社1993年版，第427—429页。

——符号中的情感世界

觉(覺),《说文》:"寤也。从见,学省声。"觉,上面为从爻,下面为见,说明"觉"是卦爻占测所见。爻,交也;爻体现了心与物、物与物的交接。而交,就是把不同的东西连成整体,即整体把握事物。天人合一实际上是基于天人相交而言的。相交就是感应,进而是感觉——感应而觉察。感,本字为咸,而咸义为全部(如陕西咸阳,指山水都是阳)。咸为全,意味感或感觉是全,是整体。异性结缘,一方对另一方的感觉,也是整体上的,不一定讲得清。幼儿对很多事物都会有独特的感觉,但若细问为什么,他会很茫然。因为这意味着要他解析他的感觉,而这样的感觉恰恰是不可分解的。成人的逻辑理性习惯于解析,结果感觉被肢解,失去了对事物的整体领悟。

美是感性的,是凭感觉领悟的东西。宗白华在《流云小诗·世界的花》写道:

世界的花

我怎能采撷你?

世界的花

我又忍不住要采得你!

想想我怎能舍得你

我不如一片灵魂化作你!

宗白华把美喻为世界的花,说明美只能去感悟、感觉,不能采撷,不能分析;若欲拥有美,唯有幻化自己的灵魂、灵性与美的对象融为一体。

由"灵"而"觉","性"从生命态进入神圣态,这是性的最高境界。《周易·系辞》:"穷理尽性以至于命。"理是逻辑的,可言说的;而理的尽头(穷理)为性;性的尽头(尽性)是命。在天之"灵"各有其命,"灵"的降临便是个体的生命。自我对此的把握,唯"觉"是从,这也是"自性"的存在理由和发展形态。

生之谓性,从甲骨文的秧苗到宇宙树,都是生命运动的形态。"性",体现了植物的生长("生"),一种朝着太阳的上升运动,也体现了阳气上浮的特质(第一节)。当"性"力发展到顶端(树冠)便转向树根,开始回归(第二节)。这是下降的路线,也体现了阴性属性。"性"的上下运动(阴阳变迁)构成万物的通则,对此的认知也沿着上下的通道走去:向上生长的奥秘深深地掩盖着,充满了障碍(眼障"眚"),外在的观察无济于事(理性逻辑的局限),唯有内在的心灵才能把握(第三节)。于是我们进入心灵的层面,发现"性"的精神本质乃是"阴灵"的下降运动(第四节),回到本源的"一"(整体),而这正是感觉、直觉的对象。

二

情 为 何 物

      古人讲到人的心理结构时,习称"情、志、意",情在首位。中国社会是以情为本位的社会,人情至上。当我们说做事要合情合理,做人要通情达理,总是情在先,理在后。情之重要,深入国人的骨髓。那么情为何物?在古文字中情写作"青"。[1]这与"性"相同,"青"便是情的原型。

---

[1] 《楚简》的青读为情,见刘志基主编:《古文字考释提要总览》,上海人民出版社2010年版,第三册,第764页。

二、情为何物

（一）青：生命的气息和表达

  青,一般指深绿色或浅蓝色,诸如青绿、青碧、青草、青苔,青山绿水等。从这些词汇词语上看,青的颜色义来自植物的青绿。这是很自然的意义发生,参考英语的绿或青的形容词为 green,其名词 greens 就是绿叶蔬菜了。

  青体现了叶绿素的光彩,是生命的动力系统(光合作用),何等的伟大! 其实"青"字本身就蕴含着这样的伟大:青乃从生从丹的文字构成。① 青中含生,而生,上一章已有详说,为秧苗和树木的象形,是植物生命的象征。

  生的力量很伟大,植物的生发有一种势不可挡的征服欲:青青河边苗、田田水中莲、离离原上草,更有漫山遍野花芬芳、遮天蔽日林森森。生的气息所向披靡,可用"葳蕤"来形容。葳蕤乃草木茂盛,葳从威,那是树木繁茂、气势浩大之威猛! 蕤本作甤,从豕从生;甤的本义大概喻指植物生长的势头很野,像一头冲动的野猪,一发不可收。

  大地一片绿,不同层次的绿,那是大地母亲生发的温情。情满大地,原来就是这一片绿啊! 绿是生机,是"青青"之"生"的生机。在张家界天门山密林中,游客跨越山谷时,缆车下深不可测的"林林总总",你可以看到生生不息的绿,从大地深处冒出来,像泉水一样涌现,蔚为壮观,叹为观止。

  此"青"生此"情",万物的涌现就是大自然! 难怪希腊语自然(physis)一词的本义就是"涌现",由形象化"涌现"义而抽象为一般意义上的"生长"义,继而

---

  ① 青上部为生,李圃,郑明主编:《古文字释要》,上海教育出版社 2010 年版,第 510 页。

发展为自然义。①

图 2-1 "情"生生,意切切。引自 Robert Patierno

涌现,就是显现、表现。以"青"字为声符的字,大凡蕴含着显现、表现义,如"睛",本作精,是目中的精气,即眼珠。睛是人的精气、灵气的集中表现。② 而"倩"则是容貌美好的表现,"婧"是(女子)礼仪规矩的表现(古人认为如此才是有德有才)。

"青"的涌现乃大地的表情,浓郁的植被是大地的脸皮,春夏秋冬演绎着她的表情。表情,就是情或青的表现(expression),是从内而外(ex)的现身。大地涌现的是生命,人脸涌现的是真情。表情是肌肉的复杂组合,稍有虚饰,便露破绽。

人脸最富表情,特别是眉眼部分,所谓挤眉弄眼、眉开眼笑、愁眉苦脸等都突出了眉眼的表情特征,古代相学上所说的"眉眼看性情"就是以眉眼的动静形态判断人的性格、欲望和能力。其中眼睛是心灵的窗户,是情感的自发流落,透过

---

① 对应的希腊语为 phuo,本义涌现。见孙周兴:《说不可说之神秘——海德格尔后期思想研究》,上海三联书店 1994 年版,第 93—94 页。

② 齐冲天,齐小乎编著:《汉语音义字典》,中华书局 2010 年版,第 707 页。

二、情为何物

眼睛可以看出一个人全部情愫：欢乐、悲伤、忧愁、恐惧等。眉毛的表情虽然不及眼睛的深沉、博大，却也生动活泼，如柳眉倒竖以示愤怒，横眉冷对以示敌意，挤眉弄眼以示俏皮，低眉顺眼以示臣服，扬眉吐气以示畅快，眉头舒展以示宽慰，喜上眉梢以示愉悦。

其实眉眼所生发的性情，体现了眉眼在脸面的"生态环境"：眉毛就像草木、灌木、树丛（当然眉骨为山，加上眉毛，为青山）；眼睛则如一泓清波、一湾湖水、一片池塘。池水映照着天空，那是眼最纯情的时刻；眉眼传情，谓之暗送秋波；而"眉如青山黛，眼似秋波横"则是眉眼神采的优美画面。

表情绽放着、承接着心情，却无法满足心情的深层涌动——"深情"。深情需要深厚的表情，而深厚的表情有赖于富有表现力的语言形式。这就是艺术。很多音乐家、舞蹈家、画家都主张艺术是情感的自我表现，认为艺术就是艺术家内心情感的流露。仅当创造者的情感集聚、浓缩、濒于迸发时，他们才能创造出最感人的作品。勋伯格说："一件艺术品，只有当它把作者内心激荡的感情传达给听众的时候，它才能产生最大的效果。"他宣称："事实上，艺术家所努力追求的只有一个最大目标，就是表现自己。"[①]

艺术中，最容易打动人的莫过于音乐了，如苏东坡在《前赤壁赋》里提到的吹洞箫："其声呜呜然，如怨如慕，如泣如诉，余音袅袅，不绝如缕。"以乐器之王钢琴为龙头的交响乐，是艺术情感的集大成，且不论钢琴、大提琴、小提琴、短笛、长笛、双簧管、英国管、单簧管、圆号、小号、长号等的精彩，仅仅是音乐指挥抑扬顿挫、如痴如醉的神态和手势、身姿就足以令人销魂。演唱会之所以火爆，歌迷粉丝之所以疯狂，全在于音乐的情感共鸣；歌王天后不用言，歌喉亮起时，情感就沸腾了。

情绪的英文为"emotion"，e（即 ex，从……出来）和 move（运动）的组合。据此，情感、情绪乃内能（move）的涌现（ex），所以有动情之说，有感动、触动、动人心弦等"动能"的宣泄。因此，情，是心动而来的意；意（从音从心）是发自心灵的音。心是有弦的，弦而有音，音而见意……总之，心弦的拨动，显现了情意。

在汉语中，心与情相辅相成，心也是情感器官，诸如热心、欢心、好心、伤心、

[①] 引自[美]苏珊·朗格著，刘大基等译：《情感与形式》，中国社会科学出版社1986年版，译者前言，第9页。

痛心、开心、甘心等。无独有偶,英语的心(heart)也有情感功能,如"abundance of the heart"(感情丰富,感情充沛),"speak to the heart"(动人心坎),"one's heart is breaking"(断肠,伤心),"have something at heart"(热心某事),"a light heart"(无忧无虑),"lose heart"(心灰意懒,垂头丧气),"hard-hearted"(冷酷的)等。

英语 heart(心),其根词为 kerd-,源自拉丁文 cord-,本义就是绳子。① Heart 这根绳子也体现在同源词 accord(一致,调和)、concord(和谐)、cordial(诚恳的)上。显然,Heart 之绳,就是中国人的心弦。

维柯在拉丁语中找到了欧洲人的心弦。他说,把野蛮人驯化到能胜任各种人类的职责,需要神的或宗教的力量。这种神力,即"表现为一根绳子,在希腊语中叫做 chorda(弦),在拉丁语中就叫做 fides(信义,信用),其原义表现在 fides deorum(神力)这个成语里。从这种'弦',人们制造出乐神奥辅斯(Orpheus)的竖琴(竖琴一定是从用单弦开始的),竖琴伴奏的就是赞颂预示征兆的神力的歌,奥辅斯用这种琴歌把希腊的野兽都驯化为人。"②

言说心弦(或绳子)至此,不由想起俗语中的"一根筋"的说法,就字面含义而言,心弦也是一根筋。"一根筋"尽管表示偏执、固执、不开窍、不知变通等负面意义,与心弦之情发似乎相距甚远,但艺术家创造中的疯狂,个性的极端张扬,风格的特殊追求,恰恰体现了"一根筋"的偏执。"一根筋"的偏执,带着情感的张力,投射到作品上,成就了作品的表现力。

从心弦、心绳到"一根筋",再看音乐何以能动情,就明白了。原来,富有表现力的乐器多半与弦有关。在古典音乐乃至现代轻音乐中,几乎所有的抒情旋律都由弦乐声部来演奏。弦乐器(钢琴、提琴、二胡、竖琴、古琴、琵琶、筝等)柔美、动听而具灵动色彩,仿佛是心弦(以及 heart 之绳)的延伸,引出了情"意"绵绵。

乐器的弦感应着心灵的弦,弦牵连着人间的情。弦,泛泛地说,也是绳,是线绳,而线条具有灵性、灵动的表现力,中国画讲究线描,不注重光影效果,显现线条的情感律动。中国书法是线的艺术的典型代表,通过结构疏密、点画轻重、行

---

① 周文标主编:《多功能英汉案头大辞源》,辽宁人民出版社 1993 年版,第 2068 页。
② [意]维柯著,朱光潜译:《新科学》,人民文学出版社 1986 年版,英译本导言,第 12 页。这说明了历史与逻辑的统一,第 250 页。

二、情为何物

笔缓急等,就像音乐艺术从自然界的群声中抽象出音乐来一样,书法净化了线条,以其摆脱、超越形体模仿的笔画自由开展,一个个一篇篇错综复杂、丰富多彩的纸上音乐和舞蹈,用以抒情和表意。① 因此,线具有时间的律动,线的艺术拥有五线谱的特质。

与线的艺术相对应的是色。以油画为主体的西洋画,向来推崇色彩、色调(而国画则以水墨为主),色彩的情感意味十分浓郁,由此形成了色彩心理,诸如红色表示热情、黄色表示自豪、绿色表示活力、蓝色表示纯净、橙色表示欢快、紫色表示神秘,等等。闻一多有一首题为《色彩》的诗,揭示了色彩的情感价值:

> 生命是张没有价值的白纸,
>
> 自从绿给了我发展,
>
> 红给了我热情,
>
> 黄教我以忠义,
>
> 蓝教我以高洁,
>
> 粉红赐我以希望,
>
> 灰白赠我以悲哀,
>
> 再完成这帧彩图,
>
> 黑还要加我以死。
>
> 从此以后,
>
> 我便溺爱于我的生命,
>
> 因为我爱他的色彩。

西方绘画强调色彩,颜色与情感表现天然相关。19世纪绘画上的印象派强调色彩的光影效应,后期印象派画家梵高以其大气、率性而强烈的色彩表达其内心的情感。如作品《夜间咖啡馆》中的"红色和绿色表现了人类天生的可怕情绪";②《向日葵》里则充满着明亮而具生命活力的黄色;《麦田群鸦》中的三原色和绿色,单纯而简明,表现出"悲伤与极度的寂寞"。

梵高以色彩宣泄情感的风格也影响了后世画家的画风。20世纪初出现的

---

① 李泽厚:《美的历程》,文物出版社1982年版,第46页。
② [英]保罗·约翰逊著,黄中宪等译:《艺术的历史》,上海人民出版社2008年版,第525页。

029

野兽派,其画色彩对比强烈,评论家称他们的画像关在笼子里的野兽。野兽派的代表人物马蒂斯说:"我把色彩用作感情的表达,而不是对自然进行抄袭。我使用最单纯的色彩。"

图 2-2　野兽派热衷于运用鲜艳、浓重的色彩,以直率、粗放的笔法,创造强烈的画面效果,充分显示出情感表达的效果

野兽派的得名,虽然有恶搞的成分,但颇能说明其画着色之烈,情感涌动之甚。野兽派充满情感能量的"色"其实也暗合了本节开头时讲到的那个"蔡",即如野猪般疯长的植被丛林。换言之,野兽派的"色"兽藏于"生"(甡)之野猪中(蔡的本字为从豕从生的甤),而"生",就是"青"(进而是"情")的上部,表示"青"(情)的"生"发,亦即感情("青")的表现。

如此说来,"色"与"情"似乎有着特殊的"缘分",至今艺术作品还在纠缠情色与色情之别。从原型意义上讲,"情"源于"青","青"体现为"生",生命与性关联;而色,从上下两人的构形,有学者认为此乃男女交欢之形。① 显然,"色"的原初意象也是"生"——两性间的生命生殖活动。

总之,源于"青"的"情"是有"色"的,那是春绿!

---

① 文字学家马叙伦认为"色"是男女交媾;甲骨文有以从匕从且的字,即为色的本字。汤余惠认为,色从人从卩,一人从一人后,为性交状,其音与从尸从插的字近,音义相同。见李圃主编:《古文字诂林》,第 8 册,上海教育出版社 2003 年版,第 118—120 页。

二、情为何物

（二）丹：情绪无意识

上节围绕着"生"谈情的生发，从植物的生机到人面的表情，再到艺术的表现。那么，情（青）的生发的机制又是什么呢？让我们继续探究"青"字的下半部分——丹。

文字学家在解释"青"的构形时，一般认为，上面的生表示草木枝叶及其颜色，下面的丹为矿穴，表示从矿中提取草木的颜色。[①] 但这样的分析还是不尽如意，把植物的色彩归结于矿穴中的颜料，这更像地质学家的思路。从常理角度讲也费解：难道植物的颜色仅仅取决于地下的矿物？同样的植物移植到不同地方就该变色吗？

在谈论"性"的时候（第一章第一节），我们提及古代圣人对幼苗生长的关注，主要是观察植物是如何往上生长的。而"青"（情）则是往下的关注，推测树根下的世界究竟是什么神力，能让幼苗长出参天大树的。古人一定惊叹大地的生育力，能神奇地涌现出鲜活的生命。许慎也注意到这个问题了，他说："土，地之吐生物者也。二象地之下、地之中，丨，物出形也。"土，吐也；生物得以从大地深处涌现出来。

这么说，丹就是一个能吐露地下"奥秘"的"矿"。但是，古人心目中的矿，与今人物理功利性的煤矿、铜矿、铁矿不同，而视之为活的、有生命的东西。据说古人开矿时，绝对不会出现竭尽资源的行为。他们开采一部分后，便封上土，种上树木，就像农人耕地休耕一样，让矿物"休整"，以便"恢复"元气。

[①] 邹晓丽：《基础汉字形义释源》，中华书局 2007 年版，第 156 页。

这是基于有机自然的观念,把矿物看成生命体,本身也藏有种子,可以适时生长发育。这样的观念,听上去像童话,不科学,但从文化心理的角度讲则不尽然。那么,矿是什么?许慎在定义"矿"字后,又标出了矿的古文"丱",①这给我们提供了新的线索。段玉裁认为,丱其实就是古文卵。郑玄注释《周礼》说:"丱之言矿也。金玉未成器曰矿。此谓金玉锡石之朴韫于地中。而精神见于外。如卵之在腹中也。"②

如此,丹实际上是生命种子的储藏所,源源不断地生出生命的色彩(青)。这里丹有两重含义:一者是矿脉、矿穴所在;二者表示矿脉、矿穴的卵。

从情感的语境讲,丹,一方面是心灵种子的储藏所,无意识的容器。另一方面,心灵之矿,也是心灵之"丱"或心灵之卵,就是蛋("丹"中存放着"蛋")、卵子、精子,或精卵细胞,是生命和心灵自我的全息凝聚态。这样的情感之卵,不妨称之为"情种"。当然,这是广义上的情种。

"情种"作为心灵自我的全息凝聚态,有着丰富内涵,其中至为重要的莫过于荣格心理学中的"情结"了。情结(complex)就是无意识中成组的彼此联结的情感、思想和记忆。它们像完整人格中的一个个彼此分离的小人格一样,是自主的,有自己的驱力,而且可以强有力到控制我们的思想和行为。③

情结具有情绪色彩,决定着我们人格的许多方面。从消极方面讲,它令人沉溺在某种事物或行为中不可自拔,而成为一种"瘾",诸如自卑情结、恋物情结、"俄狄浦斯情结"等。从积极方面讲,情结构成了人的心理能量和动力的起点,是灵感和创造力的源泉。很多艺术家都拥有强大的情结。④

无意识情结会把一些观念和情感吸引到自己的周围,其结果是放大了相应的观念和情感。就情感而言,情结会强化、引导某种情感,从而影响人的思想行为。

除了个人情结,还有许多群体性质的情结,如"救星情结"。荣格指出:整个人类都有这种对救星的期待……在意大利与德国,我们看到的是作为大众心理

---

① 汤可敬:《说文解字今释》,岳麓书社 1997 年版,第 1283 页。
② 段玉裁《说文解字注》。
③ [美]霍尔·诺德贝:《荣格心理入门》,冯川译,三联书店出版社 1987 年版,第 36 页。
④ 杨绍刚:《人类心灵的神话——荣格的分析心理学》,湖北教育出版社 1999 年版,第 95—96 页。

二、情为何物

的救星情结。实际上救星情结是集体无意识的一种原型意象,在我们充满灾难、迷惘的时代,它自然又被激活起来……"①

"丹"矿中最大的情结就是"我执",即对"我"的执着。小乘佛教把这种"我执"视为万恶之本,一切谬误和烦恼的总根源,是要破除的一种主要观念。② 就深度心理学而言,可以从情结中发现自我,或发现自我的情结,从而感受到自己的存在,开启自性化的旅程。因此,所谓"自我"(ego),实际上也是一种"情结"。③

情结聚集着并释放着情感力量,不仅影响个人的行为,也影响群体的行为。由此可见,情结与情感,如同电子与电场,或原子核与电子云的关系:情感的场空间传播、释放着情结的能量;情结的凝聚态储存、积压着情感的原生态。

图 2-3　丹与情结。引自 Mark Henson

---

① 杨绍刚:《人类心灵的神话——荣格的分析心理学》,湖北教育出版社 1999 年版,第 22 页,第 96—97 页。
② 任继愈主编:《宗教词典》,上海辞书出版社 1981 年版,第 525 页。
③ 见微博@荷永 2013 年 12 月 5 日发表的内容,weibo.com/p/1005051265211792。

至此,我们再来看心理的"丹"矿,实际上有三层含义:其一是情感无意识的容器;其二,契合情感的场空间;其三,情感的场空间"生成"了"情种"及其情结。

但是,人类的情感渊海远比理性世界来的古老深远,情感无意识还有更深的通道,决定着"情种"及其情结。这就是情感的集体无意识。而集体无意识是个储藏所,原型充斥其中。情感集体无意识的储藏所便是"丹"的深层"空间",相应的,"丹"也就是情感原型。

"丹"是容器,其所代表的情感原型又是什么呢?不论是弗洛伊德,还是荣格,容器空间与女阴、女神意象密切关联。就荣格心理学而言,作为情感原型的"丹",突出地显示出大母神原型的特质。

大母神或母亲原型,生育为其本,而青(情)的字象正体现为于生。荣格认为母亲原型有着诸项变体,显示出丰富的象征形态,比如伊甸园、天国、圣城耶路撒冷等渴望救赎的地方。也有很多激发虔诚或敬畏感的东西,如教会、大学、城市,或者乡村、天空、大地、森林,还有任何静水、物体偶数(matter even)、地狱以及月亮。母亲原型还联系着代表肥沃与富饶的事物与地点:哺乳宙斯的羊角、一块犁过的田野、一座花园。它可以附属于一块岩石、一个山洞、一棵树、一股泉水、一口深井,或者各种洗礼盆之类的容器,或者容器形状的鲜花(玫瑰或莲花),烤箱与炊具之类的中空物体也与母亲原型相关联。①

大母神原型是非常古老而深刻的原型,它源自初民的生活经验。远古的神话、雕塑保留着大母神的记忆。一般而言,大母神具有"身体—容器"的基本特征。在女性的"身体—容器"中,赋予生命、营养、温暖和保护。女性的伟大在于容纳、庇护、滋养,由此而体现出仁慈,女性身体的巨大容器主要象征要素是嘴、乳房和子宫。尤其是腹部以下的容器,在大地中表现为地下的黑暗,"还有像深壑、洞穴、峡谷、深处那样的象征。在无数神话和仪式中,它们扮演需要使之肥沃的大地子宫的角色。"②

大母神具有两重性,既有庇护、滋养等方面的正面特征;又有吞噬、恐怖等方面的负面特征,所谓"可爱的母亲"与"可怕的母亲",③后者如印度神话中的时

---

① [瑞士]卡尔·荣格著,徐德林译:《原型与集体无意识》,国际文化出版公司2011年版,第67页。
② [德]埃利希·诺伊曼著,李以洪译:大母神《原型分析》,东方出版社1998年版,第41—43页。
③ 叶舒宪:《千面女神——性别神话的象征史》,上海社会科学出版社2004年版,第52页。

二、情为何物

母、古希腊神话中的戈耳工,以及黑夜、深渊、迷宫、骨灰缸、冥界等恐怖母神的象征。作为吞噬的地穴的恐怖母神,是"地狱的深渊、深藏的暗穴、坟墓和死亡吞噬的子宫"。"正是这个产生生命和世间一切众生的女人使他们返回到她自身,她追捕着她的牺牲品,用她的陷阱和罗网抓住他们。""这位恐怖母神是饥渴的土地,它吞噬自己的孩子们,用他们的尸体来增强自己的肥沃";"然后再次孕育、滋养生命,使它重获新生,再不断地将它们抛入死亡的深渊"。[①]

由此,大母神的双重性构成情感原型的两大特性:其一为大母神的生育、生养,即慈爱、关切、奉献的属性;其二为大母神吞噬、恐吓、黑暗的属性。前者发展出欢乐、仁爱、安详等积极情绪;后者发展出悲伤、恐惧、忧虑、愤怒、迷惘、嫉恨、厌恶、不安等消极情绪。

说到底,是大母神的生死关系铸就了人类心灵的情感原型。常言道:女人是情绪动物,意在女神、母亲乃情绪之发生、掌控的根源。很多心理问题,无论是个人的,还是环境的,都可以追溯到母亲关系中。

(三)曲则有情

生生之谓"情",大母神从生之容器(子宫)到哺乳之养育,到家庭庇护("家"是外在的子宫),无不体现包容、滋养的爱。大母神的核心是容器,容器的核心是子宫,子宫是哺乳动物的伟大创造。大概是哺乳的心血或血脉相连之故,在进化过程中,强烈情感的逐渐形成主要表现在哺乳动物身上。众所周知,当拿

[①] [德]埃利希·诺伊曼著,李以洪译:《大母神:原型分析》,东方出版社1998年版,第148—190页,第149—151页。

走幼畜时,许多哺乳动物的母畜表现出明显的伤感。①

哺乳动物又叫恒温动物;而鳄鱼、蛇等爬行类动物则叫变温动物或冷血动物。恒温动物的血是热的,热血沸腾的概念也是由此引发的。而一个不讲情义、残酷无情的人,也就喻为冷血动物。热血与冷血,关键在于子宫的存在,在于由胚胎的内生、产后的哺乳带来的情感依偎和牵挂。显然,怀胎就是怀着情感,孕妇的韵味是爱意充溢的孕味。

因此,胎儿的出生也标志着情感的诞生。而人类胎儿的诞生是个艰难的过程。古人也以此想象、体会大地母亲的艰难生产——草木从大地子宫里破土而出的情景。

这是怎样的一个生产过程呢?"乙"字透露了这一秘密。许慎说:"象春艸木冤曲而出,阴气尚强,其出乙乙也。"《说文段注》:"乙乙,难出之皃。"乙乙就是草木艰难曲折地突破土壤的封闭而见天日的样子。"乙"有弯曲义,"乙"的字形直观地表现了这一含义。我们形容弯曲的肠子时,不是就叫"乙状结肠"吗?"乙"显示的是草木生长的屈曲,这一观察不是偶然的,我们在"春"字中也发现了这一现象。

"春"是春天的专用字,引申为两性相求的欲望(怀春、春心)和生机。《说文》:"春,推也。从艸从日。草春时生也。屯声。"春(古字亦作萅;萅,就是草木初生的意思),草木拔地而出,从大地深处推现出来。屯,也有其音义,表示屯然而屈,艰难生出。②"春"也是大母神临产的写照,是"春"姑娘产后的风采。

万物屈而生,其艰难之谓,想必与反引力的上升运动有关。我们在谈论"性"的异体字"眚"时,遇到了相似的问题(参见第一章第三节)。在"眚"字中是目障,而"春"是生长过程的障。前者不可见,后者屈曲而进。

向上的生,屈而进:从旁逸斜出的树枝,到互生、对生的花瓣或叶片,曲尽其妙地表现出生命的生长轨迹。屈曲而生,情趣自成。

生命生长,曲线迂回,如同滚动的轮子,貌似往还循环,却是前进的动力。这样的往复运动在柴油机气缸做功原理中得到充分体现。进一步讲,曲线构成生

---

① [美]卡尔·萨根著,吕柱、王志勇译:《伊甸园里的飞龙》,河北人民出版社1982年版,第52页。
② 李圃,郑明主编:《古文字释要》,上海教育出版社2010年版,第98页。

二、情为何物

命运动的基本方式:螺旋式上升的花序、螺旋状开裂的树叶、S 形的葡萄须子;鹦鹉螺、田螺、蜗牛等贝壳动物的贝壳螺纹,盘旋着羊角(扶摇羊角),手指头的螺旋纹、头顶的发旋,还有从细胞(各类胞器)到基因染色体(DNA 双螺旋结构)的曲线构成,以及大脑神经细胞曲叠而成的沟回,等等。

屈曲而生,也体现为躯体柔软弯曲。这方面,婴儿的身体最明显——圆润而屈伸。试看摇篮里的婴儿,屈曲着一双小腿,欢快地蹬着,那稚嫩而旺盛的生气,无时无刻不释放着可爱。屈腿体现了生机。[①]盘腿打坐是修身养性、回到婴儿态的基本训练。老子说的"专气致柔能婴儿乎"便是后天返先天的修炼。这是古代逆生长的伟大实践。

与此相应的,修行者的睡姿也注意屈伸特征,佛家称之为吉祥睡。细观各地卧佛全都是取"右侧卧,睡如弓"的姿势,即人右侧卧的同时,弯曲右臂和右腿,右手上承头部,伸长左腿,将左手置于左股之间。"睡如弓"保持这生命的张力。相反,伸直四肢的睡姿多不吉。

曲线也造成了身体的外部形态。人的体型最富曲线美,特别是女性,其身体侧影,从胸、腹到腰,一个波段的起伏;从腰到臀又是一个波段的起伏;从大腿、小腿到脚踝,波段的起伏幅度依次递减而不失精美。至于女性的正面曲线,则集中在以乳房与臀部的巨大对比中。古典印度舞蹈的造型便以腰为轴线,乳和臀为太极两仪,左右扭动身子而成 S 形(这的确引人注目,故而某网络红人能以此夸张造型爆红)。这反映在笈多王朝的雕刻上,女性身体姿势采取三道弯(Tribhanga)——头向右倾侧,胸部转向左方,臀部向旁耸出,两腿又转向右方。[②]

人脸同样呈现出曲线的层次。从其侧面的线条中看得出从额头到鼻子、嘴唇和下巴的起伏变化;而一张平板电脑一样的脸很容易引起误会——呆板而缺乏有效信息。眼睛上面的眉毛,其形状也是以弯曲照应为美;女性的柳眉,显现出弯月的柔情,从相理上讲,一定是个善解人意、通情达理的倩女,此乃有情之眉。相反,眉毛直直地横挂在眼上,所谓一字形的眉毛,该是怎样的情态?无疑的,这是一个固执、较真,难以沟通、不讲情面的人。因此,一个富有表情的脸往

---

① 沪语中说某人故世,叫"一脚去",即伸直了腿;而八成以上的睡姿是屈腿侧睡。脚就是腿(沪语脚本义为腿;邵阳话的脚也腿的意思,很多方言用的是古义)。

② 常任侠编著:《印度与东南亚美术发展史》,上海人民美术出版社 1980 年版,第 27 页。

往充满曲线张力。

微笑的表情之所以能打动人,那是由于其营造的面部肌肉形成动人的曲线弧度:轻松而上扬。服务业的基本功是微笑,笑得自然而生动,以示诚意和亲切。为此礼仪小姐、空姐的微笑还要专门训练。拍照合影也需要微笑,显示彼此相聚的亲热、共识。这也是研讨会留影的重要动机。摄影师引导大家讲"茄子"(类似老外说的 cheese)。这样,嘴角上扬,构成微笑的表情。

身体动作的曲线反映在武术上。中国拳术讲究屈伸变化的套路,其中太极拳的缓慢招式更具曼舞的线条,演绎着身体韵律的精气神。

曲线是艺术表达的重要形态。中国书法线条的曲折变化,显现出作者的个性和情意(诸如颜骨柳筋);而隶书,笔画较厚实,字体略微宽扁,呈长方形状,其横画长而直画短,呈波状起伏,有"蚕头雁尾""一波三折"之称。曲线的情感意味在绘画、雕刻中也有充分的表现。上面(第一节)提及的国画的白描,便是抒情所在。西洋绘画重视色彩,以此体现情感的力量。但是,我们发现有着强烈情感力量的梵高的画,汇聚了色彩与曲线的全部能量,后者的多重曲线、螺旋线的躁动、涌动(如大柏树、星空中的旋转曲线),让人深切地感到他燃烧着的情感世界。

江南园林是抒情的,是以空间的曲线起伏抒发诗意的情趣。空间的曲主要的表现为对空间的切割,即通过道路、绿化、水流、楼台亭阁、假山、廊道等的巧妙布置,营造借景、对景、漏景、俯景等景观效果,化有限空间为无限的时间绵延,以求移步换景之效,流连忘返之胜。曲为有情,直为无情。故园林多为曲水、曲径、曲桥(不过,上海豫园的九曲桥过于机械而失去曲的"情义")。

图 2-4 曲则有情。引自 Mark Henson

二、情为何物

古代风水地理认为曲则有情,无论是河水、池塘,还是道路、绿化,逶迤弯曲者为有情,为吉,如草原上迂回流淌的水,牛羊遍布,宁静而富饶。而笔直冲者为无情,为凶,如横断山脉的激流,古称穷山恶水。"大路朝天各走半边"是说笔直的大道直通天涯,这样的大道孤独而无情。美国 50 号公路就是这样的大道,全程长度 1373 公里,被称为"全美最孤独的公路",其所穿越的地区荒凉无情。

日常交流的曲,就是口气间接,顾及面子,讲究人情,所谓客套,客气者也!从前国人相见,喜欢问"饭吃过没有?"那不是真的关心对方的肚子,而是间接地传达出对对方健康、工作的关切,即存在(to be)。起初,老外就很纳闷:难道请我吃饭?有的甚至很生气:难道当我是乞丐?从前夫妻间的称呼也很"间接",不会直呼其名,或者麻麻地说一句"亲爱的",而是怪怪地(至少老外这样看的)说"儿子他爹或孩子她娘"(北方话中常见)。笔者儿时常听到父母互相叫唤:"你家爷,你家娘"。那是老家邵东话。夫妻间称呼的间接性,其本质在于通过子女或家庭的中介,强调家的亲情,尽管含蓄,但家庭血缘、伦常情谊等关系充溢其中。

不要以为客套是中国特色,其实老外的客套更"考究"。在英语语法和修辞中就有一套很重要的表达方式——委婉语(euphemism)。Euphemism 从 eu,意指好的;从 pheme,表示说话,合之为善辞令。英语委婉语有两大形态:其一是词汇、短语方面的,主要出于某种忌讳或难堪,如说 put on weight(发福)而忌说 become fat(长胖)。其二是语法方面的,其委婉心理的微妙处,为汉语所不逮。

比如,"I am hoping that you will come and have a chat with me."(我倒希望你来聊聊天。)Hope 为表心理活动的静态动词,这里以正在进行时表委婉、客气。[1]何以故?静态动词就是固定在某个点上的动作,hope 含确定的目标,希望对方做某某事。但静态的动词偏偏采用动态的正在进行时,有点匪夷所思。语言的奇妙就在此。这句话的委婉在于,希望"你"陪"我"聊天,但不好意思明讲,只好把 hope 虚化,即处于动态中,成为非固定的目标:这样运动中的 hope,若有若无。但是 hope 的运动不是线性的,而是围绕某个点作圆周运动。无形中,人们会感觉到(意会到)那个圆心(固定的原点,即静态动词 hope 的存在)的目的所在。显然,静态动词的动态化处理,是一种"圆滑"的表达。

---

[1] 薄冰:《英语语法》(袖珍本),开明出版社 1999 年版,第 224—225 页。

类似的还有"Will you be having some tea?"（喝点茶吧？）用的是将来进行时，可使语气更委婉。这个进行时也是把将来的动作虚化，显得不那么肯定（即不固化所说的事），避免了强人所为的嫌疑（这也说明了英语世界注重个人意愿的心理特征）。

英语的一般过去时有时可用来表一般现在时，使语气变得婉转一些。如 I hoped you could give us some help，意义上相当于说 I hope you can give us some help（希望你能帮个忙）。"希望"是指向未来的行为，却说成过去的。无形中过去时成了一种时间屏障，避免了直接诉求可能引起的不安和尴尬（好比当下说"我爱你"有点为难，而说成曾经爱过的，就有了缓冲，像讲一个故事）。英语 would you like 句型为委婉屏蔽的典型。

总之，情为生，生之运动与形态为曲。树木的屈曲而生，呈现出生物繁茂多姿的精彩；人类交往的情，其迂回、含蓄的表达，呈现出心灵丰富深厚的精彩。

中国文化是情文化。前人说"草木之生意，动而为芽。情亦人之生意也，谁能不芽"。林语堂说："情是生命的灵魂，星辰的光辉，音乐诗歌的韵律，花草的欢欣，飞禽的羽毛，女子的艳色，学问的生命。没有情的灵魂是不可能的，正如音乐不能没有表情一样。"钱穆先生说："宋儒说心统性情，毋宁可以说，在全部人生中，中国儒学思想，则更着重此心之情感部分。"[1]

情是显现的（生也），也是隐藏的（丹也）。这显隐关系正是情的多情所在。情的显现可以普泛到人与动物之有情（sattva），乃至万物之"情状"。情的隐藏可以一直深入到集体无意识的种子，人的根气。情的隐还不时地表现为人格的投射，其中表现为文人的竹子情结（"宁可食无肉，不可居无竹"），殊不知那竹子也正体现了"情"的原型。[2]

竹子成了"情"物，"情"又成了情状，难怪大儒王阳明为"格物穷理"，盯上自家院子里的竹子。王阳明的"格竹"致知，貌似笑话，却也反映了竹为人格心理和物之情状的联通环节。这里，情的对象物——竹子，同时也是认知的结构。于是，情与理（认知）得以统一。

---

[1] 转引自黄意明：《道始于情——先秦儒家情感论》，上海交通大学出版社2009年版，第1—2页。
[2] 见微博@汉字门2013年7月份对"情"做出独特而深刻的原型分析。

三

欲望与需求

在先秦哲学里,情源自性,①而欲又是情的自我实现。②朱熹以水为喻,说心为水,则性为水之静、情为水之流、欲为水之波澜。③"情"生"欲";情的原型为大母神,故而欲望体现为大母神的某些特质。就"欲"之而言,有欲望(贪欲)和意欲(想要)两方面的含义。④这也表明欲望含有意志、意愿的特性,因而与需要、诉求等关联。

---

① 郭店楚简《性自命出》:"道始于情,情生于性。"
② 蒙培元:《情感与理性》,中国社会科学出版社2002年版,第205页。
③ 《朱子性理语类》(卷五),上海古籍1992年版,第76页。
④ 王力主编:《王力古汉语字典》,中华书局2000年版,第536页。

三、欲望与需求

（一）人类欲望

"欲"字从谷，段玉裁认为，欲的古文就直接写成"谷"的。① 这么说，欲就是深谷、深壑，今日还说"欲壑难填"。作为欲望的"谷"，有着生殖器的隐喻。老子说："谷神不死，是谓玄牝，玄牝之门，是谓天地根。绵绵若存，用之不勤。"（《道德经》第六章）。在神话思维里，把深壑、洞穴、深渊、峡谷、墓地等看做是大地母亲的子宫（参见第二章第二节），其中充满着神奇、玄奥、危险，有着生死的转换。很多武侠小说中的主人公经常在那里绝处逢生，诸如古墓迷宫、悬崖洞穴、深渊幽谷、沉潭暗流等。主人公或受伤，或中毒，或逃难，坠落其中而遇仙女、高手、秘笈，从而改变了人生。

小说中的各种山谷，无论是绝情谷，还是月亮谷，作为大母神子宫的隐喻，意在重生，脱胎换骨。而山谷本身因此带有性的吸引力：感召末路英雄，投身其中。因此，"谷"的本质是生，是新生或重生。这个生也体现了生命欲望、生命意愿，叔本华、尼采的生命哲学都与此有关。

谷，既然蕴含着生的欲望，那大峡谷意味着孕育着大的生，而东非大裂谷（Great Rift Valley）是地球大陆上最大的断裂带。当飞机进入东非大陆的赤道上空俯视时，大地上一条硕大无比的天煞剑"刀痕"赫然在眼，令人惊异而叹为观止。裂谷底部松柏叠翠，深邃葳蕤。裂谷分布着大大小小的数十个湖泊。湖滨土地肥沃，植被茂盛，栖息着众多野生动物，如大象、河马、非洲狮、犀牛、羚羊、狐狼、红鹤、秃鹫等。

---

① 段玉裁《说文解字注》："欲从欠者，取慕液之意。从谷者，取虚受之意。易曰：君子以征忿窒欲。"陆德明曰：欲，孟作谷。晁说之曰：谷，古文欲字。晁氏所据释文不误。"

如此生机勃勃的大裂谷,不正是大母神的"玄牝"之物?大母神的生生之欲?"谷"既然关乎欲望,这大自然最大的裂谷是否也蕴藏着自然生命的最大欲望?

图3-1　东非大裂谷:人类欲望的大口

什么是自然生命的欲望,这与生命意志有关。简单地说,生物进化有一种合目的性(Conformation with the Purposes),不断地发展出更高级的形态适应环境。自然历史的最高形态就是人的起源。

达尔文最初猜测人类的祖先源自非洲。现代分子人类学研究也支持非洲起源说。[1] 美国得克萨斯州农工大学考古系泰德·格倍尔(Ted Goebel)对此在《科学》上发表评论文章指出,研究成果表明现代人类走出非洲是在"更新世"的晚期,大约6万至5万年前。在绘出的新迁徙图中,8万至6万年前,东非大裂谷地区孕育了现代人类。而6万至4.5万年前,非洲现代人开始向外迁移:向东扩散到欧亚大陆,甚至到了北美。[2]

---

[1] [意]L.L.卡瓦利-斯福扎,F.卡瓦利-斯福扎著,乐俊河译:《人类的大迁徙》,科学出版社1998年版,第83—89页。
[2] 《新京报》,"两种人类起源学说再起争端",2007-1-22。

三、欲望与需求

人类从大裂谷中诞生,作为一个整体意象,沉淀在古希腊盖亚神话,以及中国女娲抟土造人,希伯来上帝拈土造亚当(Adam,源自希伯来语 adham,意为"出自泥土")神话中。维柯说,意大利最古的一些号称"土人"(indigenae)的民族自称是 autochthones,意思是"大地的子孙",这个称号在希腊人和拉丁人当中都指贵族们。而在神话故事里很恰当地把"大地的子孙"称为巨人们。[1] "土人"(indigenae)也就是大地母亲的儿子。

大裂谷诞生出大自然的最高生命形态——人类,而大裂谷又对应着大欲望。这意味着什么呢?显然,人类就是欲望的化身!人类历史的发展充分显示了文化力比多的强大动力,尤其是工业革命以来对自然界、社会生活造成无以复加的巨大影响。当今欲水横流,"欲望号街车"隆隆驶来,势不可挡。欲望驱力的发动,便有了意欲、意愿和意志的指向。

强大的欲望之口张开着,大有吞噬之意。且看"欲"的右边的"欠",为张口打哈欠之形。[2] 谷加上欠,欲望的静态属性,立即转换为动态欲念:嘴巴张开,撕咬之状。这是肉食动物在捕猎时常见的贪欲嘴脸,诸如血盆大口、鲸吞虎噬。其实就吞食而言,爬行类的张口(欠)之"欲"更典型。鳄鱼突袭时,张开长长的钢锯般的嘴巴,以 1100 到 1500 公斤的咬力,死死咬住猎物,拖入水中,使之窒息,最后吞入腹中。鳄鱼的嘴巴甚至比鲨鱼都凶猛、危险。同样具有吞噬力的要数蟒蛇了,常有蟒蛇活吞兔子、羚羊、疣猪,乃至更大的动物的报道。鳄鱼和蛇胃口很大,生吞的动物较大的话,要花费数月慢慢消化;有时蟒蛇吞大狗,撑得动弹不得被迫整个呕出。令人惊异的是,两位大胃王有时狭路相逢,彼此照样"欠"口大张,互相吞噬。

据英国媒体报道,一条 1.8 米长的大鳄鱼和 3.9 米长的巨蟒在美国佛罗里达州的沼泽里展开了一场殊死搏斗。来自缅甸的蟒蛇试图吞下它可怕的对手,最终却落得肚子爆裂身亡的下场。这两种巨型爬行动物的遗体近日被佛罗里达州大沼泽地国家公园的护林员发现了。护林员认为,双方发生冲突的理由可能是"外来的缅甸巨蟒试图挑战鳄鱼在沼泽地食物链中的领先地位"。从现场的情况看,蟒蛇的头部已经不见了,但致命伤应该在腹部,被吞下的鳄鱼的尾巴从蟒

---

[1] [意]维柯著,朱光潜译:《新科学》,人民文学出版社 1986 年版,第 158—159 页。
[2] 邹晓丽:《基础汉字形义释源》,中华书局 2007 年版,第 57 页。

蛇腹部的裂口露出。

佛罗里达州州立大学的野生动物教授弗兰克·莫佐迪说："从大小上来说，它们应该是势均力敌的，但如果蟒蛇能够在鳄鱼抓住它之前用尾巴控制鳄鱼，那么它有可能赢得这场战争。"莫佐迪猜测，鳄鱼被吞下去后没有死，它在挣扎中扒开了蟒蛇的肚子，导致同归于尽。①

吞噬之口，构成了大母神的负面属性（见第一章第二节），成为恐怖母神的象征。山谷、深渊、港湾等形如大母神张开的大嘴。英语中 gulf 有海湾、深渊等义，其动词义指吞没。而 gulp 则表示吞咽，狼吞虎咽地吃。②

在日耳曼语、古代斯堪的挪威语中，gina 是"张开口"，与 gin（咽喉、裂口）有关，进而与古英语的 giwian（需要）、gipian（狂吠）、gipen（渴求空气，争取某物），以及古代斯堪的挪威语的 gia（裂口和淫乐生活）有关。冯·诺伊曼指出，咽喉和裂口张开大口的贪婪性，表达了大母神子宫的贪婪，是通过吸引男性并在自身内部征服阴茎，以便获得满足和怀胎；同时作为大女神的大地——子宫，作为死亡的子宫，吸引并吸收一切生命。③

动物龇牙咧嘴，出于本能。而人由于文化习俗的限制，很少当众张嘴露牙的。即使是笑，古代礼仪也要求淑女"笑不露齿"。因此，那些有事没事、不由自主地咧着嘴唇，而又口角湿润的，其欲望之甚，一目了然。假如其人还晃动着蛇一样的舌头（通常伴随着流盼的眼神），一定是色欲翻滚了。

一般讲，嘴巴大，欲望也大（口为脸面的深渊、深谷）；而嘴巴开口的大小又与腮帮子的大小有关。腮帮子强劲与否影响咬肌的功效，进而影响欲望指数。因此宽大有力的腮帮子，继承了动物撕咬的欲望，有着强大的占有欲。

耳朵敞开着，就像脸面的峡谷和深渊。耳廓大大的，而且外突、逼近、盖住耳轮的，这样的耳相，看似也是欲望发达之辈。耳廓是自我的象征，耳廓不守本位（在耳轮的内侧），却要"越俎代庖"，可见其人欲求之咄咄逼人。

因此，欲望的深谷是一种吞噬的力量，是自我阴影张开的陷阱。这是一个无底洞，陷得越深，越难脱身。欲壑难填，实际上是自我阴影的黑洞吞没了自性。

---

① 《广州日报》，"蟒蛇吞鳄　同归于尽"，2014-02-11。
② gulf 与 gulp 意象相通，从音变角度讲，f 与 p 相通。
③ [德] 埃利希·诺伊曼著，李以洪译：《大母神：原型分析》，东方出版社 1998 年版，第 173 页。

三、欲望与需求

人从东非大裂谷而来,看来不完全是个偶然的事件。大裂谷预设的大欲望已植入人类的无意识深处。大裂谷作为欲望的心理原型,造就了人类的一般形态,也影响了人类的价值取向。这表明,人从"谷"中来,在天赋"谷"欲的同时,也实现了"谷"人的身份——"俗"。

"俗",就是山谷之人,是相对于山中之人——仙人而言的。在一些神话传说中,人本来来自天界,因欲望之故而堕落人间。从天到地的下行变迁,体现了从寡欲到纵欲的过程。大地之"地",音义通"抵",那是欲望的"抵达"。"地"的一个异体字从猪(豕),与"堕"同构,表示坠落(墜)。[①] 而贪吃、贪婪的猪是欲望的象征。[②]《西游记》里的猪八戒,前身是天蓬元帅,在天界动了欲念而堕落(投胎)为猪。显然,人间乃俗人汇集之地,是欲望洋溢之所。人们被一波又一波的欲望之浪推动着,无法自拔,也无意自拔。

尽管人堕落为欲望的动物,但人在无意识深处还是怀念其天界的"清高"。我们讲"欲望",别忘了还有个"望"。望,甲骨文从人从臣(目),以后逐渐演化为从亡从月从人(壬)的结构。[③] 其关键符号为亡和月(表示月的亡失)。亡是声符兼表意,反映了月的圆缺变化。从古人(包括当今画家)对天象的描述可见,太阳一般画成圆的;月亮则画成半圆的。月亮的形态有阴晴圆缺的变化,那个"亡",就是月缺时被掩盖的月圆。

对圆月的期待,唤起人的内心世界的完美情结,那是天界完美的记忆。人间的种种烦恼不如意,激发了对月境的向往。嫦娥飞月的传说反映了这样的心理期盼。八卦中兑卦为月,也表示缺。月缺,是心理缺乏而有所求的象征。英语的 wane 为月亏,缺损;与 want(缺乏,想要,希望)同源,[④] 也印证了月缺而来的期望。而英语的欲望(desire),从 de,从 sidere,表示"from the stars",正是星空的期待(await what the stars will bring)。

有位哲人说,人的一半是天使,一半是魔鬼。在我们看来,人的天使属性是

[①] 汉语大字典编辑委员会编:《汉语大字典》,湖北辞书出版社,四川辞书出版社 1992 年版,第 2180 页。

[②] [法]让·谢瓦利埃,阿兰·海尔布兰编,《世界文化象征辞典》编写组译:《世界文化象征辞典》,湖南文艺出版社 1992 年版,第 1276 页。

[③] 何金松:《汉字文化解读》,湖北人民出版社 2004 年版,第 251—252 页。

[④] 周文标主编:《多功能英汉案头大辞源》,辽宁人民出版社 1993 年版,第 1957 页。

其天界的前身,对应着月亮和天"仙";人的魔鬼属性则是坠落于大地深谷的欲念,对应着大地和世"俗"。王尔德说:我们都在阴沟里,但仍有人仰望星空。(We are all in the gutter, but some of us are looking at the stars.)阴沟相当于欲望之谷地,而星空为理想之仙境;前者是人的下半身欲望("地欲"),后者是人的上半身欲望("天欲")。

庄子说:"嗜欲深者其天机浅。"嗜欲深者,就是沉浸在深谷的世俗中;天机浅,谓远离"前身"的天"仙"之境。今人多半如此,所谓"人生的陷阱莫过于欲,欲门一开,清净的心就被污染了"。

(二)需:顺乎天意的期待

上半身欲望("天欲")是指向天界的,那么,如何达到天欲?这便是"需"。

需,从雨从而,金文为从雨从人的结构,即雨中人。[1] 雨中人在干什么?不会是雨中行的潇洒吧!当然不是,雨中人,不是常人,而是从事祭祀仪式的"儒"。甲骨文中需、儒通用。徐中舒指出,"儒在殷商时代就已经存在了,甲骨文中作需字,即原始的儒字""整个字象以水冲洗沐浴濡身之形"。他认为这是古代儒士主持礼仪前浴身斋戒,具有宗教净化功能,体现出儒者的神职特征。[2]《说文》:"儒,柔也。术士之称。"近代以来很多学者逐渐认同,最初的儒源于远古巫术礼仪。

白川静认为,中国文明与巫祝文化传统有着深层的渊源关系,无论是孔子、墨子,还是老子、庄子,其学说皆出于祭司阶级。他说,儒的宗教背景就是一种以

---

[1] 李圃,郑明主编:《古文字释要》,上海教育出版社 2010 年版,第 1068 页。
[2] 转引自叶舒宪:《诗经的文化阐释》,湖北人民出版社 1994 年版,第 225 页。

三、欲望与需求

巫祝为牺牲的求雨活动。"牺牲系用巫祝,被当做断发而请雨的牺牲者,需也。需,系含有为需求降雨而断发髡形之物的意思。如此的巫祝,乃儒之源流也。"①

儒,其实就是英国人类学家弗雷泽讲的"巫师王"或"巫祝王"。他们被视为半神半人的宗教性领袖,后来逐渐发展为政教合一的部落首领,因而国王通常也是祭司。"在那些时代里,笼罩在国王身上的神性绝非空洞的言词,而是一种坚定的信仰。在很多情况下,国王不只是被当成祭司,即作为人与神之间的联系人受到尊崇,而是被当做为神灵。""在公众巫师为部落利益所做的各种事情中,最首要的是控制气候,特别是保证有适当的降雨量。水是生命之源,而许多国家里,水是靠下雨提供的。没有雨蔬菜会焦枯,人畜会焦渴而亡。因而在原始人社会中,祈雨法师是位极其重要的人物……"②

显然,"需"主要指求雨巫祝礼仪,而"儒"便是"需"之人(巫祝王)。在古代传统中,人们相信国王具有巫术法力,可以保证土地肥沃、风调雨顺。一旦大旱无雨,巫祝王(祭司与国王的合体)有责任祈雨消灾;若不力,则牺牲自己的身体求雨。

郑振铎认为商汤就是中国古书上记载的最早的一位祭司王。《吕氏春秋》载有他以身为牺牲于桑林祈祷的事迹:"汤克夏而正天下。天大旱五年不收。汤乃以身祷于桑林曰:余一人有罪,无及万夫。万夫有罪,在余一人。无以一人之不敏,使上帝鬼神伤人之命。于是剪其发,䣜其手,以身为牺牲,用祈福于上帝。民乃甚说,雨乃大至。"

至此,"需"从人从雨的祈雨意象已十分显见。问题是《说文》何以把"儒"说成是"柔"?而以"需"为声符的字,如濡、孺、蠕、糯、懦等为什么都有柔软、软弱的意思?学界似乎也没有形成合理而令人信服的解释。"五四"时期提出打到孔家店的口号,儒家之儒也贬义化。胡适在《说儒》中说,"儒是柔儒之人,不但指那蓬衣博带的文绉绉的样子,还指亡国遗民忍辱负重的柔道人生观。"后来又有人对此作了补充,认为儒包含的柔、软之义,缘于儒者为贵族祭祖、事神、办

---

① 引自叶舒宪:《阉割与狂狷》,陕西人民出版社 2010 年版,第 262 页。
② [英]詹·乔·弗雷泽著,徐育新等译:《金枝:巫术与宗教之研究》,中国民间文艺出版社 1987 年版,第 16—17 页,第 95 页。

理丧事、担当司仪等。惟其如此,他们四体不勤,五谷不分,身体柔弱。①

如此解释,已偏离学理,近乎荒唐。无疑,沿着这样的思路,根本无从触及"需"柔之本!看来还得回到"需"的祈雨过程,追溯其"柔"。

根据弗雷泽的研究,祭司王祈雨时,采用很多顺势或模拟巫术,如用柳枝洒水;围着水桶跳舞;到水池边唱巫歌,等等。当祈雨不成,干旱延续过久,"人们就放弃所有模拟巫术的常用戏法,极其愤怒地不再白费力气去念咒语,而改为用恫吓、咒骂甚至干脆用气力向苍天强要雨水。"②

图 3-2 汤王祈雨

因此,就祈雨巫术的常规而言,其采取的方式当是顺着天意而有所求,而又怀着谦卑、柔顺的虔诚心,断然不可,也不敢冒犯上苍。而这正体现了"需"的柔义。

八卦之一的巽卦也有此意。《说文》:"巽,具也。从丌"。高亨说,巽上部为两个巳,为古跽字,像两人跽伏形;罗振玉释为巽,其说甚是,本义当为伏。③ 巽为祭祀祈祷之状,两人跽伏于丌(基座)上,谛听天神的指令。

巽为祭祀,祈望天神降幅,心诚而意逊,故巽有顺义。《易·巽卦疏》:巽者,顺之名。说卦云:巽,入也。盖以巽是象风之卦,风行无所不入,故以入为训。若施之于人事,能自巽者,亦无所不容。然巽之为义,以顺为体,以容入爲用,故受巽名矣。又与逊通。④

---

① 引自叶舒宪:《阉割与狂狷》,陕西人民出版社 2010 年版,第 250—251 页。
② [英]詹·乔·弗雷泽著,徐育新等译:《金枝:巫术与宗教之研究》,中国民间文艺出版社 1987 年版,第 96—97 页,第 111 页。
③ 高亨:《周易古经今注》,中华书局 1984 年版,巽卦。
④ 引自《康熙字典》。

三、欲望与需求

巽,字的本义为祭祀,而卦义为风,何以故?荣格在论及灵魂等概念时指出,拉丁语的 animus(精神)和 anima(灵魂)与希腊语 anemos(风)是同一个词,希腊语中"风"的另一种说法 pneuma 也表示"精神"。阿拉伯语中,"风"是 rih,而 ruh 则是"灵魂、精神"。希腊语 psyche(灵魂),也与 psychein(呼吸)、psychos(冷)、physa(风箱)有关。希腊语、拉丁语、阿拉伯语等语源清楚地表明,对灵魂的称呼是如何与呼吸、"精神的冷气"的想法有关。这或许正是原始观念之所以把灵魂说成是一种看不见的气体的缘故。①

因此,巽之风,是灵魂的弥漫和渗透(巽为人),是祈祷中灵魂的"通话":以其巽服之状,卑微之心,聆听天命!故巽又指巽命。

巽之顺服和谦逊,体现了迎候神临的特殊心性。与神沟通,完全不同于与实物实体的交往,那是空灵、虚无的境界,需要同样空灵、虚无的心方能交感。由此反观祈雨之"需",同样体现着心诚则灵的谦恭,体现着心的空灵、虚无,即内在的静虑。

需,从雨从人,那人就是巫。于是需便成了从雨从巫的结构。从雨从巫,令人想起从䨳从巫的"靈"(灵)。䨳,零也,雨降落谓之零落。下面的三个口,据说是水落之形。② 在这意义上,䨳与雨内涵相似,因而,从䨳从巫的"靈"与从雨从巫(人)的"需",也就彼此相通呼应了。

但是䨳,有降临的意象;靈,乃天神天意的降临,巫则是天"靈"的接受者(灵媒)。作为祈雨(需)巫师的"儒",也是承接天命的灵媒。

"儒"承接、连通天命,自然不同于俗世间阳性刚烈的仰天呼叫,而是静静地回到内心,进入无所思无所念、寂然不动、空无静虑的状态。那是极阴、极柔的沉静态,是瑜伽师的冥思态……处于深层寂静态的"儒",化解了肉体的障碍而敞开心灵的通道,借助阴柔而通达灵界。而通达灵界,控制呼吸(注意 psyche,与 psychein 的联系)的技术构成各类修行法门(瑜伽与气功的基础就是呼吸)。换言之,"儒"类似于今日的禅定,身体生理上表现为气脉打通、气血周流的柔顺无碍。

由此可见,"儒"之柔是内在的、本源的。而祈雨巫术只有打通内在、本源的

---

① 冯川编译:《荣格文集》,改革出版社 1997 年版,第 20 页。
② 李圃,郑明主编:《古文字释要》,上海教育出版社 2010 年版,第 1064 页。

环节才能达到通神降雨的目的,从而满足所"需"。

日常习用的"需",原来有如此神奇而高贵的汉字"血统"!既然如此,作为祈雨原型的"需",自然潜藏着某种祈求无意识的原始意象。也就是说,"需"之需求、需要,从根本上讲是内在的需求和需要,而不是外在的强求。

内在的需要是顺心而为,是无为无不为。儒祖孔子最清楚这样的心境。他虽然声称"不语乱力怪神",但也主张"祭如在,祭神如神在"。这个"如在"是很在场的"需",表示像真的一样存在。[①] 其实"如"本身就是真切的存在,佛家讲的真如、如如即是。

进入"如"的世界,才能"如意",实现"需"求。显然这样的"需"是灵魂层面的,是顺水推舟的,内在发生的"需",亦即"内需"。练气功的都知道,在全身放松、排出杂念的基础上,以意领气,达到"内需"。优秀的气功师可以控制植物(自主)神经,那也是经由导引行气等"内需"环节实现的。

民间婴幼儿入睡前,为防止尿床,有"把尿"的习俗。"把尿"就是人为地引导膀胱神经,提前排尿。通常母亲抱着小孩,做出小便的姿势,口里发出"嘘、嘘、嘘"的口哨声,仿佛在说"需、需、需",激发尿的内需(内急)。成人有时也会出现尿不出的情况,若此刻心绪焦虑不安,又想强力排出的话,往往适得其反。此乃打破排尿"内需"状态之故。

这种"内需"思维也体现在中医药理念上。医者,意也。这个"意"与气功"以意领气"本质上是相通的。只是中医通过针灸、汤药的"意"引领身体的气血。中医的"意"遵守内在、本源的原则,顺乎身体的脏腑经络调节阴阳。针灸之"针",本作"鍼",与箴(竹针)相通。[②] 鍼从咸,咸又为感的本字。[③] 针灸讲究行针的得气感,即刺入穴位导致经络血气流动的感觉。而这就是"意",就是引动身体"内需"的"意"。高明的医生总在"意"上面做文章,事实上,古希腊医药之神的阿斯克勒庇奥斯(Asklepios)也是强调精神性的因素,而医药、医疗一词"medicine"又表示巫术,与"meditation"(沉思、冥想)同源。

[①] 钱穆:《论语新解》,生活·读书·新知三联书店2005年第二版,第66页。
[②] 王力主编:《王力古汉语字典》,中华书局2000年版,第1510页,第884—885页。
[③] 《周易·咸卦》,咸,感也。另见尹黎云:《汉字字源系统研究》,中国人民大学出版社1998年版,第93页。

身体的"内需"是精神性的,属心而无形无状。所以,古人讲究修身养性,以便接近、达到通神的"需"柔状态,成为"儒"雅之辈。

从心"需"出发的教育,正如从意"需"出发的"医",是基于"内需"的引发,是最上乘的教育。《论语·述而》:"不愤不启,不悱不发,举一隅不以三隅反,则不复也。"孔子这番话,向来被看做是启发式教育的典范。对此,宋代理学家朱熹解释道:"愤者,心求通而未得之状也;悱者,口欲言而未能之貌也。启,谓开其意;发,谓达其辞。"处于"愤""悱"态的学子最渴望内在的点拨,引导"内需"的流露。《周易·蒙》:"亨。匪我求童蒙,童蒙求我。"蒙卦就是启蒙的意思。学子无知,主动求学时,正是其"内需"发动之际。这时的回复、启示才是最为有效的。相反,主动施教、灌输,那是外在的洗脑,不得其效。

我们讲"内需",是针对自然本源的需求而言的。而"内需"一词的常见语境却是经济学上讲的一国的内部需求,包括投资需求和消费需求两个方面。站在"内需"的本源角度,扩大内需显然是根本国策。古代自给自足的农耕经济便是"内需"或"内源"经济的典范。由于国外的工业化、市场化,以及中国近代史上的耻辱,这种"内源"经济被视作封闭、落后的代名词,而将出口为导向的外需(外向)经济奉为至宝。其实从人类文化的本性看,"内源"经济并非如此浅见,至今仍有有待开发的积极意义。从原则上讲,"内需"经济为体,"外需"经济为用。体用互动是今日经济的大道。

总之,"需"的需要和需求,是基于心的本源,顺乎天地自然。

(三)要:欲望之手

如果说"需"是出自心的柔顺,那么"要"就是出于手的强势。

《说文》:“要,身中也。象人要自臼之形。从臼,交省聲。䙳,古文要。”要,即腰(身中)的本字。许慎这一解释很权威,对后人的影响根深蒂固,学界基本上都把“要”看成两手叉腰之状,如林义光说“要”字“像女子自约两手于腰之形。”[①]这简直是今日模特走台步,向观众席定神站住的造型。

这样的解释貌似合理,却难以圆说“要”字的“邀约、拦截、要挟”等义项。[②]问题的关键是谁在插“要”(腰)?文字学家承袭许慎的说法,把“要”两侧的手理所当然地说成是女子自己的手。但是,如果那“女”子腰上的手另有来由呢?那就有戏了——这是一双攻击者的手,也是一双性侵者的手,或者说,是古代抢劫女子的强人之手。事实上,“要”的一个古字写成从手、从幺、从女的结构,[③]表示双手牵绳(幺),劫持女子。其中“幺”就是“要”的声符。

因此“要”最初的含义便是一种拦腰抢婚行为——“搂”腰夺“取”。而“搂”字,本作“娄”,甲骨文为“从日,从女、从两手”的结构,表示光天化日之下抢劫女子,是“一群男子抢劫女性”的抢婚习俗。[④]

这样,“要”的诸项字义(强求、要挟、拦截、遇见、约见等)就容易理解了:劫女是婚娶的需“要”;采用武力要挟、强求的方式;抢劫总是等候时机,在双方的“遭遇”时,中途“拦截”;而抢婚习俗发展到后来成为形式化的“约见”。[⑤]

“要”反映了氏族社会从族内婚发展到族外婚的特征。氏族社会多封闭,而对异族也多猜忌和敌视(所谓“非我族类其心必异”),难以和平交往,因而氏族的婚姻需求不可避免地采取了抢婚的方式。《周易》屯卦、贲卦、睽卦所记“匪寇婚媾”,都是抢婚实例。古代罗马人就大肆掠夺邻近部落的妇女。19 世纪法国画家达维特的《劫夺萨宾妇女》画的就是罗马人在邀请邻邦萨宾人参加自己的宴会同时,悄悄地打入萨宾城,抢去了那里许多年轻美貌的妇女,充当其属下男子们的妻子的故事。

“婚”“娶”两字蕴含着抢婚的历史原型。“婚”,古代直接写成“昏”,表示天黑娶亲。与此相应,古时迎娶所用的车马衣服皆为黑色。《仪礼·士婚礼》郑玄

---

① 李圃,郑明主编:《古文字释要》,上海教育出版社 2010 年版,第 289 页。
② 王力主编:《王力古汉语字典》,中华书局 2000 年版,第 1243 页。
③ 李圃主编:《古文字诂林》,第三册,上海教育出版社 2001 年版,第 240 页。
④ 刘志基:《汉字与古代人生风俗》,华东师范大学出版社 1995 年版,第 94 页。
⑤ 刘志基:《汉字与古代人生风俗》,华东师范大学出版社 1995 年版,第 94 页。

三、欲望与需求

注:"主人爵弁,纁裳,缁袘,从者毕玄端,乘墨车,从车二乘,执烛前马。"这里所说的"爵弁""纁裳""缁袘""玄端""墨车"均为黑色,而"执烛"为黑夜行路所需。当今有些少数民族的婚俗依旧保留着古代抢婚的痕迹:也是昏夜迎娶,假抢新娘。瑶族迎亲时,男方结伙高举火把,冲向女方家,半路上双方相遇而争夺,最后新郎、新娘溜出混战队伍,于是双方停止战斗,一起享受婚宴。

较之"婚"的"偷袭"行为,"娶"更有"明抢"的意味。《说文》:"娶,取妇也。"取的本义就是夺取的意思。《说文》:"取,捕取也。从又从耳。周礼:获者取左耳。"这表明古代打仗,抓获俘虏或打死敌人,以割下对方的左耳作为记功的凭证。二战期间英印度军队中的尼泊尔廓尔喀兵团骁勇善战,凶猛无比,他们手握牛腿弯刀,战功赫赫。每每战役结束时,其人杀敌统计非常精确,原来廓尔喀兵采用了古老的割耳计数法!

古代战争通常是,屠杀男俘、抢劫妇女,把妇女作为战利品占为己有,或犒赏给有功将士。《左转》记载楚文王入息国,借口设享祭,灭了息国,掳息妫归,立为夫人。《左转·庄公二十八年》记载晋伐骊戎,取骊姬姊妹。这里的"取",带有明显的夺取意义。

维柯说罗马人娶妻,要有某种武力的表示,令人回想起巨人们把最初的妻子拖进岩洞时所用的暴行,正式结婚的妻子据说是"凭武力夺取的"。①

因此,抢婚"取"人的手,就是"要"字上面的那双手。这双手隐约的遗留在民间俗语中。比如崇明启东方言,丈夫叫"抱腰人",据说旧时民间接生由丈夫抱产妇腰间坐床沿床前助产。笔者以为"抱腰人"还不单如此,很多乡村迎亲时,也有新郎抱新娘之"腰"入洞房的习俗。上溯到远古抢婚,更是以"抱腰"上路的经典动作,扬长而去。"抱腰"的行为随着文明的发展,其暴力色彩早已大大淡化,而演化为男女恋爱时的搂腰行为,变身为交谊舞蹈的搂腰动作。

无论是抢婚,还是战争掠夺,古代社会女人都被看成可消费的物品,其地位与奴隶差不多。因此在传统观念中女人与财产相联系。在命理术数中,往往把妻子与财物合称为"妻财"。换言之,妻子就是自己的财产,而财产是自己所控制的。

---

① [意]维柯著,朱光潜译,《新科学》,人民文学出版社 1986 年版,第 239 页。

"妻财"合称是基于五行生克理论而言的。在五行关系中,若以土为中心点的话(土本身就是五行的中心,谓之中央土),那么土克水,水被土克制,便是土的妻财(恰好,中国文化中经常把水看做财的,叫做"财水",所谓"财水不外流")。被克就是臣服,接受管理,成为附属物;而克的一方为主人,对所克的对象具有控制权,亦即拥有对方,为其所有。在八字命理中,妻星也叫财星。据说妻财旺的人,欲望也重,因为命主什么都"要"——"要"字上的一双手伸的很长。想必很多贪官的八字充满了"要"的欲望——妻(女色)和财都要。

因此,术数命理中的"妻财"也表示欲望。①

人类的历史说到底是欲望演进的历史。根据"欲望"的"妻财结构","妻"与生育与性有关,"财"就是经济生活;换言之,"妻"保证种族的繁衍,保证人自身的生产;"财"是资源、产品,是物质的生产,亦即马克思讲的两种生产。这两者密切相关。

欲望就这样通过"要"的手,向世界伸展。这双手很现实,很强悍,一定要抓住实在的东西,不管是女人,还是财物;讲究现实的手也一定是行动派,执行强,富有实战经验。

狩猎者面对猎物,需"要"之手坚定果断:狠!猛!准!游牧部落继承、发展了狩猎者的传统,野蛮的手,扬鞭策马,越过辽阔的草原,指向农耕者的田野、定居者的家园。在众多游牧入侵者中,最负盛名的当属草原帝国的匈奴人。且不论匈奴在中国北方造成的巨大压力和破坏,就其西进导致的恐怖而言,也足见其凶猛无比!18世纪英国历史学家吉本感叹道:"罗马人的劲敌之一,匈奴人。在所有蛮族敌人中,中亚的匈奴人最让罗马人感到害怕。这些粗壮、矮小的'异类'由于长时间生活在马背上,使得他们的腿呈弓形,脸上有明显的宗教标志。他们是优秀的弓箭手,巨大的臂力使他们能在百米以外射穿罗马士兵的铠甲;他们还善于使用绳索。"②

匈奴人的绳索,便是"要"的古字中的"幺",那是要命的"幺",强壮的臂力犹如铁饼运动员抛出带钩的绳索,绊倒逃亡的马匹,拿下惊恐的对手。绳索之

---

① 命理术数中,食伤对应着欲望,妻财关乎情感。但欲生情,情也包含欲望,就像中医讲肝肾同源,欲情也同源。

② [英]汉默顿著,李鹏,顾瑜译:《伟大的思想》(历史卷),九州出版社2004年版,第161页。

三、欲望与需求

"索",也是索取、探索。从象征意义上,"要"字中的绳索,体现了游牧入侵者无限索要的欲望;与此相伴的,或许还有对陌生世界探索的好奇。

游牧入侵者,骁勇善战,无所畏惧。汤因比说,游牧民只要冲出通常居住的大草原,他们在军事上的举措都是令人生畏的。公元前18世纪下半叶,对巴比伦尼亚和埃及的入侵,也许还有对克里特的入侵,可能就是游牧民族第一次迸发的直接后果。此后一系列的迸发在欧亚大草原一直延续到公元18世纪;在阿拉伯北部大草原,则延续到第一次世界大战以后。[1]

游牧民族的强悍,恐与其肉食习惯有关。观察发现,手纹线出现川字纹的,据说具有较强的荤食倾向,属于"肉食系"人格。其人行动力强,目标感明确,一旦确定目标就会全力以赴。[2] 川字纹,乃天线、人线、地线分离的那种纹路(多数人地线与人线在起头部分相合,有接地气的意味)。游牧者(人)迁走不定,与地线分离,到处征战、富有活力。

显然,欧洲人在个性上具有游牧民族的"肉食系"特性,而欧洲列强的文化无意识则继承了游牧民族的入侵的索"要"传统,古代有马其顿帝国横扫亚非拉的辉煌、罗马帝国勇猛精进的扩张,近代有英帝国不落太阳的骄傲、俄罗斯的横跨欧亚乃至美洲阿拉斯加的冲动。而地理大发现的"索"求,也带来了对印第安人的疯狂掠夺,以及对非洲的殖民和蹂躏。贩卖黑奴的三角贸易,体现了赤裸裸的利欲熏心。"要"之手从非洲伸到美洲,转手南亚,纷纷建立各自的殖民地。"要"之"索"也力图"套取"最大利益。中国近代史系列不平等条约显示了被列强之"要"盘剥的历史。

"要"的欲望和诉求,相对于"需"的心灵感应,强调手的实实在在的把握。手是权力、威权的象征,是统治与管理。因此,"要"之手是现实的、具有实物接触性的;"要"之绳是限定的、具有固着控制的特性。概言之,"要"的对象是"实体性"的。

实体性的"要"一般来说,比较功利。有人喜欢数钱,据说数钱时,大脑会分泌令人愉悦的多巴胺物质。有人每晚都要数钱,厚厚一叠钱,拿在手里,很实在,

---

[1] [英]阿诺德·汤因比著,徐波等译:《人类与大地母亲》,上海人民出版社2001年版,第78—79页。
[2] 见微博@全球奇闻趣事2013.12.18发表的内容。

很舒坦。很多老年人不愿存银行，也是基于其"要"的实体性。

西方文化的主流便是"要"的实体性的文化。这种实体性在哲学上崇尚物体本源的最小单位，其代表为德谟克利特的原子论，在近代表现为机械唯物论。由此发展出来的科学传统，强调实验的"真实性"（可见、可触摸）。从实体出发形成的近现代医学（以巴斯达的微生物学和李斯特的外科学为基础），亦即西医，大大发展了医药、器官的实体观念：从人体解剖到细胞组织的构成，从病原体到抗生素，全部是实体化的（可检测）。今日医院体检指标便是建立在生理实体数据基础上的，诸如血象分析、CT 成像、超声波成像、尿检、骨密度分析等。在"要"的逻辑下，外科手术大行其道。不错，外科一词（surgery），源自希腊文，从手（kheir, hand）从工作（ergon, work），[①]难道是"要"之手的驾到？

西方文化的"抓手"特质也反映在语言无意识中。概念（concept）的词根为"抓住"（cept），在思想意识中可以定型的，以便"把握"的东西就是概念（黑格尔骄傲地称之为"西方人坚硬的理性"）。概念的把握（apprehend），也就是"伸手以抓住"，词根 prehend 为抓住，所以 apprehend 有"理解，逮捕"的含义。Apprehend 有个同源词 apprentice，意为"学徒"。看来从前的学徒是"手把手"教出来的。同样 comprehend 意为"理解，领悟"。当代学科体系中以概念为砖石建筑起来的知识大厦，原来充斥着"要"的欲望啊！

（四）求：吾将内外而求索

"需"主内，"要"主外，那么"求"，又是一种什么欲望关系呢？

[①] 想必最初不是动刀，见周文标主编：《多功能英汉案头大辞源》，辽宁人民出版社 1993 年版，第 1755 页。

三、欲望与需求

求,甲骨文为皮毛往外外翻的皮衣之形;①或者像剥下的兽皮之形,为裘的初文。② 狩猎时代,兽皮较容易得到,适当加工、剪裁、缝制就成了一件裘皮衣。但是随着农业的发展,森林的减少,裘皮衣就日益珍贵了。③ 于是获得一件裘皮大衣也便成了一种追求。④ 求的需求、索求义就这样诞生了。今日皮草行业的豪华设计,模特时装的靓丽走秀,似乎也在回应"求"的诱惑:身着裘皮,高贵大气;光彩照人,众美期求。

但是裘皮的故事远非如此简单,裘皮最初的意义绝不止于御寒之用,更无时下时髦显耀的虚饰。远古时代的"求",更多地笼罩在巫术神秘的气氛中。白川静说,作为裘皮之兽是有灵力的。⑤ 狩猎时代,人们对捕猎对象充满着矛盾和焦虑:一方面需要屠杀猎物,以便为族人提供食物;另一方面,每当狩猎满载而归时,族人们心里又对猎物有深深的负罪,通过一系列严肃的仪式、敬拜和禁忌,让它重生;同时也创造各种神话和仪式,缓解屠戮的负罪心理。⑥

重生的猎物,其灵力储存在兽皮里,穿着这样的兽皮,人与兽合一了,也和解了,人与兽的灵也有了特定的感应。这种感应出现在萨满巫术"出神"远游,与动物的灵沟通的"超验"之旅上。史前奥尔塔米拉和拉斯科地下洞穴的壁画,显示了萨满巫师与动物的神秘沟通。在鹿、野牛和野马等具有超自然色彩的壁画中,萨满伪装成某种动物,猎人们手握长矛……⑦

裘皮外翻的毛,实际上是重现猎物的活生态。猎物的神性也显现出来。"表"也是毛外翻的裘皮。⑧ 表有表达、表现义,华表是升华了的显灵方式,是后世神圣表达的一种象征。身穿裘皮衣的巫师带着猎物的神性,发挥其通神的社会功能,而这表现为族人的各种期望和索求。

在随后的历史中,裘皮的动物神性转化为力量的象征。维柯认为,远古只有英雄才配穿野兽皮,如赫库勒斯穿的是狮子皮。最初的猎获物一定是英雄们在

---

① 李圃,郑明主编:《古文字释要》,上海教育出版社 2010 年版,第 808 页。
② [日]白川静著,苏冰译:《常用字解》,九州出版社 2010 年版,第 78 页。
③ 许进雄:《中国古代社会——文字与人类学的透视》,中国人民大学出版社 2010 年版,第 272 页。
④ 齐冲天,齐小乎编著:《汉语音义字典》,中华书局 2010 年版,第 374 页。
⑤ [日]白川静著,苏冰译:《常用字解》,九州出版社 2010 年版,第 79 页。
⑥ [英]凯伦·阿姆斯特朗著,胡亚幽译:《神话简史》,重庆出版社 2005 年,第 31—32 页。
⑦ [英]凯伦·阿姆斯特朗著,胡亚幽译:《神话简史》,重庆出版社 2005 年,第 34—35 页。
⑧ 何金松:《汉字文化解读》,湖北人民出版社 2004 年版,第 174—175 页。

保卫他们自己和家族时与野兽们进行厮杀中所杀死的野兽的皮。诗人们都描述英雄们穿着这种兽皮,特别是赫库勒斯,他穿的就是狮子皮。① 在北欧神话中,熊是原始力量的象征,是主神奥丁的化身。北欧的狂暴斗士们(Berserkers,传说战前饮烈性酒而使性情狂暴、所向无敌)出战时就穿着熊皮制成的衣服。② 据说甲骨文中,有巫师带熊面具、披熊皮跳舞的记载。③

英雄才配穿裘皮(兽皮),正说明裘皮的灵性力量,也说明身穿裘皮者可以运用这样的灵力和神性。身穿神力的裘皮,手持护佑、教化力的权杖,该是何等的神圣和英武!那是氏族首领,是部落酋长,也是部落联盟的王。

这样的"王"具有强大的统摄力,如埃及的法老、犹太人的摩西、中国的黄帝。黄帝之"黄"来路非凡。唐兰认为"黄字古文,像人仰面向天,腹部膨大"之形。④ 所谓"腹部膨大",指"黄"中的"田"。在我们看来,"田"正是兽皮的象形,有人因此认为"黄"的本义就是兽皮。确切地说,"黄"是穿着熊皮的部落联盟的王,亦即有熊氏的圣贤。⑤

黄帝功绩卓越,影响深远,被尊为中华民族的先祖。黄帝身穿熊皮衣,手持轩辕剑。蓦然间,我们发现:熊皮衣乃"求"也,轩辕剑乃"攴"也,⑥合之"救"也!原来黄帝是远古世界的"救"星,开创中华文明的伟大秩序!

求,祈求、恳求、追求、需求、请求,无形中暗含着某种期待被拯救的情结,亦即寻找"救"星的情结:圣贤、君子、贵人,以及神主、好运等。这是相对被动的"求"。

另一方面,也有积极的"求"。杨树达认为,甲骨文中,有一款"裘"(按,写作"求"),增一又(手)字,是作为其声符的。⑦ "裘"之又,有守卫、把握、获得的意蕴。齐冲天明确指出,裘,声母从求,韵部从又,为占有。⑧ 这样的"求",显示了

---

① [意]维柯著,朱光潜译:《新科学》,人民文学出版社,第529页。
② [英]杰克·特里锡德著,石毅,刘珩译:象征之旅,中央编译出版社2001年版,第57页。
③ [法]让·谢瓦利埃,阿兰·海尔布兰编,《世界文化象征辞典》编写组译:《世界文化象征辞典》,湖南文艺出版社1992年版,第1113页。
④ 李圃,郑明主编:《古文字释要》,上海教育出版社2010年版,第265页。
⑤ 罗建平:《汉字原型中的政治哲学》,广东教育出版社2008年版,第194—195页。
⑥ 攴有敲击之义,为矩尺、戒尺,喻指教化、牧养的手段。
⑦ 李圃,郑明主编:《古文字释要》,上海教育出版社2010年版,第808页。
⑧ 齐冲天,齐小平编著:《汉语音义字典》,中华书局2010年版,第375页。

三、欲望与需求

"裘"的护身价值,表明了人自身的存在和意义。

在佛家看来,人的肉身本身就是一具皮囊,而且通常被视为一文不值的"臭皮囊"。又作为"裘"的音义,其占有义象征着世人对肉身保养、守护的强烈意愿。

求的很多声符字都有聚集、收敛的意义,如逑(聚集、聚合)、捄(盛土入盆之敛聚),大概取自"裘"之皮囊的包容、汇合。莍,或作梂,是椒樧一类树木结的果实。"莍之言裘也,芒刺锋攒如裘自裹,故谓之莍也。"也就是说这类果实如同穿了一件皮袄。① 穿着皮袄的果实——莍,很像球了,很多果实都是圆滚滚的球形。不过,话应该倒过来讲,球的意象很可能来自莍;而球的本字为"毬",是用皮革裹毛成圆形的丸子,以杖击打的游戏物。

提及"球"的本字"毬",人们不由发问,"毬"的形义已合实物,后世为何代以"球"字?其中究竟有什么玄机?球,从玉,《说文》的解释是"玉声也",即玉石撞击之声。② 大概是球敲击磬发出的声音。以球击磬,便有了球之击打的意象,而这或与毬之击打的意象发生联想。球为玉石,玉为玩物,玩也从玉。击打游戏动作上的玩,可能无意识地融入玉石质地的"玩",并赋予"玩"的高雅(玉的属性)。

玉之玩,高贵神圣。《周易·说卦》:"乾为天,为金,为玉"。《说文》认为,"玉,石之美。有五德:润泽以温,仁之方也;䚡理自外,可以知中,义之方也;其声舒扬,専以远闻,智之方也;不桡而折,勇之方也;锐廉而不技,絜之方也。象三玉之连。丨,其贯也。"想必当初贵族望族纨绔子弟玩"球"时,多半是玩玉的心态。不管怎样,名谓上的"球"与实物上的"毬",还是隐含着无意识的"落差":手玩"毬"之皮毛,心系"球"之玉石;皮毛之裘是肉体、现实的,玉石之念是灵性的、理念的。玩球的过程,巧妙地拨动着灵和肉的关系。今日体育大赛中的球类盛况的绵延,竞技争胜的追求,相伴着的商业广告、形象代言等利益的诱惑,"球"与"毬"就这么彼此纠缠着,难分难解。

欲望之"谷",有着贪婪的口,是俗世的、现实的;欲望之"望",神往天界,是内在的、理想的。需要之"需"承接了"望"的使命;需要之"要"则放大了欲望之

---

① 齐冲天,齐小乎编著:《汉语音义字典》,中华书局 2010 年版,第 374 页。
② 汤可敬:《说文解字今释》,岳麓书社 1997 年版,第 34 页。

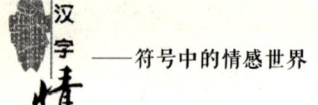

"谷"的实在性。最后,需求、要求的"求",在"需"与"要"之间保持了必要的张力,体现出自身的欲望价值。欲望与需求显示了情感的动力场,引发情感的涌现。换言之,欲望之"谷",对应于是"青"(情)之丹,欲望的种子催发"情"之生。什么样的种子就有什么样的情感。

四

欢天喜地

　　喜、怒、忧、思、悲、恐、惊，是人类最常见的情绪。其中喜悦之情是仅有的符合正能量的情绪，占情感属性的七分之一。这说明人生苦短，痛苦烦恼的成分远大于幸福美满。因此，追求美好生活，保有喜悦心境；或者以怡悦之情化解人生苦恼，可谓人性之本。

　　愉悦是灿烂的，上扬的，对应的五行为火，显示光明通达的心境，也是人类掌控火物的象征：取暖、照明、搜索……

四、欢天喜地

（一）悦"神"而如意

喜悦的"喜",《说文》解释为"乐也。从壴从口。"不错,喜就是乐,"喜闻乐见"者是也。喜,上壴下口,一般认为,壴为鼓的本字,是古乐器;口是一个放置乐器的盘;或者从甲骨文二期的文字看,口是鼓声响起,闻乐则喜而开口笑之形。[1]

壴,音 zhu,为鼓伫立之形:"上为设叶崇牙,中为鼓身,下为鼓架。"[2]既有鼓架,就不必安放什么置盘。如此说来,壴底下的口,当是开口欢笑的"口"了。但是,就远古礼乐精神而言,事情不会那么简单。

对此,白川静看法比较独到。他认为,壴下之口,是一种祝咒之器,内含向神祷告的祷词,加置于大鼓之下,表示敲起大鼓,载歌载舞,举行拜神仪式,令神灵喜气洋洋,因此,"喜"原指为了讨得神灵的欢喜而敲鼓祈拜。后来移用于人的心情,"喜"就有了喜悦、欢喜之义。[3]

照此说法,"喜"最初与祭祀有关。在金文中有"事喜上帝"之说。陈梦家认为"喜上帝即祭上帝"[4]。因此,喜的本字可能就是"禧"。《说文》"禧,礼吉也。"禧,就是事神受福。[5]

"喜"之祭祀需要配备各种供品,如"糦"是煮熟后祭祀用的米饭;[6]"饎"祭

---

[1] 邹晓丽:《基础汉字形义释源》,中华书局 2007 年版,第 99 页。
[2] 见尹黎云:《汉字字源系统研究》,中国人民大学出版社 1998 年版,第 167 页。
[3] [日]白川静著,苏冰译:《常用字解》,九州出版社 2010 年版,第 67 页。
[4] 刘志基主编:《古文字考释提要总览》,第二册,上海人民出版社 2010 年,第 656 页。
[5] 王力主编:《王力古汉语字典》,中华书局 2000 年版,第 836 页。
[6] [瑞典]高本汉著,潘悟云译:《汉文典》,上海辞书出版社 1997 年版,第 426 页。

祀用的酒食。① 还有"熹",一种烧烤的祭肉。《说文》:"炙也。"段玉裁注释道:"炙者,抗火炙肉也,此熹之本义。"② 可以想见"熹"乃上古祭祀场景:一边击鼓,一边用火烤肉(按,炙,从肉从火)。甲骨文的造型显示上面的鼓,下面的火,四周的小点表示鼓声或火星,一幅火红热闹的情形。③

祭祀神灵或上帝,乃悦"神"而有所求。周人祭祀祖先,金文中常有"喜侃"之铭,喜是使之喜乐;侃是和乐,是以钟鼓乐神。④ 中国家庭的祖先神祭祀绵延流长,笔者父母就从老家继承了这一习俗。每年的除夕、七月半、冬至,以及父辈祖先的生日(一般三代之内)都要祭祀,其时酒菜等摆上,上香烛,而后礼拜等。

古希腊人祭祀天地间的精灵,"不论是好是坏,都需要人们赠送礼物,尤其食物,这样才能博得它们的好感,使它们不生气。他们宰杀绵羊让血流到地上以取悦大地的精灵;焚烧羊腿使其香味随着轻烟飘上天空以取悦天空的精灵。"⑤

总之,"熹"字体现了初民祭祀两大要素:钟鼓乐神与烧烤进献。祭祀活动随后也逐步演化为节日盛况,钟鼓乐神发展为多姿多彩的歌舞表演;烧烤进献则发展为丰盛美味的酒宴大餐。取悦神灵的祭祀礼仪就这样融入祭祀族人的狂欢中。渐渐地,随着宗教世俗化,人们很可能淡化甚至忘却了其悦神的最初动机,而转化成民俗节日老老少少的自我愉悦。

当然,取悦神灵的目的是为了求得神助,不管后世的庆贺活动如何变化,"喜"的心理原型不变。人们期待着各大节日里的"喜"庆活动能带来"喜气",希望自己、家人平安、幸福。春节期间,鞭炮似乎替代了鼓乐。⑥ 除夕夜的烟火炮仗经久不息,次日门前道路,遍地铺满了红色的碎片,空气中散发着一股股浓郁的硝烟味。尤其是财神节的那天,从子时开始的一小时最剧烈,此后也陆续地传来炮仗声,到了早上又掀起一个燃放高峰。强大、密集、持续而又震耳欲聋的鞭炮声,好像迫切希望财神听到自己,进而幸运地请到财神……

在民间无意识中,春节是诸神降临的节日,特别是初一,大家互相拜年问好,

---

① 刘源:《商周祭祖礼研究》,商务印书馆 2007 年版,第 53 页。
② [清]段玉裁:《说文解字注》。
③ 熊国英:《图释古汉字》,齐鲁书社 2006 年版,第 233 页。
④ 刘源:《商周祭祖礼研究》,商务印书馆 2007 年版,第 53 页。
⑤ [美]J.H.布雷斯特德著,李静新译:《文明的征程》,北京燕山出版社 2004 年版,第 224 页。
⑥ 鞭炮最初的功能是驱邪(阴邪),取其火药之阳盛。

四、欢天喜地

祝愿新年吉祥如意，心想事成。除了乡村，城市里也有不少家庭，在小年夜祭祀祖宗，祈求新年安康、兴旺；同时还有更多的家庭前往寺庙、道观烧头香，祈愿新年好运！

民间的悦神祭祀，较突出的是祭灶神灶王爷。据说，祭灶时，供桌上放满供品，一面烧香磕头，一面口中念祷，请求灶王在玉皇大帝御前多讲好话。祭祀者相信，灶神收受供品后自然嘴软，就专选好事向玉皇大帝汇报了。此外，祭祀者还把烤化的饴糖抹在灶王爷画像的嘴上，试图堵住灶神的嘴，无法上呈坏话。

图4-1 "喜"：最初是取悦神灵

取悦神灵，不管是已知的还是未知的，人们都希冀得到惠顾而顺顺当当，这才是民间祭祀习俗的目的。事实上，人间所有的期盼都与此有关。

如果说春节作为一年中最大的喜庆，那么婚姻可谓一生中最大的喜庆。因此民间把办婚事叫做办喜事；新婚布置，房间贴满"囍"字。这是两个"喜"字的合成，喻示新人双方之"喜"的合成。婚嫁器皿、衣物等也多"成双结对"，象征着夫妻恩爱，永结同心。

在婚嫁礼俗中，在迎亲之前，男女两家分别进行"上头"的仪式。所谓上头，与成家独立观念有关，其基本仪式是男女双方分别请福喜长辈梳理头发，结扎成特定的形状（如女的为发髻），随后诚心向天参拜。在汉字中上头体现为"夫"和"妻"两字上方的一横。[①]"一"也是天的象征。"天"从一从大（"大"为四肢敞开者的象形，表示成人），指头顶的位置——颠。因此婚俗上头就是尚（上）"夫""妻"头顶之天的天意。

"囍"是神圣的，是契合天理的；新人拜天地就是接受天地的安排，亦即接受命运的安排。因此，"囍"体现了夫妇阴阳和合的命运共同体。维柯说，婚姻乃天意神旨，是神签和命定（sors 或 lot）。所以，婚姻在罗马人中间的定义是"终身

---

① 夫从一从大，见尹黎云：《汉字字源系统研究》，中国人民大学出版社1998年版，第58页。

分享命运",夫和妻叫做 consortes(命运的分享者)。① 英语 consort 是配偶的意思,由前缀 con(共同的)与 sort(种类)合成,种类相同、相通的话,就像从前合婚讲的门当户对。但其深层意义还不止于此。Sort(sors)的本义,正如维柯讲的,为抽签(lot),即 sortilege。Sort 就是西人经常讲的上帝掷骰子,人的灵从天上被神掷下,坠落到大地,来到这个世界,成为某"种"(sort)人;而生命中的另一半也如此坠落,成为另一"种"(sort)人。

两个被抽签的人相遇了,貌似偶然的结合,其背后却是天意、天命(sort)的惠赠,中国人通常称之为"缘分"。新人拜天地就致谢其天命的结合(con)。Wedding(婚礼)一词的本义为发誓、誓言。② 显然是向天神发誓,向命运发誓,也是感恩上苍的惠赠。婚庆之"囍"因此而显现其神圣性。

"喜",从取悦神灵而祈求降福,到降福如意而欢喜,构成一个人与神的交往环路。于智者、圣贤而言,神常驻其心,悦神,也就是自我的安心、欢畅。正如高僧大德笑嘻嘻地说,笑眯眯地看,恬淡蔼然,充满"法喜"。

(二)心空为喜

快乐的人一定是宽心的人。心宽就是度量大,能包容,善宽恕。与人相处,不计较、不介意、不较劲,更不记恨;凡事穿肠而过,正所谓"心无挂碍"。乐山大佛景区凌云禅院中,有一尊弥勒佛坐像,两旁的对联写道:"开口常笑,笑天下可笑之人;大肚能容,容天下难容之事。"其中下联可谓心宽的最高境界。

---

① [意]维柯著,朱光潜译:《新科学》,人民文学出版社 1986 年版,第 237 页。
② 周文标主编:《多功能英汉案头大辞源》,辽宁人民出版社 1993 年版,第 2131 页。

四、欢天喜地

弥勒坐像的对联也说明,笑口常开的愉悦总是伴随着宽心的度量,亦即上联为因,下联为果。而这种相关性也储存在"愉"字中。

愉,从俞从心,形声字的结构,蕴含着深刻的音义。俞的本义为独木舟。①俞缘于刳木为舟的掏空意象(《说文》:"空中木为舟也"),其音义为空,如匬,容器,中空之物;甊,缶一类的瓦器,中空之物;鞘,刀鞘,中空而容刀;腧,便器,孔、槽之空义;腧,人体穴道,空而通气血,等。②

俞的空义,与心的结合,当是心灵的空、心量的空。空就是大,空荡荡者也。不消说,心灵之空的结果就是"愉"悦了,印证了弥勒殿的对联。

图 4-2 刳木为舟,空也,俞也;心空,愉也

当人们常劝说心存芥蒂、闷闷不乐者"宽心"。宽心,就是敞开心灵的空间,就像电脑内存太满,不堪重负而需要清除其中的垃圾,从而加速电脑的运行。人心也容易积累垃圾(日常不快的情绪),宽心一到,垃圾也就自然消失。

宽心是自我的自净机制,清除垃圾,解除烦恼,活得轻松明白。所以善于宽心的人也是富有智慧的人,正如孔子所说的"智者乐,仁者寿"。然而智者之乐,不在于世故,而在于修心,修成慧心。"慧",从彗(扫帚)从心,心头何以置放扫把?显然心间有尘土,那是心念与欲望的累年运作,留下厚厚的污垢,需要清扫。如此,慧成就了心灵的空,也实现了智者的乐。慧的音义也有敏捷、迅速的意思;

---

① 李圃,郑明主编:《古文字释要》,上海教育出版社 2010 年版,第 818 页。
② 殷寄明:《汉语同源字词丛考》,东方出版中心 2007 年版,第 377—380 页。

与 swift 遥相呼应。后者表示快,又指思维敏捷,①想必心灵垃圾清除后,思维就变得敏捷了。

宽心说起来是针对自己的,实际上是通过宽以待人来体现的。宽以待人是一种"退一步海阔天空"的境界,体现了宽心的效果,即释放了自我的心理空间,进而包容不同的意见和现象。因此,心空,意味着无碍,可以贯通穿行。伟大的人格总是具备恢宏博大的气度,享用着心平气和的愉悦。

宽心从心底发出,投射到他人,这便是"宽容"。宽容是包容他人,是以如意心(恕也)见人。宽容最具慈悲情怀、大家风范,是人际和解、国家和解的重要姿态。美国内战结束时,北方胜利者不计前嫌,礼遇南方将领,声言内战没有战犯,都是美利坚和众国的精英。如此宽宏大量,奠定了美国强盛发展的民族心理基础。

宽心的人,脸上写着"微笑",那是平和"莞尔"的笑。莞尔,很美、很有诗意的词!为什么有微笑的含义?一直不得其解。莞尔之"尔"为词尾,表示状态,如卓尔、偶尔、率尔,显然,"莞"是理解"莞尔"的关键。

莞,指水葱一类的植物。②《说文》说是一种草,可以做席。文献记载:"莞草丛生水中,茎圆,江南以为席,形似小蒲而实非也。"③《尔雅·释草》:"莞,苻蓠。其上蒚。"中茎为蒚,而蒚是莞茎。④ 蒚从鬲,而鬲为古代炊具,形状像鼎而足部中空。由此莞的名物关系开始浮现:莞是指其茎圆而空的特征。段玉裁指出:"莞之言管也。凡茎中空者曰管,莞盖即今席子艸,细茎,圆而中空。"⑤

由此可见,莞,其音为管(按,如作为地名的东莞),指其茎中空如管道。也就是说"莞"的抽象语义为中空。莞茎之中空,挺立在水中,是谓水葱。葱,其茎也是中空,与聪,音义相通。⑥ 民间习俗中葱经常是聪明的象征。⑦ 有时小孩生日,庆生面上放一根青葱,表示读书聪明。

---

① 慧与 Swift 音义相关。见周及徐:《汉语印欧语辞汇比较》,四川民族出版社 2002 年版,第 487 页。
② 参见汉典网(www.zdic.net)莞字条目。
③ 王力主编:《王力古汉语字典》,中华书局 2000 年版,第 1060 页。
④ 胡奇光,方环海:《尔雅译注》,上海古籍出版社 1999 年版,第 299 页。
⑤ [清]段玉裁:《说文解字注》。
⑥ 清纽,东部,且两者都有空义。
⑦ 刘锡诚,王文宝主编:《中国象征辞典》,天津教育出版社 1991 年版,第 50 页。

四、欢天喜地

看来,莞在古人的心目中经历了茎空到心空的联想转换,就像从独木舟(俞)的空联想到心灵的空——愉。"愉"是独木舟划行的自在,有着动态的喜,快意生焉;"莞"是水葱挺立的自在,有着静态的喜,微笑生焉!

心灵的空浮现在脸上成就了微笑——眉眼、脸腮、嘴角的向两侧扩张,无形中敞开了一扇心灵的大门,呈现善意的空间。熟人朋友相遇,我们会有微笑,彼此敞开心的空间,迎候对方;陌生人相遇,微笑同样向对方敞开心的空间;公共场合的无意冒犯,一个微笑所张开的亲和空间往往也会把误解消弭于无形。

心灵的空也显现在眉间的印堂:眉心(印堂)宽阔者,心门也是敞开的,比较宽容随和;印堂狭小者,心门也窄狭,容易纠集紧张。换言之,相由心生,心灵的空与脸面的空有着某种对应。因此,健康心理有必要培训脸的表情,从中央向四周流淌,敞开眉间距离(眉开眼笑),扩大脸腮范围(笑逐颜开),亦正应了英语中的"smile from ear to ear"。

事实上,心灵的空一直在追寻物理的空间,不管是脸面印堂的物理空间,还是生活场所的物理空间。这是心灵自我寻找自我(自相似)的本能冲动。

另一方面,开阔的空间又会启动心灵的空,滋生喜悦的情。两者互动着。我们有理由相信:生活在黑暗中的人,心灵容易黑暗;生活在光明中的人,心灵则容易光明。密林昏暗的恐惧,深海无光的孤独,漫漫长夜的焦虑,那是心灵最容易变态、受伤的地方;而天高任鸟飞的自在,草原辽阔的神怡,春光明媚的欣喜,那是心灵最适宜发展、治愈的场所。

生活在森林里的早期人类处于树栖空间,林木森森,遮天蔽日,面临各种毒蝎猛兽的威胁。照维柯的说法,摆脱树栖生活,建立新的生存空间,这便是所谓的林间隙地(lucus)。林间隙地基于这样的一个自然事件:茂密的森林遭受雷击(神的霹雳)而发生火灾,被烧毁的林木露出一片荒地,同时天光也射入其中,成为林间隙地。在森林里树栖的人类先祖发现了这片隙地,便开始了辟居生活。辟居就是整地治林而栖居。发展到后来便有了自觉的开发森林的行动。在古希腊罗马神话中,有许多英雄战胜怪兽的故事,象征着先人征服森林的过程。如赫库勒斯攻克涅米尔地区的狮子,伯勒罗芬杀死蛇尾羊身狮首喷火的女妖,卡德茂斯杀死巨龙。怪兽是森林的象征,喷火是焚烧森林。①

走出森林,或辟地耕耘,或走向草原,人类的眼界大大扩展。"楚"字似乎记录了这一伟大历史的转型。《说文》:"楚,丛木也。一名荆。"这表明"楚"是一种灌木,楚楚就是丛生的样子。但是从原型角度看,楚从林从疋(足),分明是林间穿行(足)的意象,反映了人类在森林里游荡的历史。密林荆棘之艰辛,楚也就有了痛楚的记忆。但是,有朝一日天火降临了,隙地出现了,于是"楚"的痛楚转化为隙地开阔的齐整、清晰,也就有了"楚楚动人"的光明畅通。

从森林到平原,或草原,对人类来说,如同直立行走一样的意义重大。什么叫豁然开朗,什么叫别具洞天,什么叫东方破晓,原来是见天的喜悦,重生的欢呼!

林间隙地,是人类战胜怪兽般森林的成果。从此林间隙地的原型影响着定居者的空间形态。最初的聚落出现了氏族部落公共祭祀的空场,随后是村口的大树为依托的聚会、贸易场所,家族祠堂大院、农家的院子、大厅,等等。今天与之相应的是城市中心广场、中央公园。而城市本身相对于周边地区也重演了森林与林间隙地的关系:城市如同隙地空场,城外广大的乡村田野、林地牧场等如同原始森林。英语词汇中依旧保存着这样的原型关系:城市中心空间为 forum (公共广场、论坛);广场上游荡的人群为 foreigner(外地人,外国人);而城市的周围便是 forest(森林)。而这三者都源自一个根词 dhwer。②

英语的城市(city)与文明(civilization)也是同源词,③因此城市成了文明的代名词。自古以来,大城市的先进性、时尚性,一直是周边小镇、乡村所羡慕、追捧的。这样的心态,其实也重现了森林中的居无定所的人对林间隙地的向往。总之,人们对城市的向往,体现了人类憧憬美好、走向美好进程中的愉悦之情。

"愉"是心中的隙地,是心灵的城邦;而文明的追求,原本是心空的投射。人类历史就此上演着一幕幕基于心空愉悦的投射剧。但是人们也惊异地发现,心空的投射物在不断异化,"愉"之不遇,空之非控!

---

① [意]维柯著,朱光潜译:《新科学》,人民文学出版社 1986 年版,第 382 页,第 261—262 页。
② 周文标主编:《多功能英汉案头大辞源》,辽宁人民出版社 1993 年版,第 2045 页。
③ 周文标主编:《多功能英汉案头大辞源》,辽宁人民出版社 1993 年版,第 324—325 页。

（三）心空灿烂，离火朱雀

人类追寻宽敞的物理空间，满足心空的喜悦。与之相关的是明亮，是豁然洞开的光亮，或者说是光带来了敞开的空间。前面所说的林间隙地（lucus），其拉丁文的本义便是光亮，与 lux，lucid 等同源。[1]

光的音义为"广"；而"广"（廣）的音符为黄，黄有明亮义。[2] 由此可见，光与空间的大是融为一体的概念，光也就是大，光大是也。而心空为喜，实为心中充满阳光之故。当然，光也有空的意蕴，通常指没了、完了，如钱花光了，菜吃个精光。

心空者追寻阳光空间，即追寻光明地。中国神话中的夸父，其追日之举，可以理解为为巨人部落寻找气候温和、土壤肥沃的光明地而一路跋涉。犹太人的摩西也是为带领其族人返回其光明地——上帝应允之地——迦南地区，而出走埃及。

心空者的脸（微笑）不仅是扩张的，也是发光的。成语"以博一粲"，这个"粲"表示笑，本义为精米，有光明、鲜明的意思，就是灿烂之"灿"（燦）的本字，与璀璨之"璨"同源。[3] 其实"粲"就是灿烂与笑的合一，即"灿烂的微笑"。

英语也有类似情况。Glad 即脸发光（gleam）表示兴高采烈，也表示灿烂美丽。[4] Gl 的字母组合多有光亮、照耀的意象，如 glory（荣耀）、gloss（光彩）、glass

---

[1] 周文标主编：《多功能英汉案头大辞源》，辽宁人民出版社 1993 年版，第 2078 页。
[2] 章季涛：《实用同源字典》，湖北人民出版社 2000 年版，第 253-255 页。
[3] 章季涛：《实用同源字典》，湖北人民出版社 2000 年版，第 50 页。
[4] 王文明：《英语词汇奥妙无穷》，湖北教育出版社 2000 年版，第 273 页。

(玻璃,玻璃反光)、glow(灼热,兴高采烈)、glint(闪烁)等。而 br 的组合多有扩大(空间)和火光的意义联想,如 bright(明亮的、愉快的)与 broad(宽阔的、显著的)音义相关。①

的确,笑容是光的使者,作家们也善于发现笑的光彩:"他笑起来脸上愉快的样儿,像太阳穿过云彩放射出来。""微笑:你毫无倦色,快乐地微笑着,那闪着青春光彩的笑容,像一朵在夏雨之后悄然绽开的睡莲。"②

图 4-3　微笑,就像夏雨之后悄然绽开的荷花

微笑的脸是元宝形,嘴像莲花一样散发着生命的光彩,有聚气聚财之象。愉悦的表情有着上扬的神采,从嘴角到眼角,那是阳气的上升,活力的闪现。所谓"高兴",都是往上的意象,尤其是"高",不仅高大上,而且发光,与"亮"形义关联③。

火是阳气上扬的代表。古人称火为炎上,便是从其上扬的属性讲的。古人把正三角形看做是火的形状(大卫之盾由两个三角形套合而成,其中尖头向上

---

① 张卓宇:《解词析义记单词》,世界图书出版社 2001 年版,第 279 页,第 68 页。
② [美]霍华德·法斯特:《我的父亲》;赵丽宏:《舞艺》。
③ [清]段玉裁:《说文解字注》:"亮,明也。从儿,高省。古人名亮者字明。……人处高则明。故其字从儿高。"

四、欢天喜地

的为火,向下的为水)。甲骨文中的火与山,其形状很相似,容易混淆,这也是由于山的形状多为下大上尖的三角形之故。在古人心目中,火也是文明、文化的象征,所谓木火相生文明之象。

火的使用是人类进化史上的重大事件,至少有三方面的意义:其一,煮烧食物,改变饮食结构,进而改善体质,提升心性智能;其二,驱赶野兽,防范侵害,安然相处;其三,篝火驱寒,火把照明,催发史前文明之雏形。

第三条最关键,火从此成为人类的工具,成为社会化的火、文化特质的火。维柯讲的一场天火带来的林间隙地也与此有关。这火成为日后家族的火塘、灶火,以及古希腊灶神赫斯塔、罗马灶神维斯塔,乃至奥利匹克宙斯神庙祭坛的圣火、古罗城市中心的火神庙。

这神圣的火,在周易象思维中被说成八卦之离火。《周易·说卦》有详细解释:"离为火、为日、为电、为中女、为甲胄、为戈兵。其于人也,为大腹,为乾卦。为鳖、为蟹、为蠃、为蚌、为龟。其于木也,为科上槁。"离卦还有其他对应,如在动物,离为雉(尤其是色彩绚丽的鸟,如朱雀);在人体,离为目等。

离卦为上下两根阳爻,中间一根阴爻组成。阳为实、为刚,阴为虚、为柔,所以离卦又有离中虚的说法。① 而离中虚,表示火的燃烧,火的能量的喷发,以中空为特性的。离火之空,以朱雀为喻的话,便是鸟翼所驾驭的空气;以心为喻的话,便是心性之空灵,表现为心能的启动,心气的涌现,心弦的感动,心空的展示——欣喜而虚受。

离之为空(离中虚),须附丽于他物(柴火、油气等)而显现。《彖传》曰:"离,丽也。日月丽乎天,百谷草木丽乎土,重明以丽乎正,乃化成天下。柔丽乎中正,故亨;是以畜牝牛吉也。"《象传》曰:"明两作离,大人以继明照于四方。"由此离卦又有了政治意味,正如《说卦》所言:"离也者,明也,万物皆相见,南方之卦也,圣人南面而听天下,向明而治,盖取诸此也。"

这便是帝王南面之术的离卦依据。中国的地理环境,适合坐北朝南的格局。统治者背对着北面,面对着南面,其左为东,其右为西。南面为火,为上(正好与今日地图上的标识相反),为天;而北面为水,为下,为地,所谓天南地北是也。

---

① 朱熹:《八卦取象卦歌》,见《周易本义》。

南面是尊方,是需要控制的领域,所以要面对。南面也是行为的目标,故有"指南"之说。

统治者的朝向也是建筑房屋的朝向,宫殿、民居等都讲究坐北朝南:北面相对封闭,或有高墙阻挡冬天强劲的北风;南面向阳,比较开阔,有院落、晒台等开放结构,以此吸取阳光生命。从传统风水的角度讲,北面为玄武,南面为朱雀。玄武为龟蛇合体的动物,表示生命生殖,也表示坚固安稳如龟背。中国历史上的军事防御带——长城,可谓国家的玄武。而朱雀,相对于玄武的静态,是动态的,其易理特征为翔飞,表示发展、前景等。

风水以坐向为定位之本,其中又以向为要,即向首的属性(吉凶)决定了住宅的属性。换言之,向首的位置形态是整个建筑院落或群落的关键。向的确认非常复杂,朝南坐的向是最基本的向,实际上向的存在形态因势而异。① 当向首与南面之离卦合一时(多数情况如此),离卦的朱雀特性就象征着家族、国家的命运。

就居家而言,向首离卦开阔,无冲杀,则吉祥平安。具体说来,朱雀位有明堂、案山、朝山组成,三者间的气场聚合与变化构成特定的空间关系、吉凶关系。明堂是聚气的地方,是人气财气所在。在围合建筑里,明堂为中庭,如四合院、徽居的天井(天光射入,其中庭相当于离卦了),还有今日的庭院。商厦门前的广场,公寓的客厅等也可以看做明堂(向)。

显然,讲究朱雀—明堂的吉利是居家风水的要务。

就国家地理风水格局而言,南面是统治的对象,也是政治经济发展中的区域。中国历史上北方游牧部落的南侵,历代人口的南迁,大大影响了南方的政治、经济、文化的变迁。

无疑的,国家层面的朱雀—明堂也需要吉祥平安。

什么样的朱雀—明堂是吉祥的?我们还是看离卦的特征。离卦《象传》的"重明以丽乎正,乃化成天下",给出了定性规定——"正",即周易讲的当位,找到自己最合适的位置(八宅风水有东四命西四命之说)。而大离卦(即六爻卦中,上下为阳爻,中间为阴爻的卦)的风泽中孚,山雷颐,也给出了相应的提示。如中孚卦强调诚信,颐卦为颐养身心。

---

① 风水定向,各派说法不一,或与实践操作中感应性因素相关。

在国家层面上,离卦要求的"正",乃战略布局的时空考量,把握天时地利人和的机遇有所作为。中孚卦一方面要求处于"中"的动态位置,灵活应对各方反应;另一方面,孚卦的信孚和诚信,占据外交舆论的高地。颐卦的颐养在此当指军事力量的培育,建立完整的海上威慑和防卫系统,形成多方支撑的立体存在。

我们一路谈下来,似乎有点"忘乎所从",还是回望一下心空吧。

心空而愉悦,两者相辅相成,遂有心空的投射,寻找外部世界的空旷通达;而艺术家则以旷达空灵的作品展示心灵的空。心灵的空,以及心空所追求的世界是光明的圣地,是希望的乐土。这光,从《圣经》上帝的一声"要有光"到伊甸园里的无忧;从普鲁米修斯盗窃的天火到柏拉图《理想国》的光喻,[①]是希望的化身,是人类未来的寄托。

在中国文化中,这光对应于阳气、南方之火,以及代表南方之火的朱雀、离卦。而风水中的朱雀正体现了居者的气运和出路,代表了居者的未来前景和发展空间;同时,朱雀的翔飞属性也象征着居者自由发展的机会,以及自由飞翔的喜悦——"欢"(繁体为歡,从鸛。正是朱雀翔飞之状)。

因此,心空之喜,就转化为对象物的空灵、开阔和兴旺发达。这也是个人和人类社会的基本追求:重见天日的喜悦,亦即每天早上从黑夜中醒来,开始新的一天的希望之旅。

(四)"快"意"悦"来

第二节我们提及孔子的智者乐,这里我们不由设问:智者何以为乐?且看

---

① 张志扬:《西学中的夜行》,华东师范大学出版社 2010 年版,第六章。

《论语·雍也》:"智者乐水,仁者乐山;智者动,仁者静;智者乐,仁者寿。"对此学人多有注解,不一而足。约言之,智与水关联,水是流动不居的,变幻无穷的,从雨水、溪水、泉水、河水、海水到灌溉、农田之水,水无定型,因物赋形,所以水主智。

老子以水喻道,依托水阐述道的观念:"上善若水。水善利万物而不争,处众人之所恶,故几于道。"(《道德经》第8章)"譬道之在天下,犹川谷之于江海。"(《道德经》第32章)如此,在老子的心目中,智者就是得道者,得道者也就是得悟水之妙变者。

因此,智者之智在于把握变化、变通。这也是周易之"易"的原理。易的本义为变易、变化。后来衍生出易之三义:简易、变易、不易;①其实变易是手段,简易是目的(大道至简)。这是易之根本(道的本体)。把握简易,即以变易、变通为路径和方法。变易的目的是为了容易。变者,便也。②便,从更,变更也。变化、变更的结果是便利。这便是易从简易到变易的永恒道理(不易)。

人类进化、进步的历史都可以看成便利的历史,无论是思想、认知方面的便利,还是社会制度上的便利。各种技术发明都是出自便利的需要,如飞机、高铁的便利,为旅者提供前所未有的舒适、快意;制造业的自动化、电子化,更是极大地提供了劳作的便利和效率。

由此可见,技术进步给人类带来最大的便利就是"快"。超级计算机的运算速度是"快"的典型。"快"是智能化的标志,"快"解决了很多领域的技术难题,极大地提高便利度而大快人心。汉字的"快",兼有快捷和愉快两重含义,也显示了其智慧所在。

那么快的本义呢?《说文》:"快,喜也。从心夬声。"快为喜,又是什么因缘的喜?这得叩问"夬"字。夬,音怪,看上去的确蛮怪的。夬的字形,文字学家虽有不同见解(如徐中舒的持玉说),但多数倾向于射箭说,即手持弓箭(从矢从又),引而待发之状,而"抉"为扳指。③

夬,瞄准目标,全神贯注,张开臂膀,放箭! 箭飞速射出,中了! 这场景也是

---

① 黄寿祺,张善文:《周易译注》,上海古籍出版社1989年版,前言第2页。
② 便与变,并、帮旁纽,元部叠韵。
③ 李圃,郑明主编:《古文字释要》,上海教育出版社2010年版,第307页。

四、欢天喜地

今日射箭比赛场上的常见的。当运动员箭射中靶心时,不由雀跃欢呼!而"快"(夬声兼表义),既是箭射出时的物理特征——快速性("光阴似箭,日月如梭"之喻),也是箭靶射中时的心理感受——快意狂喜。显然"快"的本义(喜)源自箭的快速射中,故而兼有快速与愉快义;而其他含义都是其引申,如表示锋利的快,就是快速的引申。

图 4-4 快哉!快哉!

射箭运动需要良好的身体素质和心理素质,后者更为重要。运动员常常由于神经高度紧张而导致不必要的失误(有人居然射到别人的靶心上),这是在心理上不过关。古人非常看重射箭,射箭从将士的武艺转化为儒生修身养性的射艺,即儒家的六艺之一。

《礼记·射义》讲述了射箭与身心调养的关系:"射者,进退周还必中礼。内志正,外体直,然后持弓矢审固。持弓矢审固,然后可以言中,此可以观德行矣。""射者,仁之道也。射求正诸己,己正而后发。发而不中,则不怨胜己者,反求诸己而已矣。孔子曰,君子无所争,必也射乎。揖让而升下,而饮,其争也君子。"

在心理意义上,"夬"之箭是可以看做是力比多性能量的象征。弗洛伊德认为性能量有三大发展路径:正常宣泄的;不能满足而压抑的;转化升华的。"快"字主要体现为力比多性能量的宣泄(快活),也表现在力比多性能的升华(快意)。后者便是古代的射礼——"夬",令"快"转化为伟大的情性:追求卓越,磨炼心性;克己求正,完善自我。

其实,作为心理能升华的射礼,有着更为广阔的文化心理蕴含。箭的射出,在广义上可理解为人的精力投放、能力的发挥。于是发射就成了情意的"发泄",而"发泄"又带来情感的愉悦。诗人、音乐家、小说家、科学家的痴情投入都是心理能量的"发泄",志愿者也是基于爱的奉献,那是心甘情愿、无所求的付出,一如对自己亲生子女的付出。

从五行生克关系讲,如以土为中心,土的发泄,也就是土的表达、生发,即土生金,金是土的成果,是土的子孙;同样,以水为中心,则水生木,木是水的子孙。这层关系,在汉代《京房易》中得到全面系统的阐述。京房赋予了五行生克六亲关系,即每根爻对应着一种六亲(父母、兄弟、官鬼、妻财、子孙)。在卦爻属性上世爻是自己的象征,其中子孙爻持世的,表示其人其事快乐无忧、自由自在。占疾病的话,子孙爻表示医药,如子孙爻的卦象旺相,则表示不治而愈。无疑,子孙爻代表着愉快、健康。

八字命理对自己所生的对象也有一套完整的理论。八字的世爻为日干(出生那天的天干),以此日干为核心,定位其五行生克关系。日主所生称之为食神、伤官。照命理学的说法,食神是阴生阴,阳生阳的;伤官是阴生阳,阳生阴。食神人格的人悠闲自得,宽宏大量,多福多寿;其人财禄丰厚,衣食无忧,故名食神。

伤官人聪明伶俐,机智灵活,多才多艺,为人自信傲物,趾高气扬。伤官不服管压,特立独行,厌恶、抵制上级领导(官)的管理,故名伤官。[1] 伤官的属性较多体现为能力、能量的宣泄和表现,故富有艺术才华。的确,很多艺术家孤傲,不畏权贵,不为五斗米折腰。

食神伤官(简称食伤)的表达、显露特性命理书称之为吐秀。食伤也表示人体的孔洞,如五官,特别是嘴巴,集中体现了语言情感的表达。凡是有孔洞的,都符合食伤的属性。摩尔·亨利那富有孔洞变幻的雕塑,可谓食伤型雕塑。

食伤不仅是表达,更是宣泄,是透气。在京房易中子孙爻为药,八字命理的食伤也有"吐秀"疗效,大凡出汗、排泄的都是食伤行为。当今流行泡浴、泡足,可谓食伤的排毒(宣泄)疗效。食伤疗法(发汗、发泄、排毒、排泄等),是很好的减压疗法。

孔洞、排泄与表达,食伤的这些特征反映了周易兑卦的属性。八卦取象卦歌云:兑上缺,意思说,兑卦如一只上面有缺口的杯子。因此,兑卦有孔洞的易象,

---

[1] 参见王华泉编著:《中国古代生日预测术》,四川大学出版社 1993 年版,第 130,134 页。

四、欢天喜地

也有表现、表达的含义。《周易·说卦》:"兑为泽、为少女、为巫、为口舌、为毁折、为附决。其于地也,刚卤。为妾、为羊。"其中毁折就是从缺口意象来的。兑为泽,泽似乎是从大地皮肤里渗透出来的汗水,也是大地的言说。

兑的缺口、孔洞、通道意象,引申出表现、表达。而心理能的表现、表达便是"说",是兑口的吐露。古文中"说"与"悦"通用;①所谓不吐不快,说出来就畅快了。兑卦本身也有喜悦义,②故以少女喻之。兑为巫,兑之说,便是巫师之说,说而悦之,显然与神沟通有关。这也如"喜"字的祭神情形。当我们言说"喜悦"时,其中两个字均含有通神的意味,那是神圣的、出神入化的喜悦!

再看快,声符为夬;而夬在周易中为夬卦,即泽天夬——上为兑卦,下为乾卦。这也可以看成是大兑卦。如此这般,快与悦,实现了射击与孔洞的统一:"快"意"悦"来!

(五)笑:生之喜,成之乐

达尔文说笑是喜悦的主要表情。③

笑,从竹从夭,学界多承袭李阳冰刊定《说文》解释:"竹得风,其体夭屈如人之笑夭。"亦即强调人笑时,身体夭屈,其情舒散。④ 竹如人体,风吹晃动而呈笑态,取象确实很生动,也合乎心理学的移情投射原理。

不过笔者总觉未能尽意。白川静依据他的祝咒文化观,说"笑"的字形是

---

① 王力主编:《王力古汉语字典》,中华书局 2000 年版,第 1277 页。
② 齐冲天、齐小乎合著:《汉语音义字典》,中华书局 2010 年版,第 204 页。
③ [英]查尔斯·达尔文著,余人等译:《人与动物的情感》,四川人民出版社 1999 年版,第 178 页。
④ 李圃、郑明主编:《古文字释要》,上海教育出版社 2010 年版,第 471 页。

081

巫女神灵附身，屈身而舞。边笑边舞地向神诉述祈愿，希望讨得神灵的欢心。① 此说与"喜"、"悦"中的祭祀说相呼应，有可取之处。不过，白川静的解释似乎只顾及"夭"，而没有言及"竹"。②

就音义而言，笑之从夭，夭有茂盛义，如"桃之夭夭，灼灼其华"，"厥草维夭，厥木维乔"；同时夭又有屈义，表示枝干弯曲多姿。③ 因此，笑，或与草木繁盛而柔软屈伸的"桃之夭夭"有关，显示出生命种子的旺盛活力。

综合"笑"的形音，我们认为，笑，以巫的舞蹈，祈愿祝愿生命生育如竹林一般的繁荣，亦即"笑"是一种生育生殖崇拜的巫术仪式。

竹子具有旺盛的生殖力，房前屋后，湖泊之畔，贫瘠山冈，都是其繁育生存之地，所谓"如竹苞矣""雨后春笋"，均为形容其旺盛的生殖力。山东、浙江、福建和四川等地自南北朝起盛行的"做三旦""竹迷日""摇竹娘"，贵州省黔东南苗族自治州的"淋花竹"，以及道教的视竹为求子之"灵草"、都是以竹求生育繁殖的原始崇拜。

云南普米族歌谣《子孙不断根》唱道：

> 九座山的树木哟，
> 会被野火烧光。
> 唯有竹根烧不死，
> 竹根坚韧又刚强。
> ……
> 九个村的老人哟，
> 总会衰老死亡。
> 唯有子孙不断根，
> 世代昌盛又健壮。④

除了苗族的"淋花竹"等以竹子为生育象征，很多地方至今还保留着婚嫁筷

---

① ［日］白川静著，苏冰译：《常用字解》，九州出版社 2010 年版，第 220 页。
② 笑，或从艸或羊角，究竟如何，没有定论。齐冲天，齐小乎编著：《汉语音义字典》，中华书局 2010 年版，第 1083 页。
③ 齐冲天，齐小乎编著：《汉语音义字典》，中华书局 2010 年版，第 120 页。
④ 见何明，廖国强：《竹与云南民族文化》，云南人民出版社 1999 年版，第 180—181 页。

四、欢天喜地

子的生育象征,其寓意是:筷,从竹,借指竹子及其生殖力;筷子的谐音表示快生贵子。

图 4-5　竹:笑的风采,生的喜悦

竹关乎生育崇拜,已经很清楚了。尽管我们无从复原"笑"的生育崇拜的具体仪式,但我们相信,经历了"笑"的生殖巫术后,有的新娘的确怀孕了。这才是最有意义的大喜事。所以民间把有孕说成"有喜"。"有喜"的喜悦就这样与"笑"的生殖巫术"理所当然"地对接了,并成为"笑"的一部分。随着世俗化、理性化,"笑"巫术痕迹渐渐被淡忘,"笑"的喜悦成分保留下来了,正如现在的很多宗教节日,娱乐、狂欢的盛况掩盖了原初的蕴意。

如此言"笑",可笑的不轻松啊!

的确,汉字世界的笑不同寻常,身负重任,"笑"从《诗经》的"言笑晏晏",一直"笑"到现在,独领风骚,生命力旺盛,足见其生殖巫术的宏大效力!除了大母神般的"笑",很少见到其他表示笑的字。

笑是如此的重要,仓颉们当然不会贻"笑"孤芳,而设法"笑"林"广记"。不错,古文中的确有个文绉绉的笑——"哂",表示微笑。①《论语·先进》有"夫子哂之"的记录。白话文时代,"哂"字几乎隐居了,即使露面,能念出其音(shen)的一定不多。

从字形上看,哂,从口从西,是与口有关的行为。西是什么,时下没有明确的

---

① 王力主编:《王力古汉语字典》,中华书局 2000 年版,第 115 页。

字形线索。我们不能根据其楷书形体妄称为东西之西,那太笑话!好在"哂"还有几个同父异母的兄弟——异体字,保留了相关形体可供比对、查究。

哂的异体字有:弞;或作吲、矧。① 不消说,"哂"辈兄弟的面目比较清晰,都与弓箭有关。有意思,刚刚谈到"快"的声符"夬"有射箭意象,这会儿又遇到弓箭了。射箭中靶的喜悦、欢笑,难道成就了"弞""吲""矧"? 文献派一般不接受这样的推测。但从心理原型角度看,却完全有可能。文字创造的无意识,总是以自己的方式沉淀着相关信息。

从哂的异体字兄弟那里验证了哂的射箭身份。那么哂的字音何以念 shen? 我们猜测 shen 音很可能是模拟飞矢在空中飞行声音。今日形容子弹射出的声音不就用"嗖嗖"吗? shen-shen 与嗖嗖很接近。这样的话,哂,从西,估计也是弓箭之形。因此,哂及其异体字的意象即射箭原型:为射箭中靶的喜悦;或为放箭的喜悦——潇洒地射天地,箭镞发出 shen-shen 声。

原以为笑字难觅,不料"哂"字一来,带出一帮兄弟,真是笑意绵绵。笑,还有故事吗? 笔者正寻思,突然"听"到一声大笑,仿佛嘲笑笔者的无知。笔者不由定睛其"听",恍然大悟,这不就是笑字吗!

简化字看惯了,居然忘却了"听"的原形。"听"(音 xin)本有其字,从口,斤声,意指笑。②《说文》:"听,笑貌。"汉字简化,把这位开口笑的"听"悄然替代了耳闻的"聽",真是狸猫换太子啊! 此交口,彼耳闻的一番"交口接耳",居然把"聽"耳吃掉了,也算是笑话,有点黑色幽默。

言归正传,听,何以从口,斤声,其中自有奥妙。一般讲,听的直接语源为忻、欣。段玉裁注:"忻,谓心之开发。"③古文字中,作为形旁的口与心,彼此互通,因此忻与听的音义和形义都可以互换。听为忻,就是心之开发,即开心之喜悦。而斤的本义为斧斤,④与心之开发相对应的外部投射便是劳作的喜悦。斧斤砍伐,"坎坎伐檀兮,置之河之干兮",便是劳作的喜悦。这与射箭之"快""哂"的心理

---

① 汉语大字典编辑委员会编:《汉语大字典》,湖北辞书出版社,四川辞书出版社 1992 年版,第 2182 页。
② 《广韵》:口大貌。《集韵》:大口謂之听。大口,口大貌,就是开口笑的样子。
③ 齐冲天,齐小乎编著:《汉语音义字典》,中华书局 2010 年版,第 579 页。
④ 说文解字段注:斤,斫木斧也。此依小徐本。凡用斫物者皆曰斧。斫木之斧,则谓之斤。象形。横者象斧头。直者象柄。其下象所斫木。

四、欢天喜地

能释放的喜悦如出一辙。

其实"听"的笑,也是砍伐树木发出的"呵呵"声。劳动不见得就一定疲倦,合理而巧妙的劳动行为,不仅可以提高效率,也会带来愉悦的节奏。科学管理学之父泰勒就对工人操作的动作加以分解,重新组合,从而提高了工效,也降低了疲劳。另一方面劳动号子也是调整呼吸,协调动作,缓解疲劳的实际经验。而"呵呵"可谓砍伐过程的劳动号子。

"呵呵"为象声词,表示笑,笑呵呵的,呵呵笑的,也是拟声。但汉语的拟声,不像英语的纯粹拟声,如 laugh、chuckle、titter、giggle、snicker,通常也带意义。呵,从可,其本字为柯(斧柄),也是歌的初文。① 这意味着"可"一方面是持斧劳作的动作,另一方面也表示发出"呵呵"的劳动号子,亦即后来的"歌"。正如鲁迅所说的最初大家抬木头,觉得吃力了,于是有"杭育杭育"的创造。②

"呵呵"一笑,心气释放,喜悦油然而生。而在道家养生六字诀里,念"呵"字功,可以治心病。这"呵"字功的效应,或许是原初的"歌"发展过来的。换言之,歌唱有自我放松、群体愉悦之功。所以没事偷着乐,就哼小调了!

"呵呵"之笑有此效,有此理,那哈哈大笑的"哈哈"又有什么故事呢?

"哈哈"之笑理所当然的是开口笑,我们说哈气、哈欠,都是张口的,还有"哇哈哈"的惊讶呢。但"哈"字从口,从"合",有闭嘴的意象,与哈哈的开口状相反。这究竟是怎么一回事?难道"哈"是纯粹的拟音,与文字不相干?

"哈"是什么来路?《玉篇》说哈是"鱼多貌"。齐冲天认为鱼多,从合声,表示聚集;从口,一群鱼游来,一个显著的现象便是口之张合。《正字通》:"哈,鱼动口貌。"马哈鱼的口很大。这是哈字的本义。③ "哈"居然与鱼多有关,有点惊异,有点意外。但既然是鱼的聚合,那又如何演化成笑的拟声字的?笔者非常期待相关研究,可惜至今未见,或许无以指望从语文的角度找到马哈鱼的笑声。

笔者以为,哈从合,合有天合地合、六合之说,实乃阴阳和合。鱼的聚合,说到底是鱼的媾合。而媾与遘同源,有相合、相遇义。④ "遘",甲骨文作𦮙,像两条

---

① 尹黎云:《汉字字源系统研究》,中国人民大学出版社 1998 年版,第 217 页。其他有白川静的祝咒说,何金松的乃字说等。
② 鲁迅:《且介亭杂文·门外文谈》。
③ 齐冲天,齐小平编著:《汉语音义字典》,中华书局 2010 年版,第 1030 页。
④ 章季涛:《实用同源字典》,湖北人民出版社 2000 年版,第 337 页。

鱼对面游来,口对口相遇,①故有鱼水之欢之谓。因此,鱼的媾合引申为性,及其生育生殖义。② 古人以游鱼之合隐喻新婚有喜,祝愿早生贵子。这种期待至今还保留在各地的婚俗中,比如年画中的双鱼戏水。

所以,"哈"字的性与生育的隐喻与"笑"字中的生育巫术,意趣相通,因而都有同样的喜悦,自然组成"笑哈哈"团队,共享"有喜"的美妙!

笑,人类最伟大的表情,其因缘源自两方面:其一为生殖生育之喜,是人的自然生命的诞生,是人的血脉亲情的延续;其二为劳作创作之喜,是人的劳作产物(包括艺术品)的诞生,是人的实践价值的实现。简单地说,笑就是源自家庭与事业的圆满。

笑,涵盖了人的存在的全部内涵(马克思讲的两种生产),因而也渗透着人的存在的酸甜苦辣。因此,笑作为喜悦的表情,远远超越喜悦本身,而全息地反映了人类社会复杂的情感和心态。于是我们看到各种笑:微笑、欢笑、嬉笑、暗笑、谄笑、嘲笑、惨笑、耻笑、嗤笑、干笑、憨笑、哗笑、讥笑、奸笑、苦笑、狂笑、冷笑、卖笑、狞笑、赔笑、窃笑、取笑、傻笑、讪笑、耍笑、说笑、调笑、玩笑、坏笑……

喜悦,来自人们对自身生命的爱,对生育的祈愿;也来自劳作成果的自我肯定(听、欣之喜)。这是喜悦最为基本的方面。沿着这两方面,喜悦展示了两种相关特性:一方面心空的喜悦,以及寻找外部空间以满足心空之需的喜悦,人类征服史很大一部分与此有关。另一方面,这样的空间具有空明特性,即希望之火。这也显示人类在更高的层面上带有某些植物或动物的趋光性,寻找文明空间的光明地。

早期的人类关注喜悦实现的神性因素,故有"笑"与"喜"的巫术。今日的神性转向内心,宁静的微笑显示了富有修养的喜悦之境,因此"笑嘻嘻"的脸最具亲和力,它展示了远古巫术的通神功力,有着强大的催眠效应。

总之,笑与喜悦,是人的生存和发展的成功形态,是人类的希望;笑的正能量是一种信仰的境界,是几微发生的笑。

---

① 熊国英:《图释古汉字》,齐鲁书社 2006 年版,第 76 页。
② 在中国梦象征中,鱼与遇谐音,梦见鱼表示性,亦即相遇、机遇。

〔五〕

怒气冲冲

　　发怒通常被看做缺乏修养,甚至野蛮的行为。很多养身宝典都强调心平息怒的重要性。有句名言很流行:发怒是把别人的过错来惩罚自己!其实怒的意义远远不止这些,因而也不能简单地归为负面情绪。怒,五行属木,怒的汉字原型,从自然、历史、文化、心理和社会一路走来,展现了怒的表象和本源。

五、怒气冲冲

（一）忾："生"与生气

汉语中，"生气"一词既表示不快、动怒，又表示活力、生命力、生气勃勃。这两个义项的内涵相距甚远，日用时，其义项的选择因语境而切换，彼此间似乎不相干。

从字面上看，"生气"就是有生命活力的气，是积极向上的气，亦即"生"之秧苗、树木的生长之气。我们在第一章谈"性"时，遇到过此生。"生"与"上"音义相关，《说文》解释为"进也"（沪语中，两者音近，见第一章第一节）。显然，"生"有一股向上的冲力，一股竭力摆脱地心引力而上扬的进取力。在很多植物身上都可以看到这样的进取精神：哦！哦！哦！曲茎向天歌；一副犟头倔脑的样子。

树木从种子发芽、破土而出，一直到长成参天大树，是一个不断克服压力的上升过程。尽管肉眼看不见其生长变化，但古人还是意识到了其"乙乙"宛曲而出，屈曲而进的艰难（参见第二章第三节）。面对这样的困境，沉默的植物想必是很生气了。

那么，植物如何"动怒"，如何"生气"？请看其"葳蕤"而生的"怒相"吧。葳和蕤，都是从草，但底下的声符"威"和"甤"呢？威，从戌，为斧钺形兵器。葳，有如带着兵器，一路冲杀，所向披靡的生长了。而"甤"，从豕从生，意思说树木果实之生，像野猪一样，张着獠牙，满地暴走，不可阻挡。《说文》："甤，草木实甤甤也。"而"甤与蕤音义皆同"。①

生之"葳蕤"，体现了植物的丛林原则——向上、向上，挤开其他植物，获得

---

① ［清］段玉裁：《说文解字注》。

089

更大、更高的生存空间,从而获得更多的阳光雨露。这是一场静悄悄的争夺资源的战争,带着不露声色的"怒气"。但是人们还是感觉到这种生气张扬的紧逼力量,尤其是花开季节,处处可见"鲜花怒放"了!

"葳蕤"之气,是生命充实之气,从树干、枝叶中流溢出来,其气盛大——多半是氧气——向阳时的光合反应。树木的气息向上,向四周扩散着,在古人的象思维中,巽之为木,也就演变为风了。① 风为大气,为大自然的叹息。

大自然的叹息,许慎谓之"忾",进而表示人的叹息。忾,音息;其 kai 音受"慨"的影响。故慨与忾相通,慷慨可作慷忾。②

慨,感慨、愤慨,从心从既。既,从旡,《说文》:"饮食气屰不得息曰。从反欠。"气逆,就是饭后打饱嗝时的回气。旡为既的初文。③ 既为饱嗝之回气,为气逆,那么从心的"慨"便是心气之气逆,不顺畅了。

心气之不顺畅,那就容易"意气"用事("意气"有如"心气",亦即"忾"),也就生气了。从饮食的气逆到心情的气逆,存在着心理能量憋屈的状态。而这实际上是树木生气发生过程中的"乙乙"冤曲的心理感受。

图 5-1　忾:气充满于心胸,即义愤填膺

---

① 八卦中巽卦属木,代表风。
② 齐冲天,齐小乎编著:《汉语音义字典》,中华书局 2010 年版,第 935 页。
③ 尹黎云:《汉字字源系统研究》,中国人民大学出版社 1998 年版,第 53 页。

五、怒气冲冲

由此可见,有活力的生气与不愉快的生气具有某种关联:前者因活力勃勃而显得好胜斗勇,进而容易受挫;一旦受挫,便导致后者。所以孔子说:"血气方刚,戒之在斗。"

五行之木,其性曲直,其情主怒。处于成长期的青少年,的确很像一棵挺立的树,符合木的属性;大凡树生长时遇到的问题,都可以用来对照青少年。比如我们在第一章谈到"性"(nature)之生,涉及一个异体字"眚",是目障,这表明青少年在成长过程中遭遇的障碍,也表示他们自身认知的障碍。

旡(无)——饮食的气逆,在心理上表现为态度的气逆。就青少年而言,便是其对父母教诲的逆反心理,是追求自我认同而竭力摆脱家庭束缚的反叛。这情景与树木向上生长时的"哦!哦!哦!曲茎向天歌"相呼应,相吻合。哦从我,体现了自我意识的觉醒;也正因如此,才有离家出走的"曲颈"(犟头倔脑)表现。

逆反心理基于一股愤慨的气,一股因成长的扩张而敏于外感、易于抗拒的气。他们的内心世界也一如植物界的争取生存空间的生长,变得十分"葳蕤":有"威"的酷,更有"甤"的野,特立独行,无所顾忌。

逆反的心往往褊狭而显得"狷"。《玉篇》:"狷,急也。"《正字通》:"狷,疾跳也。"狷从胥,为蜎的初文。而"蜎"为孑孓(jiéjué),蚊的幼虫,扬州谓之翻跟兜虫,通称"跟头虫",由雌蚊在淡水中产的卵孵化而成。其胸部较头部及腹部宽大,游泳时身体剧烈地左右扭动,在水中上下垂直游动。

蜎虫行为如此,故而《诗经·东山》有"蜎蜎者蠋"之说,"蜎蜎"为屈曲蠕动的样子。① 大概屈曲蠕动之故,遂有"悁"的怒。此怒似乎也是生长过程中的"逆反"。这是从幼虫向蚊虫转化过程的"悁",好像与青少年身心发育的转化有某种对应。

《说文》:"悁,忿也。"《集韵》:"悁,躁急也。"意指人忿急时就像翻跟兜虫那样屈曲跃动。② 这也意味着,逆反的心"狷"急时,以翻跟兜虫屈曲跃动的形态再现了发育生长期焦躁不安的心态。

生长过程经常出现这样转化环节,青少年身心发育如此,社会的"身心发

---

① 齐冲天:《汉语音义字典》,中华书局 2010 年版,第 823 页。
② 齐冲天:《汉语音义字典》,中华书局 2010 年版,第 824 页。

育"——改革转型期也如此。后者还产生了一群急于摆脱现状而处处逆反的社会批评者——愤青。

愤青,是"愤怒青年"(Angry Young Men)的简称。"愤青"之名,早在上世纪50年代的英国就已经出现,指的是一班思想激进的作家,其较著名的作品有John Osbourne 1965年的剧作《愤怒的回顾》(Look Back in Anger)。"愤青"广义上指凡是怀有对某些社会现象和经济、政治、教育等制度不满情绪的愤怒青年。

愤怒尽管激进,但愤怒激活了人的内在生命;在生气埋怨之际,也带来了思想、文化、政治等方面的生气。"愤怒诗人"古罗马诗人尤维利斯说出了愤怒的创造力之源。司马迁断言《诗》三百篇,"大抵贤圣发愤之所为作也"。

作家毕淑敏有感于当代高度发达的物质文明造成现代人意志的"缺钙",指出:"愤怒是人生的正常情感之一,没有愤怒的人生,是一种残缺。""愤怒是我们生活中的盐。""没有愤怒的生活是一种悲哀。犹如跳跃的麋鹿丧失了迅速奔跑的能力,犹如敏捷的灵猫被剪掉胡须。当人对一切都无动于衷,当人首先戒掉了愤怒,随后再戒掉属于正常人的所有情感后,人就在活着的时候走向了永恒——那就是死亡。"

她大声赞叹:"愤怒出诗人,愤怒也出统帅,出伟人,出大师,愤怒驱动我们平平常常的人做出辉煌的业绩。只要不丧失理智,愤怒便充满活力。怒是制不服的,犹如那些最优秀的野马,迄今没有任何骑手可以驾驭它们。愤怒是人生情感之河奔泻而下的壮丽瀑布,愤怒是人生命运之曲抑扬起伏的高亢音符。"[1]

作家笔下的愤怒顿时变得华丽而伟大。诚然我们承认,也注意到愤怒的积极属性,但我们还是回到怒的学理上。怒,五行为木;而木克土。土,中医指脾胃之土,其志为思、为忧,表示思想、理智。无论是青少年的逆反之怒,还是愤青偏执之怒,结果都是对土——思的理性的克制。所谓"愤怒的那一个瞬间,智商是零",怒气克制了理性,失去了基本判断力(智商降低)。

因此,怒的扩展,具有两重性:一方面克制(批评)原有的思想体制(土);另一方面,也压抑了土的理性有序,走过头的话,容易导致极端个人主义、无政府主义。

---

[1] 毕淑敏:《珍惜愤怒》。

（二）怒气、勇气和存在

在中医看来，脏腑都是有情志、有性情的，或者说无意识众多人格寄居在脏腑中。肝是一种具有怒相特质的脏腑人格，所以中医认为肝志主怒。

肝气旺盛，大动肝火，表现为肝阳上亢。肝为木气，气机向上。肝阴不足时，肝之阳气就会急剧上升，人就会面红耳赤、头涨头痛、急躁易怒。若用血压计一量，血压大多升高了。肝阳上亢，轻者头脑发热，不够理智；重者也会导致脑溢血。年轻人讲义气，侠胆义肝的，有激情，也是肝气升腾之故。

肝气的怒，与"肝"从干有关。干为干戈武器，引申为冒犯、攻击、进攻义。[1]那些个性张扬、有着攻击暴力倾向的人，很可能有着发达的肝。他们肝阳强盛，惹是生非，身上仿佛佩戴着各种无形的"干"戈。社会上的无良少年，吸毒、强奸、凶杀之徒，想必心中多"干"影，手上痒痒，随机作案。

其实"干"之冲动，如同弗洛伊德的力比多原欲；在更广泛的意义上是荣格的阴影原型。阴影在人类进化史中有着极其深远的根基，容纳着人的最基本的动物性，是人身上一切最好的和最坏的东西的发源地，在一切原型中最强大、最危险，也最顽强、最具破坏性。阴影涵盖了本我或力比多、疯狂和"恶"行，以及人的本能冲动、人的野性力量，包括攻击、战争等行为。另一方面，阴影又是生气勃勃的、富有创造力的，它使一个人的人格具有整体性和丰富性。[2]

力比多，或阴影原型存在着升华、转换机制，"干"之冲动者同样如此。

---

[1] 罗建平：《汉字中的身体密码》，东方出版中心 2011 年版，第 112—113 页。
[2] 阴影概念见［美］霍尔，诺德贝著，冯川译：《荣格心理入门》，生活·读书·新知三联书店出版社 1987 年版，第 56—57 页。

笔者有一位同事，天生侠骨好斗，"干"性很强；玩笔杆子的，又非常铁杆仗义。其人文学专业出身，偏偏爱好战争文化。他讲课时，就像横刀立马的将军，包袱里全是"干"货，一件件飞出来。他的肝火也写在脸上——印堂中间有一根深刻的悬针纹，就像干戈贴在眉间，时刻准备自卫反击。后来他的冲杀之"干"终于使其化身为知名的军事专家。

经常遇到那些照面时笑呵呵的，很和气的"绅士"，网上却战火连天，昼夜与人干仗（很多是偏执性人格）。这也是在释放其无意识深处的"干"戈煞气，把"武斗"转化为"文斗"，从而缓解了实际生活的冲动、冲突。

古代相学认为耳后见腮的，多半是好斗者、好胜者，也是能"干"者。耳后见腮乃腮骨宽大，意味着咬肌发达，撕咬强劲，较多地保留了食肉动物的攻击特征。这类人冒犯性强，也顽固、叛逆，不守君道，阴影原型蠢蠢欲动。

阴影原型寄居于肝脏中，"肝"之"干"通过同源字——"赶"与"敢"[①]释放其心理能。"赶"是驱力（drive）；"敢"是驱力的情态特征，是勇者的名片（敢也有怒义，从心从敢的"憨"即是）。东非山居部落相信，行动突出勇敢的人，他的肝便是勇敢的所在地。[②]《素问·灵兰秘典论》称肝为将军之官。然则将为武将，"勇"字当先。清朝地方武装的军服上印上的"勇"，显示其"干"仗的属性。因此，"勇"，是积极勇为的阴影原型。

"勇"之勇猛，实为心理能的浮现。"勇"与"涌"、"恿"相通。[③] 肝气上升，阴影之力的涌现，气概上就是勇；而此气概的属性谓之"恿"。恿，怒也。怒气与勇气相伴而行，彼此表现为体用关系：勇以怒张之气显示其本，怒以勇武之力释放其能。

换言之，勇气不是独行客，而有怒气之后备，一旦点燃，勇的"马达"便发动起来。在这意义上，勇是有序化的怒，就像可控的核电核能。

怒的"油气"也就是肝的生命能，"怒气冲冲"是生命活力、生命存在的体现。《梦林玄解》："梦肝化蝴蝶飞。梦此者病人归冥，怒气消灭。"这里蝴蝶是灵魂的

---

① 章季涛：《实用同源字典》，湖北人民出版社2000年版，第253页。
② ［英］詹·乔·弗雷泽著，徐育新等译：《金枝：巫术与宗教之研究》，中国民间文艺出版社1987年版，第715页。
③ 齐冲天，齐小乎编著：《汉语音义字典》，中华书局2010年版，第1002页。

象征(古希腊语灵魂一词,其本义就是蝴蝶)。在中国文化里,魂藏肝,是肝的灵魂;梦肝化蝴蝶飞就是魂出离肉体的肝,如此怒气也随之消失,人也就不存在了(归冥)。

因此,怒气体现了生气,是生命存在之气。由于怒气与勇气的关联,勇气也体现了人的存在。这便是基督教存在主义哲学家保罗·蒂利希(Paul Tillich)所说的"存在的勇气"。

蒂利希认为通过对"勇气"的深入开掘,可以把"存在-本身"(being-itself)的结构敞开。这样的勇气已经超越伦理学,而进入本体论的领域。存在的勇气,在本体论意义上,就是不顾非存在的危险而对存在进行自我肯定。所谓"自我肯定"(self-affirmation),就是使每一存在物(包括人)成为其所是的那种努力。自我肯定不是轻而易举的,而是一种克服威胁的奋斗追求。"存在"是生命,是绵延,是创造;而"非存在"就是包含在生命中的死亡,包含在绵延中的停顿,包含在创造中的毁灭。①

存在的勇气是生命绵延、创生的勇气,是果敢地面对困境、危险,以及一切否定自我的勇气。这种面对也是身体的行动,是在实践中显示自我的存在。存在的勇气在劳动实践中的外部形态便是挥舞工具,遂有"坎坎伐檀兮"的劳动号子。古代的斧斤——"柯"(可)此刻化身为存在的勇气,发出"呵呵"声(参见第四章第五节)。这个"呵呵"是克服对象障碍的怒喝,是呵斥的"呵"。② 可以想见那斧斤赫然劈下去的勇猛,那股怒气随之冒出来了。

斧斤砍向大地,留下的凹痕也显示了存在之勇。存在之勇是自我的标志,也是领地意识的标志。远古的领地以射箭的距离为半径,构成最初的领空、领地。这个箭就是"至",③表示领地所有人的到达。箭(至)插大地显示了领地所有者的存在。动物则以自身的体毛、体液等作为标志。黑猩猩的行为与人很接近,它们拿着树的枝条狠狠敲击着地面,以此代替箭插地的动作,龇牙咧嘴地吼着,向其他猩猩宣示其领地神圣不可侵犯。

箭的插入的强化形态为"到",即增加声符"刀"的"至",以刀枪形式强调存

---

① [美]保罗·蒂利希著,成穷译:《存在的勇气》,贵州人民出版社1998年版,译者序第2页。
② 王力主编:《王力古汉语字典》,中华书局2000年版,第110页。
③ "至"的本义为箭插地之形,罗振玉《雪堂金石文字跋尾》谓"象矢远来降至地之形。"

在之勇的。军训点名,士兵须大声应答——到! 这个"到"(here),在确认了列队训练者在场的同时,也宣誓了其存在之勇。而战场点兵,特别在危急当头,此刻的一声"到",体现了将士的生命存在,也昭示了敢于面对非存在(阵亡)的"勇"。

如上文所说,怒属木,而土主忧思;怒而克思,理性被克制。但是作为有序化的怒——勇,属性上也是木,一旦发动便有克性。但勇所克的土,针对的是土的忧虑属性。忧虑就是顾虑,犹豫不决,难以定夺。而勇的出现,便克服了疑虑不定的状态而勇往直前。

八卦中震为雷,基本属性为动。其所对应的脏器为肝,故震卦也有怒的特性,电闪雷鸣体现了天神的"震怒"(后来演变成天神的武器)。

图 5-2　闪电:天帝的震怒

震卦颇有精神分析心理学力比多的特质。《说卦》谓"震为龙"。龙为阳物,也是阳具的象征。故震卦之力比多表示其动能之烈,有勇猛奋进之势,有英雄之气概,也有英雄爱美女之欲望。所以维柯说,英雄(hero)一词与爱欲、爱神(Eros)相似。①

---

① [意]维柯著,朱光潜译:《新科学》,人民文学出版社 1986 年版,第 239 页。

（三）忿：开辟、生发与动荡

怒是力量的象征,震怒之气可以开天辟地。民间传说故事说盘古在混沌中挥舞斧头,劈开鸡卵宇宙,而令天地分开。希腊天神宙斯震怒时就举起他的霹雳王杖,以此攻击敌手,惩罚叛逆者。印度神话里的因陀罗是带雷的神,"霹雳"是他的一个标志。《梨俱吠陀》第一章赞道:自由者拿起了投掷的武器——霹雳……①

霹雳是神的斧斤,随着一道闪电,嚯啦的一声巨响,天空裂开一道口子。中国神话传说的雷神,"龙身而人头,鼓其腹而雷"。② 雷神发出的隆隆声,仿佛呼唤着自己的名字"龙龙",而打雷所用的石斧便是传说中的霹雳斧了。霹雳本作辟历,③意指雷电所至(历)处处劈开的裂缝。

天神以斧斤劈开天空,河神亦可以斧斤劈开河道。河,古代作为黄河的专名,从水从可,定有其来路。前文一再提及"可"为柯的初文,无疑,远古时期,黄河中上游流域多山地,其地壳扭曲,褶皱发育,而河流湍急;特别是晋陕峡谷的末端——龙门,这里形势险要,两岸断崖绝壁,犹如刀劈斧削。因此,在古人的心目中,此乃河神咆哮,像用斧斤狠狠地切割河岸之故。④ 这不由想起英语的河流river,该词与reap(收割、切割)同源,本义为bank,指被河水切割的河岸。⑤

---

① ［法］让·谢瓦利埃,阿兰·海尔布兰编,《世界文化象征辞典》编写组译:《世界文化象征辞典》,湖南文艺出版社1992年版,第684页。
② 《山海经·海内东经》。
③ 《释名·释天》:"辟,析也,所历皆破析也。"
④ ［英］麦克斯·缪勒著,金泽译:《宗教的起源与发展》,上海人民出版社2010年版,第117页。
⑤ 周文标主编:《多功能英汉案头大辞源》,辽宁人民出版社1993年版,第2104页。

黄河的怒吼千百年来经久不息。抗战时期的黄河更是中华民族救亡的象征："风在吼,马在叫,黄河在咆哮,黄河在咆哮……"①其实,怒吼的远不止黄河一家,西南地区的怒江,河名本身就显示其河水汹涌之烈,河床切割之甚。

斧斤之怒气,表现为"柯"的呵呵声。"呵"作为象声词,其怒义此刻强调的是施力的勇猛,是对施力对象的呵斥。劈砖等硬气功表演,演习者不时发出"哈！哈！"的生猛声。这个"呵""哈"的,是怒气喷发的助力声,有别于喜悦之情的"呵呵"与"哈哈"。两者的音调音量不同。当然,彼此间还是有联系的,影视小说中的魔头,恶狠狠杀戮时也发出哈哈狂笑,但一般情况下,砍伐或攻击得手后,心能得到疏解而露喜悦。

斧斤之利演变为刀斧之利,刀的砍杀效力更甚,其怒之盛也随之增长。这令人想起另一首抗战歌——《大刀进行曲》："大刀向鬼子们的头上砍去……"谱写了当年二十九军大刀队在喜峰口与日军展开白刃格斗的勇武："大刀大刀,雪舞风飘。杀敌头颅,壮我英豪！"

大刀之怒,忍也！"从心刀,谓心中含怒如怀刃也。"②心头的一把刀,是无形的刀,是由刚烈锋利的心气铸造的大刀。这是怎样的心气？多半是克服障碍的决心、坚毅心吧。心怀刀剑,注目警戒,不得懈怠,是子弹上膛的待命状态。这也是"刀"的到达,即上文所说的点名应答的"到"。

这样的"心—刀"之"到",表现为对所作所为的催促、监督,以及对自我的拖拉、懒惰、软弱等消极颓废的个性、品性的决意清除。"忍"的通常表现为戒烟、戒赌、戒毒者痛改前非,重新做人的发誓,或血书保证,或断指见证,不一而足。

"忍"之"到"是自我管控的情感形式。怒五行为木,木克土;这里的土是指自我行为中的懒惰懈怠、迟疑犹豫等消极方面。那些自觉性、自控力较差的人,尤其需要"忍"的怒性,即毅力。而"毅"的本义就是怒,怒而有决。③ "毅"的形符"豙",意为野猪发怒,毛竖起。④ 从前顽童惹事闯祸,暴怒的父亲就是"豙"了。有道是棍棒底下出孝子,那是外在的"豙",转化成内在的"毅"而有所内省之

---

① 冼星海、光未然创作组曲:《黄河大合唱·保卫黄河》。
② [清]段玉裁:《说文解字注》。
③ 《说文解字》:"毅,妄怒也。一曰有决也。"
④ 《说文解字段注》:"豙怒毛竖也。"

故吧。

"忍"的怒性在精神层面较多地表现为消除心障、心魔。这类似金刚杵的坚利之智,能断烦恼,伏恶魔。"忍"的怒性也体现在宗教塑像中,如寺院山门旁的两天神(俗称"哼哈二将")手持执金刚杵以守护佛法,其造像为怒目,有勇猛之相,故称金刚怒目。金刚怒目的威严相有阻遏邪恶,归正心念之力,那突出的眼珠、高耸的眉毛,以逼人之气直击心理阴暗者的邪念、淫欲……

作为心之刀气,"忍"也如同道家气功剑仙门的"以炁练剑",具有杀伤力;其庄严雄威之气也足以威慑对手。那些武功高强或内修圆满者,不露声色,但威仪盛大,气势逼人,小人不敢近前,虚伪、谎言、邪恶等,瞬间化为乌有。

图 5-3　金刚手菩萨愤怒相,降伏心魔和阴影

带着怒气的斧斤,从闪电到河岸,到斗殴、战争,斧斤所到,一切都瓦解、裂开;而同样带着怒气的刀剑,指向心灵的迷障,打开精神的枷锁。不论是斧斤,还是刀剑;不论是客观世界,还是主观心灵,怒气的勇武之能摧毁邪恶和黑暗,扒开一切障碍……

我们注意到"扒",刀剑所及的扒开、分开。扒,从八;"八,别也。象分别相背之形。"①八,有向两边开裂的意象。刀与八的结合成"分"。怒的原型分析由此进入新的层次。

分的字面意义很理性,表示部分、分别、分数等;分的声符字:粉、份、芬、扮、纷、雰,也是由部分演化而来的,已看不出刀劈的怒气。但是,唯独从心的"忿",依旧怒气冲冲;而且义项单一,表示愤怒,怨恨。②

这说明"忿"字蕴含着"分"的能量形态。而这具有普遍意义。

首先,生命的发展形势与之关联。秧苗、竹笋的破土而出,是其"怒"开之态。这里,分与破相似、相通。破,本义是石头碎裂。③ 破,皮声;皮的本义为剥取兽皮。④ 皮为扒皮,而"破"意为石头像兽皮一样被扒开,当然成碎石了。破土,其土如皮裹着种子,种子发芽扒开其土。鸟类、爬行类的卵生,孵化成熟即破壳而出。破土、破壳都是对母体的"分"离。

其次,就人生而言,婴儿的出生如同"破壳",那是破开产道的诞生。婴儿的啼哭,与其说悲伤,不如说是其生生之怒气的宣言——我来了!这仿佛是对现世的第一次应答——"到"(啼从帝,抵也,到也)。啼声越大,生命力越旺,其存在的勇气也就越强。

青春期的叛逆,也是一种破壳的成长,企图摆脱家庭之壳的束缚。而愤青人格以叛逆为己任,以破壳为动力,热衷于与主流的"分"庭抗礼,奠定自己的"立"。愤青人格是批判性的,善于"扒"开社会、文化等"阴暗面"。

生是怒的张扬,怒为木,木为立(树木之木,竖立也);而有破有立,破中见生,生而自立。植物如此,动物如此,人生愈加如此。

再次,从国家、社会角度讲,起义、暴乱、战争,都是"分"的纷乱。天下纷乱,充满斗杀的怒气、戾气。"忿"的一个同构字"扮",就是纷乱的意思。⑤

分与合对立。分之心在"忿";合之心在"恰",恰是恰当、合适,与融洽的

---

① 见《说文解字》。
② 王力主编:《王力古汉语字典》,中华书局2000年版,第306页。
③ 《说文解字》:"破,石碎也。从石皮声。"
④ 《说文解字》:"剥取兽革者谓之皮。"
⑤ 汉语大字典编辑委员会编:《汉语大字典》,湖北辞书出版社,四川辞书出版社1992年版,第953页。

"洽"同源。① 因此,"忿"之愤青情结在于对抗融洽、反对和谐。或者视现实存在的一切为不恰当、不合适,不满现状而愤愤不平。

再回到"忿"之分的理性上,作为动力机制的"忿",分也是分化;而分化意味着进化。与此相关的是分形,事物的部分化展开,最后构成一个复杂的整体。分形类似自组织机制,在可控的系统内不断"生成"自身。与此相关,人的心理能量的分形,也是怒的有序化处理。这如同核武器与核电站的关系,前者是不可控的爆发,后者是有序的释放。

从斧斤之怒的开天辟地,到刀剑之怒的斩杀心魔;再从刀之切分展示出生命与社会的能量运转,"忿"既有消除障碍、有序生成之力,又有纷乱动荡、暴力冲突之性。显然,需要慎重对待"忿"的消极面,化无序狂乱为有序进取。

(四) 怒:征服、攻击与战争

怒,从奴,望字生义的话,很容易说成是奴隶因奴役而发怒。诚然,历史上有奴隶暴动的怒吼,但这恐怕不是"怒"的本义。那么"怒",不是奴隶的怒,又是什么人的怒呢?

奴,从女从又;古文奴又写作"伮"。奴与女关联,或者说女就是女奴。②"女"是女人盘坐的象形,而人、大等为侧立、直立的人。女之盘坐而有屈身之状,故而引申为柔弱、顺从、幼小等。屈身之状有屈服的意味。既然如此,面对屈身之状的奴,何以动怒?显然这里隐含另一层因果关系,此怒是为了让对方屈服

---

① 章季涛:《实用同源字典》,湖北人民出版社2000年版,第246页。
② 齐冲天、齐小平编著:《汉语音义字典》,中华书局2010年版,第70页。

汉字情——符号中的情感世界

而动的怒,以强大的威慑力压服对手,使之震惊而跪伏。这样的威慑力,通常来自远古时代的征服战争。这里,威慑力便是上文的斧斤、刀剑,是武力征服的压倒优势。

奴的音义也隐含着这种威慑关系,进而形成两个意义相关的语源义。一方面,"奴"的音符字表现出征服者的强力,如"拏",宋元以后写作拿,本义为拘捕罪犯,古代奴隶主要来源是战争的俘虏;"弩",弓的臂力,张力,显示征服者的武力,也与捕捉奴隶有关;"努",努力捉拿俘虏、奴隶,也表示征服者的战斗力;"砮",用以做箭镞的石头,征服者的攻占武器。另一方面"奴"的音符字显示出征服者对被征服者的轻蔑、贬低,如"驽",下等马,也比喻人的才能低下;"笯",鸟笼,估计从关押奴隶引申出来的;"胬",眼球结膜上增生的肉,往往挡住角膜,影响视力,暗示被征服者为征服者的眼中钉、肉中刺,一心想拔出而后快;"孥",子女的贱称,源于对奴隶的蔑称;"袽",从衣,指敝衣,破旧的衣服,也是出于对奴的蔑称,即奴的衣服;"絮",从糸,指破败、板结的丝麻之类,取义同"袽"。[①]

从奴的声符字的零星片段中,我们看到了远古敌对部落之间的战争,对对方部落的敌视、怒视和蔑视,其中胜利者带着强烈的征服欲和控制欲。而在征服过程中,"怒"之情绪的强劲张扬,一览无遗,贯彻始终。

怒,是一种攻击性的情绪,是向外扩张的,如发冲冠、怒气冲天、怒不可遏……达尔文说,激怒时会出现嘴唇突出的情况。但更普遍的情况是,嘴唇向后缩拉暴露出咬紧的牙齿。这情景就好像要抓住敌人并把它撕成几段而露齿相向者那样。达尔文谈到被捕后被暴徒包围的凶恶的杀人犯时说:"这些人暴跳如雷,露齿吼骂好似野兽一般逼近他们。"激怒发作的时候,与想要咬人的表情是一样的,就像儿童情急时的咬人本能。[②]

汉字的"嘴"和英语的 mouth(口)都表示突出、伸出,[③]想必是动物威慑、攻击性器官的遗存。撇嘴动作,表示不满意(生气的表情);嘴唇之突出,有吐口水摒弃的意味,属于防卫性的威慑。从相理上讲,嘴巴突出,牙龈发达的人也富有攻击性,至少言语方面容易伤害人,得理不饶人,无理也不让人,自然也容易得罪

---

① 齐冲天,齐小平编著:《汉语音文字典》,中华书局 2010 年版,第 70—71 页。
② [英]查尔斯·达尔文著,余人等译:《人与动物的情感》,四川人民出版社 1999 年版,第 218 页。
③ 罗建平:《汉字中的身体密码》,东方出版中心 2011 年版,第 57 页。

102

五、怒气冲冲

人。这种攻击性,若经过后天的修养也会转化为进取精神、钻研精神。

怒的行为是"挐",与第三章第三节的"要"相似,为狩猎者对猎物的捕获冲动,也是食肉动物对食草动物的捕获冲动。"挐"后来演化为"拿",怒的气势遮蔽了,突出了手的捉拿动作。就捕捉行为而言,"挐"显现出勇武、凶猛的特性,也体现了无所畏惧的精神。

猎豹捕捉猎物时,先潜伏,当瞪羚、斑马出现时,迅猛地扑上去,体现短跑冠军的冲刺速度;而猎狗、狼会接力追击,设计捉拿。这类捕食者智商较高,行动也敏捷。早期的狩猎者在投掷、干戈等武器的基础上,大显身手。他们不仅要狩猎草食动物,也要捕杀凶猛的食肉动物,因而更具蛮狠的狂性。

游牧族群发展了狩猎者的勇猛气质、攻击传统。在他们看来,战争不过是另一种形式的狩猎而已。游牧部落在大草原迅速集聚,旋风般向农耕定居者发动一次次的侵袭。他们强壮、剽悍、凶猛,战无不胜。在中国的历史上,匈奴、鲜卑、蒙古人等游牧部落,对汉人进行侵扰、攻伐,造成极大的困扰,也导致巨大的社会历史的变迁。游牧民族的征战者率领富有机动性、杀伤力的几十万骑兵,夹带着势在必得的盛"怒"之气,奔腾南下,如同冬天的寒潮,势不可挡。

游牧攻势之勇,得惠于马匹骑兵的机动建制。一部中国北方游牧民族的历史,就是一部北方游牧民族与马的历史,北方游牧民族大多逐水草而居,善于骑射,在马背上驰骋,逐渐走向强盛,并建立灵活机动、勇猛强大的骑兵。他们以马为主体的攻战方式就像"二战"期间以坦克为主体的集群机械化的作战模式,可以实现闪电战的辉煌战绩而数次入主中原。当年蒙古人的铁骑,之所以能横扫欧亚,简直是德国闪电战的古代版。

因此,马是取得战争胜利的重要保证,著名的汗血马就是古代先进的主战坦克。马、骑兵是冷兵器时代的战争骄子,或者直接就是战争的象征。

《说文》:"马,怒也,武也。"许慎的定义透露了两个信息:其一是怒,表示马的凶猛特性。马最初生活是森林里,后来走向草原,适合奔跑。《山海经·海外北经》记载了一种吃虎豹的駮(bo)马,状如白马,其牙如锯,善于咬啮。这实际上是一种凶猛剽悍的斑纹良马,野性未驯,夸张为能食虎豹。[1] 駮马可谓马之怒

---

[1] 叶舒宪,萧兵,[韩]郑在书:《山海经的文化寻踪——"想象地理学"与东西方文化碰触》,湖北人民出版社2004年版,第2005页。

图 5-4　马，怒也

性的代表。

其二，马为武备，武就是军事活动，也是战争行为。这表明许慎时代就把马看成是战争的象征。有趣的是"马"的汉语发音与古代印欧语的马相通，后者马的词根为 marko-，分别有 mar，marh，marah，march 等形式。而古代掌控军事的为大司马（中央政府中专司武职的最高长官），相应的英语有 marshal（元帅）。① 这样，作为武备之马（mar）也与 martial（军事的，战争的，尚武的）、march（行军，进军）、mars（火星，战神）等关联。

"马"与"武"古音相同，②而"马"的音义表示大、盛，如蚂、犸、玛等。③ 取马威武高大之象，高头大马者也！在"马"的声符字中，"骂"有点费解，骂，从网从马，马背羁绊而怒？马的异体字有从叩从马的（亦即现在简体字的骂）。齐冲天认为，骂的语源义为两口用力，故从马。④ 骂大概是马嘶吧，战马的怒吼。

马背上的游牧民族，既有马的怒性，又有自身的威猛，如同一支装备优良又训练有素的部队，自然所向无敌。这样的民族勇敢顽强，富有斗志，同时也善于扩张备战。从整体上看，近现代西方列强的殖民扩张、掠夺侵略似乎重演了狩猎者对动物的捕杀，游牧民族对农耕民族侵扰的历史。有人专门研究过"二战"期间德国人战法中的狩猎原型。⑤

狩猎者、游牧民族的好勇之怒，体现了群体心理的共通特质。随着游牧生活

---

① 周及徐：《汉语印欧语辞汇比较》，四川民族出版社 2002 年版，第 253—254 页。
② 张建铭，张宛如：《汉字字根——〈说文〉声母字语源义考释》，山东友谊出版社 2010 年版，第 391 页。
③ 齐冲天，齐小乎编著：《汉语音义字典》，中华书局 2010 年版，第 487 页。
④ 齐冲天，齐小乎编著：《汉语音义字典》，中华书局 2010 年版，第 487 页。
⑤ 倪乐雄：《战争与文化传统》，上海书店出版社 2000 年版，第 76—77 页。

五、怒气冲冲

的消失,这种群体心理特质也随之消失。但是作为心理原型,这种心理特质表现为某种人的人格特征。譬如独立自在的心性,敢作敢为的个性。

乾卦为天,方位为西北(按,产马的地方),对应的动物为马,《说卦》中提到乾的属性时,特地列出了"为良马、为瘠马、为驳马"。闯,从马,就是从门内闯出,冲出自己的领域,向外拓张。闯关东是移民的闯;闯王是义军夺天下的闯;清兵入关,是占据汉地的闯。闯体现了马的战斗精神,归根结底是乾的刚健。

乾为纯阳之卦,表示阳刚之气,象曰:天行健,君子以自强不息。周易人格学认为乾卦型人格天阳赫赫,生成一种刚毅果断、开拓创新的"自强不息"型人格。其人雷厉风行、身体力行,独裁果断、豁达大度,敢当风险、不计小节。[①]

我们在第三章第三节"要"的分析中提及游牧部落的入侵行为与手纹川字纹的关系,其中"肉食系""草食系"分别对应着游牧狩猎者、农耕定居者。根据中国手相学天线、人线、地线之分,"肉食系"的,其人线(智慧线)与地线(生命线)分开,也就是其人游荡不定,不接地气,但放浪自在,无所畏惧,勇猛向前;其人有豪气、霸气、雄武之气,一句话就是怒气的衍生。

北方马队一次次入侵,北风中传来凌厉的叫"骂"声。这是属木的怒气对属土的中原文明的"呵斥",即木克土。但是文明在冲突过程中也彼此融合。木生火,一旦转化为火的文明形态,就不再克土。北魏的孝文帝就主动汉化,从而成为火的文明形态;满清入关后,经历早期的攻占(木克土),也很快融合,以"满汉共治"是方式实现火的转化。木生火而不克土,相反火又生土。在这方面,蒙古人汉化程度低,其木的克制因素较多,火的生助因素较弱。

怒的能量的积极转化,把怒的战乱——"恢"[②]转化成为马的进取精神,成为乾卦的阳刚豁达。

---

① 姜祖铜:《易学心理学》,上海三联书店 2005 年版,第 170—171 页。
② 此为怒的同构字,意为乱。

（五）从嗔怒到讴歌

人何以发怒？一般来说，愤怒主要源于人们强烈愿望受到限制或阻止；或者不良的人际关系，如受到侮辱或欺骗、挫折或干扰，被强迫去做自己不愿做的事等。不管出于什么原因，怒，是有一股气堵着慌而想爆发的心理状态。这股气，笼统地说就是"心气"，即第一节讲的"忾"。

生气所生的就是这股被堵的气。这口气疏通了叫做扬眉吐气。但是我们生活中经常被这口气堵着，却无从疏泄，遂有各种抱怨、不满、恼怒。这口堵满心口的闷气，"忾"还不足以表达，应该说更接近"嗔"。嗔是怒气盛大的样子。① 究竟如何的盛大？且看嗔的声符。

真作为声符，多含有填塞、添加义：填，以土填塞；寘，与填同义；窴，填塞、充满义；瑱，古人垂在冠冕两侧用以塞耳的玉坠，《释名·释首饰》："瑱，镇也，县（悬）当耳旁，不欲使人妄听，自镇重也"；闐，声音充满耳朵。与此相关，真的声符又有盛义、多义、稠密义：缜，本指丝缕，有细致、细义；鬒，头发黑而稠密；滇，盛义；瞋，发怒时气盛，睁大眼睛。②

嗔，从口，可以理解成呼吸的口，气息进出的口；而真的音义为填满，嗔，便有了气息被堵的意味。这是被"镇"住了的"口"。口被"镇"，就像嘴巴被封条堵上，一定很憋气。生活中遇上憋气的事，若无处诉说，无地宣泄，自然感到嗔怒，有点愤懑。"懑"，有两个义项：烦闷；生气。这表明心里堆满了烦恼，未能消解，久而久之就生气发怒了。

---

① 《说文解字》："嗔，盛气也。"
② 殷寄明：《汉语同源字词丛考》，东方出版中心 2007 年版，第 459—463 页。

五、怒气冲冲

换个角度讲,既然从耳从真的"瞋",表示声音充满耳朵,那么从口从真的"嗔",便是气息充满口腔了。口腔是用来呼吸的,而不是储存气体的。假如我们的腔体不幸成为汽车轮胎,在人生的道路上颠簸,那轮胎也够"受气"的。假如人生的车轮依旧滚滚向前,总有一天会有爆胎——怒气冲天。

图 5-5　暴怒的人就像爆胎的车,无法正常行驶

但是人体毕竟不是轮胎,也不甘于受这样的气,我们如何应对腔体里的气呢?让我们继续探究生气的身心"路径"。

生气还有一个说法叫怄气。怄从心从区(或区声)。区,从"区",繁体为區。《说文》:"區,踦區。藏匿也。从品,在匸中。品,众也。""区"从匸(音西),为藏匿;品为盛食物的盆器①从区的字,多有藏义,如躯,体内藏有脏腑,有孕也叫躯(怀胎)。

区的音义为隐藏,怄气就是心中藏有气。② 气藏着而不出,到处是气(俗语"气不打一处来"),就会"内斗",伤害"躯"之脏腑。故《黄帝内经》有"百病生于气""怒则气上,损其身""怒不节,生乃不固"之说。

怒气无处宣泄也会导致极端暴力行为,导致恶性案件时有发生。一些伤害家人、邻里以及无特定目标路人的案例,造成严重的社会后果,诸如超市购物,某

---

① 李圃主编:《古文字诂林》,诂林第 9 册,上海教育出版社 2004 年,第 1015 页。
② 齐冲天,齐小平编著:《汉语音义字典》,中华书局 2010 年版,第 913 页。

男因婴儿车挡道而怒摔婴儿；一句口角引发灭门案；争斗公交座位而捅刀杀人，等等。

"怄"气而"殴"斗，内耗而伤身，害人害己。对此，需要疏导蕴积的愠气，就像大禹治水一样，疏通河道，开辟出海口，让心气获得广阔的疏解空间。

"解铃还须系铃人"，"怄"既有闭藏之门，也必有开启之户。这就是讴歌的"讴"。这从言从区的讴，把内积的愠气释放出来了，放歌而转怒为喜。《广雅·释诂一》："讴，喜也。"讴为吐气而歌，与欧、呕同源，《说文》："欧，吐也。"①

喜悦为火，怒为木，木火相生，木的怒气转化为喜悦的火苗。所以动怒之人需要散心，看喜剧、玩娱乐，一笑了之。喜悦之悦从兑，为缺口通道，可以导出愠积的气息，而中医肝经的太冲穴就是宣泄肝火的通道；愉悦之愉，从俞，为空，为心灵的海阔天空（参见第四章第二、三、四节），化愤懑之气于无形中。

由此可见，盛大胀满的"嗔"怒之气，深藏不出的"怄"怒之气，疏解之道关键在于找出心灵的容器——喜悦之空。

愤怒的意义主要有两方面：一是传统的制怒和修养，如清代东阁大学士阎敬铭的《不气歌》，文坛寿星苏局仙的"不为小事而生气，万事都要想得开"。二是转化怒的能量，亦即激发潜能，化为勇气，积极进取；或自卫防卫，呵退来犯者。

人本主义心理学家认为，由于愤怒情绪原发功能的改变，它已成为人类文化革命超越生物革命的重要例证之一。

---

① 章季涛：《实用同源字典》，湖北人民出版社 2000 年版，第 102—103 页。

六

恐惧与敬畏

　　远古的祖先栖息在密林里,树木森森,幽暗无从;宁静中,危机四伏,猛兽、虫害、蛇毒,悄然而至……恐惧是危险,是黑暗,是坠落,是生命遭遇的不测。中医肾志主恐,为水,故恐五行属水。水主黑,恐惧是黑色世界的眼睛。

六、恐惧与敬畏

（一）"恐"与"矩"

恐，从巩，巩是巩固，是如何造成"恐"惧的呢？

字形上看，巩，抱持也，像人双手奉工之形。毛公鼎有"不巩先生配命"，"永巩先生"的文字。这里的巩，如同拱，敬的意思。① 因此，巩，意指恭敬地奉持着"工"。这样"恐"的焦点转向"工"。事实上，"恐"的古文就写作"忎"的。②

工，字形简单，但读解复杂，当代学者各执己见，不一而足。③ 且看《说文》："工，巧饰也。象人有规矩也。与巫同意。"显然许慎的解释很有见地，把工与规矩、巫联系起来，正如清人段玉裁所补充的："饰，拭古今字……巫事无形，亦有规矩。"④于是我们把焦点再转向"巫"。

巫，"祝也。女能事无形，以舞降神者也。象人两褒舞形。与工同意。"巫本指女巫，以舞蹈的方式与神沟通，如痴如醉的样子，就像今日歌舞表演的"嗨"，令歌迷陶醉。但巫之舞意在神灵，那个不可见的神明。从音义上看，巫与舞、无，三者语源相通。⑤ 舞的甲金文，像一个大乳女人手持羽毛、牛尾或树枝，为人的象形，即女巫跳舞形态。⑥ 楷书下部为舛，正是左右脚移动的象形。无，繁体作"無"，楷书结构与舞一样，底下四点或为脚移动的动态效应。

史学家庞朴认为，原始舞蹈的目的在于同某种"看不见的，不知在什么地

---

① 李圃，郑明主编：《古文字释要》，上海教育出版社2010年版，第303页。
② 见《说文解字》。
③ 李圃，郑明主编：《古文字释要》，上海教育出版社2010年版，第476—478页。
④ 见《说文段注》。
⑤ 《说文段注》谓："无舞皆与巫叠韵。"
⑥ 萧兵，叶舒宪：《老子的文化解读》，湖北人民出版社1994年版，第428页。

方"的有关神灵交通,以博得它们好感,保证自己的行动成功。① 如此说来,一个"無"字有三层含义:一是跳舞的舞;二是生,神灵的無;三是巫婆的巫(能事无形,以舞降神)。②

图6-1 巫术仪式中对"无"之神灵的敬畏

"無",无状无形,对应着心灵的无知无明。作家伊利亚斯·卡内提(Elias Canetti)写道:"没有什么比未知事物更令人恐惧的了。对于那些无法企及的神力,人类总是试图去了解、揭秘。"霍华德·洛夫克拉夫特(H.P.Lovecraft)则说:人类"最原始、最强烈的恐惧就是对未知的恐惧"。③

很多小孩(还有不少成年女性)怕黑,不敢独自面对黑夜。夜的昏暗之所以可怕,在于无明,在于无以名状的幽暗空间不知道会突发什么威胁和不测来。这实际上是对自身原始生命力的恐惧。罗洛·梅说:"人类征服原始生命力的办法是给它命名。通过这种方式,就可以从先前令人恐惧的非个性化混乱状况中,赋予原始生命力一种个性意义。我们只需历史地回顾,为了驱走魔鬼,知道魔鬼的名字是多么重要,就不难明白为原始生命力命名的重要性。在《新约》中,耶

---

① 深圳大学国学研究所:《中国文化与中国哲学》,东方出版社1986年版,第66页。
② 庞朴:《中国文化十一讲》,中华书局2008年版,第85页。
③ [挪威]史文德森著,范晶晶译:《恐惧的哲学》,北京大学出版社2010年版,第32页。

六、恐惧与敬畏

稣刚刚叫出魔鬼的名字,魔鬼立刻就从不幸的着魔者身上逃之夭夭。"①

名,从夕从口,其实就是正对着"不可名状"的恐惧而来的。夕为夜晚,也是黑暗无知状态;口为口的言说,为命名。一旦说出来,名者明也,语言点亮了心灵的明灯,②心魔也就消失了。在这意义上,人类认知活动的过程就是战胜未知的恐惧的过程。茫茫大海,遥不可及,为未知世界的象征,也是无意识深渊的象征。古代欧洲人受希腊神话影响,认为大洋(ocean)环绕扁平状地球,在大西洋以西为无底深渊,不可跨越。At sea(在海上)就是迷茫无知的意思。这与汉字的海也相似,海与晦同源,③昏暗不可知,是地理的边界(天涯海角),也是心理认知的边界(为蒙昧无知的状态,故有教"诲"之说)。

因此,英语的"apprehension",既表示领悟、理解,也有恐惧、担忧的意思。

巫从工,甲骨文为两个"工"字形纵横相交。④ 故而"工"就是企图认知、领悟那个未知世界的手段。但是巫术时代的认知,与后来的理性认识的客观冷静不同,掺和着舞动、情绪和感应,体现着"巫术礼仪"的特质。

李泽厚指出,"巫术礼仪"是极为复杂的整套行为、容貌、姿态和语言,其中包括一系列繁细动作和高难技巧。由于它是沟通神明的圣典仪式(holy ritual),不能小有差错。因此对巫师本人、参加操作者以及整个氏族群体成员,都有十分严格的要求和规范,必须遵循,不能违背,否则便会有大灾难降临于整个群体。⑤

至此,我们可以说,"恐"从工,正体现了"巫术礼仪"过程中的毕恭毕敬、唯慌唯恐。

简单地说,"恐"的恐惧,是祭祀过程中的恐惧,从奏乐、祭物、上供,到祷告等环节,其繁复而悠长的礼仪程序,须处处小心,时时警惕。这种充斥着畏惧感的祭祀活动,其礼仪程序诸环节的戒惧深深地印刻在祭祀群体的心里,也沉淀在相应的汉字中。

巫术礼仪总是与礼乐相关联,礼乐本身就有通灵的特质,客观上烘托出祭祀

---

① [美]罗洛·梅著,冯川译:《爱与意志》,国际文化出版社1987年版,第179页。
② 刘熙:《释名·释言语》:"名者,明也。"
③ 章季涛:《实用同源字典》,湖北人民出版社2000年版,第224页。
④ 李圃,郑明主编:《古文字释要》,上海教育出版社2010年版,第479页。
⑤ 李泽厚:《说巫史传统》,上海译文出版社2012年版,第15页。

宏大庄严的气氛。古代奏乐的大钟豪华气派,如1978年出土的战国早期编钟——曾侯乙编钟,就规模浩大,是由六十五件青铜编钟组成的庞大乐器。这些乐器悬在专门的大版上——业(業)。《说文》:"業,大版也。所以饰悬钟鼓。捷业如锯齿,以白画之。象其鉏铻相承也。从举从巾。巾象版。"

"業"悬挂着编钟,有领衔主导的意味。这样的"業"关系重大,编钟挂上去时,战战兢兢的,于是就有了"懴"——危惧。① "業"静静地横架着,"印记"着每次祭祀的心愿心力,引申为祭祀活动的完成,遂有"已经"义,又有"事功"义。

"業"伴随着危惧。而当"業"发展为一般的事业、功业或百业时,其畏惧感何去何从?它转化为"敬业感",以及各行各业的"敬业精神"。敬,敬畏也。敬业就是敬畏自己所作所为,对自己的行为负责而不敢妄为。敬业也是对行业神的敬畏。

佛教传入中国时,意为造作的 Karma(音译羯磨)译做"业"(業),泛指一切身心活动。② Karma 的意译精到而贴切,与"業"的百业属性对应,而又大大拓展了这一内涵。佛教讲因果,前世所做的业,后世受其报;今世所作所为也播下来世的种子。因此,人的作为(业)就不能随心所欲,而要深切地感受到业报的严重性。当一颗反省、修行的心真切地面对"業"时,怎不如履深渊、危惧惊恐呢!

祭祀礼仪的一个重要内容是向神灵进献、进贡,包括人祭、动物祭和物品祭。物品祭有食物,如植物类的粮食和苹果,田猎所获的动物;还有用品祭,商、周二代主要有玉器(笔者按,丰,繁体为豐,从豆从丰,即玉串之形)、动物皮毛、丝帛衣服等。从考古材料看,商代的玉器用于祭祀的,主要有璧、瑗、环、璜、玦、圭、璋、管、觿、珠。③

那么,进贡之"贡"有何蕴含?段玉裁《说文解字注》谓:"贡,献功也。贡功叠韵。鲁语曰:社而赋事。烝而献功。韦注:社,春分祭社也。事,农桑之属也。冬祭曰烝。烝而献五谷布帛之属也。"贡,属于冬祭所献的五谷布帛。贡献之谓,本义是祭献神明。

---

① 汉语大字典编辑委员会编:《汉语大字典》,湖北辞书出版社,四川辞书出版社1992年版,第988页。

② 任继愈主编:《宗教词典》,上海辞书出版社1981年版,第289页。

③ 傅亚庶:《中国上古祭祀文化》,高等教育出版社2005年版,第315—316页。

六、恐惧与敬畏

从字形上看，贡从贝，为珍宝；而工声，其语源义有"治成"义，①表示贝的加工治理，使之精美而上供。今日作为汤料的贡品圆子（简称贡圆），就是一种精细加工的食材。

鉴于"贡"的上供祭献之重，可以想象怀着怎样的志忑，于是出现了从心的贡——"愩"。此字表示烦乱和恐惧。②"愩"的心乱、烦乱义或许与贝的精美加工所需的谨慎小心、不可疏忽的紧张有关。不管怎么样，上供是惊惧的，敬畏的，不容懈怠。

前文提到，恐，从工，与拱手之敬有关。的确，拱手所"拱"的乃上供之物，拱与供同源；共的本义为拱（或者说共是拱的初文）；而恭从心从共，表示上供的恭敬心，如果说"愩"对应的是"供"字，那么此字一定含有惊惧义——《说文》："供，战慄也。"

祭祀盛典，音乐、祭物都齐备了，最关键的环节开始了，那就是祈祷、祈愿，希望上天、神祇保佑降福。这也是人与神的沟通，是极其谦卑而虔诚的期盼，同时也惶恐不安地生怕不能如意，甚至相反——这在很大程度上一直是祭祀者担惊受怕的。

这就是祷告之"告"的心境。告从牛从口，是以牛为祭物向神祷告。③祷"告"时，诚惶诚恐，因此，就有了从心的告——"恅"，表示惊恐，心动义。

由此可见，整个祭祀过程时刻笼罩着恐怖的气氛，那个主持巫术礼仪的巫师想必也不轻松。他手持"工"的规矩，凝神静心，念念有词，试图进入那个神秘无形的世界，把握那世界的尺度——"式"，从而把握命运。这样的"试图"，所遇不可知，多有风险。

持"工"的巫师，也是圣王，他怀着"圣人抱一为天下式"的理想，寻觅"式"中的"工"，再回到他手里的"工"。"工"与"工"的结合，便是甲骨文的"巫"字。这样的反馈调整，也是圣王修行的表现，进而实现《周易·系辞》所说的"夫大人

---

① 张建铭，张宛如：《汉字字根——〈说文〉声母字语源义考释》，山东友谊出版社 2010 年版，第 492 页。
② 汉语大字典编辑委员会编：《汉语大字典》，湖北辞书出版社，四川辞书出版社 1992 年版，第 977 页。
③ [日]白川静著，苏冰译：《常用字解》，九州出版社 2010 年版，第 145 页。

115

者,与天地合其德,与日月合其明,与四时合其序,与鬼神合其吉凶"的境界。

此刻巫师、圣王,或大人,就是"式"的化身,谓之"式"人。耐人寻味的是,从人从式的"伅",意指惊恐不安。① 从事着人神沟通、天地交往的巫师、圣王何以惊恐不安? 因为他们肩负着传递神意,建立人间秩序的神圣使命。这是伟大而艰巨的使命,唯恐不逮。

巫师、圣王小心谨慎地转动着手上的"工",以礼仪教化族群。《周易·系辞上》说:"是故天生神物,圣人则之。""河出图,洛出书,圣人则之。"则之就是运用"工",建立规则。

传说中的远古祖先伏羲女娲也突出其规范天下的意图。唐人画的伏羲女娲图,描画着伏羲女娲上身相拥,衣袖飞扬;伏羲手持矩,女娲手持规,代表天地方圆。而下身蛇尾相交,交合状。背景以墨线勾绘日月星辰,象征整个天体在宇宙中不断运行。规和矩,工也。还有一位神话人物夸父,其名谓即为规矩、圆规。②夸父之举也是一种"工"夫。

在远古圣王眼里,规矩法度很神圣,不可轻易变更,如历法上的周期,有时要纠正某些偏差,但面对神圣,面对传统,就不敢妄为。即使圣王为之,也有很大的风险。所以,今日看来简单方便的纠正、匡正之举,彼时却会面临冒犯天庭神意的指责(当年哥白尼的日心说如何遭受教会攻讦,就可见一斑),自然惶恐。这就是为什么从心从匡的"恇"会有"惊恐,惧怕"义了!③

恐从工,意味深长,说明巫术礼仪引导人们走向神圣的同时,也驯化了人的行为,从而实现礼仪的理性化。也就是说,恐惧一方面开启了心灵的宗教庇护之门,人们获得了心灵上的秩序和安全感;另一方面,恐惧演化而来的规矩成为日后礼仪理性的基础。前者比较容易理解;后者就比较陌生。其实恐惧与规则、理性的关系,非常重要,一个没有恐惧感的人往往是不讲规则的,无法无天的。

---

① 汉语大字典编辑委员会编:《汉语大字典》,湖北辞书出版社,四川辞书出版社1992年版,第60页。
② 臧克和:《说文解字的文化说解》,湖北人民出版社1995年版,第364—370页。
③ 《说文》:"恇,怯也。从心、匡,匡亦声。"

六、恐惧与敬畏

（二）惧：无所适从的焦虑

英国作家华兹华斯说："恐惧有一百只眼睛，它们都合起伙来折磨那怦怦跳动的心脏。"[1]那意思说，目光所及，处处令人惊恐，被恐惧包围了。不过一百只眼睛，有点夸张。

通常小动物觅食，稍有动静便会惊惧地左右环顾，以防不测。这个顾盼动作，被汉字"朋"记下了。朋是瞿的初文，表示"左右视"，是鸟类的典型特征。[2]鸟类两边张望，为警惕防范地看，故瞿表示惊视。[3] 惊视是惊恐的，不由自主的两边张望。

笔者有一次做汉字心理学讲座，课后一位男士神秘兮兮地走来，睁着一双深沉又空茫的眼睛，压低嗓音说："我姓瞿。"说罢递上名片。笔者一愣，瞿先生太有地下党秘密战线风范了，其言瞿瞿，其容瞿瞿，其神瞿瞿。

这位姓瞿的学员生就一双很"瞿"的眼睛，很"瞿"的神态，真是巧合！对此笔者印象深刻，不由查究一番"瞿"的来由。《说文》："瞿，鹰隼之视也。"《埤雅》："雀俯而啄，仰而四顾，所谓瞿也。"

当一个人在大街上踽踽独行，十字路口阒无一人，此刻不由"瞿"情萌生，四处张望，何去何从？十字路口是生"瞿"的地方，是通衢大道的交汇口。衢，本义为四通八达的道路。[4] 就字象言，衢从行，甲骨文写作十字相交状；从瞿，为两边

---

[1] 华兹华斯：《基督教会的十四行诗集》，第 548 页。
[2] 尹黎云：《汉字字源系统研究》，中国人民大学出版社 1998 年版，第 82 页。
[3] 王力主编：《王力古汉语字典》，中华书局 2000 年版，第 798 页。
[4] 《说文》："四达谓之衢。"

张望。故而"衢"字暗含着迷途疑惑、不知所措的深层意象,蕴含着"路盲"的焦虑。

人群中有相当数量的"路盲",据说女士占了较大的比例(按照进化心理学,男人狩猎方向感很重要;而女人采集就不太讲究)。她们不认路,出去就没方向。所以逛马路的恋人或夫妻,女的通常挽着男的手臂,跟着男的走。经验表明,女人出门喜欢问路,而男的宁可走冤枉路也很少问路的(他们通常先查地图)。当女子独自寻路时,"衢"的恐惧隐约生起。她会无意识地把一只手(通常的右手)紧紧地握住另一只手臂(而被握的手臂是下垂的)。这个动作似乎重新制造出童年时,父母牵着她产生的安全感。① 其实女人喜欢提包出门似乎也有此意。坤包不在大小,有时仅仅巴掌大,但抓在手里,好像安心许多。这是为什么?想必坤包成了男人手臂的替代吧。

"路盲"行为的延伸便是盲从,一般来说,女性更容易盲从。女人的盲从不仅是心理的,也是社会文化的。古代父权社会的伦理说教"三从四德",其中"三从"是未嫁从父、既嫁从夫、夫死从子。从,就是挽住手臂的安全感。当代社会,女性获得独立的社会地位,从的社会基础不复存在,但依旧保存着从的心理原型,比如从大流、喜欢流行事物,从根本上讲也是追寻心理安全。

不过,从更广阔的背景看,"从"具有普遍性。早先战乱,谣言四起,耸人听闻,城里人往乡下逃,乡下人往城里逃。大家不知所适,处于城乡之间的"衢"口处。在无所适从的情况下,盲目地逃亡。这样的随"从"人流,其实也是慌乱的放"纵"。

因此,寻求安全的"从",本身暗含着"恐"。而这正是"怂"字所蕴含的。"怂",心之从也,其基本意义是:惊惧。②

"怂"体现了何去何从的困惑,即处于不确定的失措状态。海德格尔说,恐惧总是与不确定相联系。这种不确定性,可以看做是人类生存的根本特点。③ 不确定性是一种未来式,只有人才会有强烈的未来感(忧患意识)。

---

① [英]戴维·兰伯特著,叶婷译:《身体语言使用手册》,黑龙江科学技术出版社2009年版,第113页。

② 汉语大字典编辑委员会编:《汉语大字典》,湖北辞书出版社,四川辞书出版社1992年版,第980页。

③ [挪威]史文德森著,范晶晶译:《恐惧的哲学》,北京大学出版社2010年版,第37页。

六、恐惧与敬畏

不确定意味着风险。风来去无形,变化无常,代表不确定性。那些立场不稳的人被叫作风派人物(见风使舵的投机分子)。风,从凡从虫。凡,是帆的初文,与风同源,①是驾驭风的工具,引申为规范(字典前面的凡例),确定性;虫为蛇,②蛇生死变幻,为不确定性。③希腊神话中风神——艾俄洛斯(Aeolus),是杰出的航海家,帆船的发明者,即风的驾驭者(帆)。中国古代的风神,其一为"人面鸟身。珥两青蛇,践两青蛇"的禺强。④ 禺强兼带鸟飞、蛇变两重属性,蕴含着变化与风险。

图6-2 无所适从,惊恐也

鸟飞为习。习(習)从羽,也是对风的驾驭。习的风险也在其中。所以《说文》:"慴,惧也。"慴,显示(初学者)羽毛翻动(习飞)的风险及其心理感受——恐惧。习,在这意义上就是尝试。尝试有风险,如神农尝百草。面对不确定的未来,只有尝试才能生存,才能发展。尝试也就是实践。

与慴相似,慹,从枼从心;枼,或为蝶省,那么慹,便是心之颤抖如蝶翅震飞,故有不安义。⑤ 而从心从枼的"㥍",意为恐惧。⑥ 心之不安而恐惧,乃是对未来的不确定的惊惧。这与当下流行的蝴蝶效应(Butterfly Effect)相关联,亦即来自蝴蝶翅膀的不经意的扇动可以导致未来的重大变化。

人类生存与发展的实践活动,是一部尝试与风险的历史,也就是不断把不确

---

① [瑞典]高本汉著,潘悟云译:《汉文典》,上海辞书出版社1997年版,第271页。
② 何金松:《汉字文化解读》,湖北人民出版社2004年版,第260页。
③ 虫为蛇,其脱皮变易,以及蛇行波浪状,均有变化不定的特性。巽卦也有蛇的类象。而巽为风,为进退,表示不确定。
④ 《山海经·海外北经》。
⑤ 汉语大字典编辑委员会编:《汉语大字典》,湖北辞书出版社,四川辞书出版社1992年版,第971页。
⑥ 《汉语大字典》,湖北辞书出版社,四川辞书出版社1992年版,第973页。

定性的风险转化为确定性的保险的历史。

栖居是人类生活中最基本的安全形态,栖居安全进而演化为家的身心安全。家是爱的象征,是人生得以归属、安抚的地方,是避开各种不确定、抵御外界危险的安全港湾。家是美好的、温馨的,可信赖、可依赖的。我们不由设想"家"与"心"结合的字会有怎样的意义空间?

很巧,我们在字库中果然发现了这个字——"㤅"。但是令人疑惑的是,该字表示心不安。[①] 明明是心安的地方,怎么会有心不安的意义?"家"里一定发生什么变故吧!

《说文》:"家,居也。从宀,豭省声。"家的声符为豭,而豭是公猪。家里有头公猪,是以猪喻男人的强壮,因其身形、体力超出女的。[②] 像公猪一样强壮的男人住在这屋里干什么呢?从"家"音义看,有种子的意思,如稼为耕种。[③] 以大地为子宫;那么"家"的播种呢?显然男人是"家"的种子,为女人提供身孕。

把男人当种子,此乃母系社会婚姻制度的生育观。从族外群婚的野合,到客居女家的走婚,男方始终是生育的工具。所生子女归女方,男方也不知道谁是自己的骨肉,而小孩也"只知其母不知其父"。直到20世纪中叶,云南永宁地区纳西族与普米族还保留着母系社会特色的阿注婚姻。

阿注意为朋友或交朋友。[④] 青年男女于日常劳动、赶庙会、祭典、节庆,以及夜间节目等场合相识,双方若情投意合,经交换信物,便成阿注关系。随即可相约夜间赴女子的"客房"(用作婚龄妇女接待男阿注共宿的单独房间)同居。男方就如此访宿过夜,暮合晨分,过临时偶居的婚姻生活。

估计最初的"家"就是女子的"客房"(或谓之"嫁"),是"女安夫之家"。[⑤] 到了母系社会后期,随着男方的经济实力和社会地位的提高,越发意识到自身的存在价值,也设法寻找、确认自己的后代。于是男人不再安心于"客房"之"家"。

[①] 汉语大字典编辑委员会编:《汉语大字典》,湖北辞书出版社,四川辞书出版社1992年版,第979页。
[②] 齐冲天,齐小平编著:《汉语音义字典》,中华书局2010年版,第278页。
[③] 齐冲天,齐小平编著:《汉语音义字典》,中华书局2010年版,第279页。
[④] 汪玢玲:《中国婚姻史》,上海人民出版社2001年版,第489页。
[⑤] 《左传·桓公十八年》:"女有家,男有室,无相渎也。"杜预注:"女安夫之家,男安妻之室,违此则为渎。"

六、恐惧与敬畏

由此可见,父系意识一旦觉醒,男人对"家"(嫁)的"离心力"开始萌生,"慷"字恰如其分地记录着从母权婚姻向父权婚姻过渡期,男方那颗忐忑不安的心。

"慷"的不安,是男人的不安,时至今日虽成历史,但"慷"的心理原型却沉淀下来,埋伏在敏感、自尊而脆弱的心灵里。比如旧时代的入赘男,就颇有几分"慷"的不安。即便当今社会,很多男人还是深受传统影响,不愿做"上门"女婿。若被迫无奈,只好临时"上门",以待时机再立"门户"。

个人如此,群体亦复如此。移民的第一代,对当地文化的认同多少处于"慷"的困惑中,存在着有意无意的抵触情绪。早年海外华侨,寄人篱下,特别是东南亚所在国实施排华、反华政策时,"慷"的不安沉重而无奈:走也不是,留也不是。

"惧"有一双闪动的眼睛,"憎"与"慬"有反复试错的行为;"忐"与"慷"有一颗不安的心,总之都处于未来、未知的不确定中。因此,当我们面临吃不准,无法断论的事时,常常说"恐怕不行吧""恐怕赶不及了"。英语也说"I am afraid of"或者"I fear"。这里的"恐怕"有估计、大概、猜测、担心等含义。恐,从工,为规矩、确定性;怕,又做忾,①从巴,巴为蛇,②曲行变化,表示不确定。"恐怕"本身就是一个确定与不确定的变数,但是我们恐怕还得面向未来。

(三)从畏惧到偎依

祖先崇拜传统在中国源远流长,先人至今依然是很多家庭的祭祀对象。

---

① 汉语大字典编辑委员会编:《汉语大字典》,湖北辞书出版社,四川辞书出版社 1992 年版,第 953 页。

② 尹黎云:《汉字字源系统研究》,中国人民大学出版社 1998 年版,第 364 页。

商代人相信已故的先人继续存在,并可以直接影响、干预在生的后人。所以他们非常敬重祖先神,小心地供奉着。一方面他们希望祖先保佑后代(这也是今人祭祀常见的心愿);另一方面又担心祖先降祸于后人(如使之生病)。在商人的观念中,作为死者的祖先是可怕的,他们经常为祸,作祟而降灾,所以设法祭祀讨好他们,使之愉悦,从而舒解病患,免除不祥。[①]

这个祖先神,就是"畏",从鬼从攴;鬼(祖先)拿杖教训人,令人生畏。[②] 鬼,归也,[③]人死后回归其祖先的地方。所以,鬼魂最初是指祖先的鬼魂。从前家里供奉着祖宗的牌位,凡遇困境、难题等,都要在牌位前祈求一番。若大家庭出现纠纷,彼此争执,当家的搞不定,便在祖灵牌位前呼吁:"看在祖先的份上……"因此,在民间传统观念中,祖先神一直活在异相空间,时刻关注着后人的生活,也参与评判是非,好像手中有一根无形的杖,会及时指点迷津,或者敲击不孝的后人。

鬼的祖先神观念后来演变为人世阳界之外的那个诡异而可怕的存在,不仅指祖先的灵魂,也包括各种人和动植物的灵魂、山石河川的灵魂,而且多为负面形象,谓之"鬼怪"或"魑魅魍魉"。其中"魅"是物老而变成的精怪。[④] 魅从未,形为果树成熟枝叶垂落的样子,[⑤]表示树之老成。民间时有祭拜千年老树的习俗,以为老树成精而显灵。《聊斋志异》《何典》等为鬼怪故事之大成。

在我们的想象中,鬼,阴气所在,出入墓地,变现于夜的黢黑、林的阴森中,是昏暗、遮蔽、不明处的可怕事物。因此,鬼与畏,其字象结构相通,是恐惧的化身。相应的,英语的 ghost(鬼,幽灵)与 ghast(可怕的)、barghest(英国民间传说中的犬状妖怪)、aghast(惊骇的)、gast(恐吓)同源。[⑥]

从心理学角度讲,"鬼魂"或许是自我的幻象,一个陌生的、产生于潜意识的自我,引起恐慌并且尽量被压抑在黑暗中的自我。它代表着人们惧怕和抛弃的

---

① 刘源:《商周祭祖礼研究》,商务印书馆 2007 年版,第 238—239 页,第 244 页。
② 邹晓丽:《基础汉字形义释源》,中华书局 2007 年版,第 23 页。
③ 《说文》:"人所归为鬼。"
④ 汤可敬:《说文解字今释》,岳麓书社 1997 年版,第 1248 页。
⑤ 《说文》:"木老于未。象木重枝叶也。"
⑥ ghost 与 ghast 的根词为 gheis-,见周文标主编:《多功能英汉案头大辞源》,辽宁人民出版社 1993 年版,第 2054 页。

六、恐惧与敬畏

现实。精神分析把它视为受压抑的本能的回归,是"潜意识的产物"。[1]

自我为阳,鬼为阴;或者自我对应着意识之光,鬼对应着无意识之阴影。如此,鬼犹如荣格所讲的阴影原型。阴影原型是人性中见不得人的成分,某人行为诡异反常,我们称其心里"有鬼";人们遇到怪异不顺时,则说"见鬼",其实说的都是自我的阴影。

至于从鬼的魂魄,中医认为魂藏于肝、魄藏于肺,是守护生命的两大灵魂,也是潜意识的自我。荣格派学者喜欢把魂魄与阿尼玛(男性心灵中的女性因素)与阿尼姆斯(男性心灵中的男性因素)对应。笔者以为魂魄的用意比较复杂,关乎生命本源的灵力,尤其是魂——藏于生命本源的肝,更具代表性。当我们受到惊吓时,谓之"魂飞魄散",或者直说"吓得魂灵头也没有了"。魂离开身体,生命也随之就消亡;魂飞之惊吓的本质在于生命守护神的出走。

如果魂不安于肝居,我们说魂不守舍。这是魂相对于肉体的家而言的不安,与前文入赘寄居的不安——㥦有点相似。

肝主怒,魂飞而怒消,恐就涌现了。何以故?肾志为恐,五行属水。肝木在上,其性上扬;肾水在下,其性润下。肝木凋零(魂飞状态)而下坠,坠落而无所依,这一瞬间就是恐。魂离开了肝,哪里去了?常言魂归故里,是隐喻的说法,表示牵挂故乡。但就魂飞的逻辑而言,显然是回到身体之外的那个"故里"。

鬼,归也;魂归,就是魂鬼,即魂变成鬼,回到归宿地——地下深处的黄泉。癸,归也,那是北地之水渗归地下的癸水。[2] 癸,通揆,揆度也。[3] 揆度为度量、判断。如此说来,鬼、归、癸、揆的连续相关,进而鬼之揆,难道是阎王的审判?这情景令人想起埃及神话中的冥神阿努比斯(anubis)。作为亡灵死神,阿努比斯的主要职责是以玛特(Maat)的羽毛在天平上揆度死者心脏的重量,如果心脏与羽毛一样轻,或比羽毛还轻,阿努比斯就让他上天堂,否则打入地狱。由此可见,那被揆度的心是何等的恐惧——从心从癸的"愧"(惊恐,惧怕),[4] 正是其生动的

---

[1] [法]让·谢瓦利埃,阿兰·海尔布兰著,《世界文化象征辞典》编写组译:《世界文化象征辞典》,湖南文艺出版社 1992 年版,第 303 页。

[2] 章季涛:《实用同源字典》,湖北人民出版社 2000 年版,第 273-274 页。

[3] 见《说文段注》。

[4] 汉语大字典编辑委员会编:《汉语大字典》,湖北辞书出版社,四川辞书出版社 1992 年版,第 976 页。

写照。

在古希腊神话中,塔尔塔罗斯(tartarus)是地狱底下暗无天日的深渊,也是冥界的代名词,而乌龟(tortoise)据信来自冥界。① 很巧,汉语中的龟与归相通,今日讲的海龟与海归的谐音,确与海龟的回归习性关联。龟属水,中医上多以补阴,如龟壳有滋阴潜阳,补肾健骨之功。肾主水,是人体的地下深渊,其对应的神兽为玄武。而玄武为龟蛇合体。

前面提到鬼、魂与自我的幻象、肝及其阴影原型中惊恐意象的关系。这里还要说一下魅是如何让人惊惧、惊异的。魅,物老成精,其声符未,是树木树枝之形,故为树精的象征。魅既为树精,五行当属木,故也对应着肝的原始生命力、阴影原型等。

图6-3 冥神阿努比斯手中的"揆",以及被揆度的恐惧。

鬼魅多诡异,与魂飞相似,一旦出现,惊恐袭来。但是,魅的恐怖也伴随着阴影的原始冲动、疯狂刺激的行为。也就是说,我们一方面逃避恐怖,另一方面又好奇甚至追逐恐怖。这就是"魅"既有鬼魅恐怖,又有魅力诱惑的两重性。比如面对恐怖场景,有的小孩双手捂着眼睛回避的同时,却悄悄地透过手指缝偷看所发生的一切。

"魅"的两重性,便是恐怖的魅力。史文德森指出:"恐惧使我们的世界多姿多彩。没有了它,生活会很无趣。从生理的角度来说,恐惧总是与好奇心联系在一起。正是因为有好奇心,人们才会对恐怖片或刺激性的体验感兴趣。有些小说、电影和电视剧,故意激发人们的紧张或恐惧心理,往往能吸引最多的受众。""当我们心惊肉跳地读一本小说、看一部电影或玩一个游戏时,其间肯定有某种令人着迷的因素。"②

---

① 陆谷孙主编:《英汉大词典》,上海译文出版社1993年版(缩印本),第2000页。
② [挪威]史文德森著,范晶晶译:《恐惧的哲学》,北京大学出版社2010年版,第75—76页。

六、恐惧与敬畏

恐怖的魅力，实际上也是阴影原型双重属性的体现：危险恐怖与生气勃勃。

回到"畏"。祖灵、鬼神是强大的，有令人惊惧的恐吓之"威"。威，为女首领手持斧钺形兵器之状，大显威严之态，与执仗祖灵的"畏"同源。① 畏是在威严、威猛下的畏缩，人们面对冥冥中无所不能、又不知其能的"畏"，完全被慑服了。

畏，其音通委，②即委身屈服于祖灵、鬼怪的淫威，不敢反抗。那威胁的力量无比强大，根本无力抵挡。雨果在《悲惨世界》里有一段关于畏之威力的描述：

"恐惧笼罩着她，我们可以说，她被恐惧围困了，恐惧使她的两肘缩紧在腰旁，使她的脚跟缩紧在裙下，使她尽量少占地方，尽量少吸不必要的空气，那种恐惧可以说已经变成她的常态，除了有增无减以外，没有其他可能的变化。在她眸子的一角有着惊惶不定的神色，那便是恐怖藏身的地方。珂赛特的恐惧心情竟达到了这样一种程度：她回到家里，浑身透湿，却不敢到火旁去烤干衣服，而只是一声不响地走去干她的活。这个八岁孩子的眼神常是那么愁闷，有时还那么凄楚，以致某些时刻，她看起来好像正在变成一个白痴或是一个妖怪。"

恐惧是一股无形的压力，迫使恐惧者收缩，像乌龟缩到壳里一样，以便逃避或减少伤害。这种身体收缩、怯生生的样子，正是"畏"的委身而曲的动作，即屈曲自己的身体和心灵。电影中的恶棍狞笑着逼近少女时，少女惊慌失措，步步后退，直到墙角。此刻少女屈腿坐下，胸贴大腿，手抱膝，整个人屈曲着。如此惊恐，"患"字存照。③

梦魇（nightmare）是睡梦时身体被压抑，呼吸困难的屈曲状态。其时梦者感到身上好像有什么重物压着，朦朦胧胧地喘不过气来，似醒非醒的，说不出话，动弹不了，梦者处于极度的迷惑不解和恐怖中。魇（魘）从压（壓）从鬼，即鬼压身。Incubus（梦魇，沉重的负担）从 in，上面；cubus 躺着的人，即压床的意象。英国画家亨利·富塞利（Henry Fuseli）的作品《梦魇》形象地表现了魔鬼压身，妇女向下弯曲的弧线，显现出被噩梦捕获，无力挣扎的惊惧。

---

① 李圃，郑明主编：《古文字释要》，上海教育出版社 2010 年版，第 874 页。
② 齐冲天，齐小乎编著：《汉语音义字典》，中华书局 2010 年版，第 479 页。
③ 患，意为恐惧，从心，曲音；曲，即身体屈曲状，其心理状态便是惊恐。《汉语大字典》，湖北辞书出版社，四川辞书出版社 1992 年版，第 958 页。

在"畏"的威逼下,人不得不屈服,而"委曲求全"。于是在"畏"的旗号下出现了"偎"与"隈"的局面。"偎"是依附、依靠、依偎,从惧怕到投靠,有点像斯德哥尔摩综合征。"隈"是山水弯曲的地方,又指角落,表示可以寄居安顿的环境,是"偎"的空间体现。

从"畏"惧到依"偎"有着丰富的原型意味。从宗教哲学层面讲,只有敬畏才有真正的存在感。孔子说:君子有三畏:畏天命,畏大人,畏圣人之言。畏天命,在今日的语境里,也是敬畏大自然,唯此方能得到大自然的庇护。

在心理分析看来,从"畏"而"偎"也是正确对待阴影原型的态度。如有人梦见被追赶,梦者极为惊恐,害怕被那个"鬼"逮住。一般来说,那个追赶的"鬼",其实就是梦者的阴影,是梦者不敢面对的自我。因此,梦者需要端正心态,鼓起勇气,见识那个追赶者,看清其面目,最后接受它,实现自我与阴影的和解。

(四)蛇害与恐"怖"

大多数人都本能地惧怕蛇,女人尤其害怕,不经意地看见那滑溜溜的、冷飕飕的怪物悄然逶迤时,多半会惊叫起来。即便是阳刚小伙,而且有点身手功夫的,若是冷不防地撞见蛇了,也不免惊恐失措。

金庸在《天龙八部》开启章,就有这么一个情节,说是龚光杰与人交手,一拳过去,"势夹劲风,眼见要打得他面青目肿,不料拳到中途,突然半空中飞下一件物事,缠住了那少年的手腕。这东西冷冰冰,滑腻腻,一缠上手腕,随即蠕蠕而动。那少年吃一惊,急忙缩手时,只见缠在腕上的竟是一条尺许长的赤练蛇,青红斑斓,甚是可怖。他大声惊呼,挥臂力振,但那蛇牢牢缠在腕上,说什么也甩不脱。忽然龚光杰大叫道:蛇,蛇!脸色大变,伸手插入自己衣领,到背心掏摸,但

六、恐惧与敬畏

掏不到什么,只急得双足乱跳,手忙脚乱地解衣。"

蛇的恐惧阴影源自人的心理深处。①《风俗通义·怪神第九》讲到应郴请杜宣饮酒,挂在墙上的弓映在酒杯里,杜宣以为杯中有蛇,疑心喝下蛇而觉得"胸腹痛切,妨损饮食"。这便是成语"杯弓蛇影"的恐惧阴影。

恐蛇症源远流长,上古穴居,多有蛇患。人们见面时,总是问:有它乎?无它乎?它,即"蛇"的初文。《说文》:"它,虫也。从虫而长,象冤曲垂尾形。上古草居患它,故相问无它乎。"俗话说:"野兽易躲,毒蛇难防"。这说明蛇对野外穴居的伤害更大,特别是毒蛇,所以古人时时要提防蛇的动向。

图 6-4　蛇谷的诅咒

有一种大蛇,古书谓之"巴":"巴,虫也。谓虫名。或曰食象它。山海经曰:巴蛇食象。三岁而出其骨。"②巴蛇有吞象之力,很可能就是今日的蟒蛇。报纸、电视时有蟒蛇吞食较大动物的报道,如吞咽山羊,以至于蛇身胀开,不得动弹;甚至攻击、吞食与之体量接近的鳄鱼,最后同归于尽。《山海经》讲的吞象,虽然夸张,但也并非不可能。刚出生的小象 90 公斤大小,也有可能受到大型蟒蛇的攻击。

蛇以吞为捕食方式。这个"吞"很形象,很到位。吞从天从口,或可理解为

---

① 肾主恐,对应玄武,而玄武里那条蛇即是。
② 见《说文段注》。

127

像天一样大的口。不过笔者以为,"吞"字的原型估计就是来自蛇的捕食特性。蛇较之于哺乳类比较低等,头的构造简单,不见额头、鼻子、嘴巴等一路排列的"中轴线"。蛇头竖起来时,口开在上部,貌似头顶的部位,看上去"头顶"张开了大口。吞从天,这个天,其本义表示头顶。《说文》:"天,颠也。"

巴蛇的血腥吞噬,场面一定很恐惧,印象一定令人深刻。所以诞生了以巴字为声符的"㞎"(惧怕)。① 巴蛇庞大而残忍,盘曲着身体,仰头吐信,望而生畏。

"㞎"是对大嘴吞噬性的恐惧,无论是巴蛇,还是鳄鱼、科莫多巨蜥,残酷无情的吞噬是对生命存在的严重危害。吞的恐怖意象进而引申为大自然的各类动静吞噬,诸如火山喷发的烟尘的吞噬,地震地裂的吞噬。"凶"的本义就是地陷,是大母神负面属性的表现。当登高临下,那深深的峡谷便如大母神的吞噬之口,不由令人惊惧而眩晕。恐高症的原型,部分地与此关联。恐高症就是害怕坠落深渊,担心被恐怖母神捕获。这类人的心里深处,有着复杂的母亲情结。

大人恐吓小孩,或者小伙伴彼此恐吓时,故意张开手作爪子状,张大嘴巴做吞噬状,说道:"啊呜!"模仿老虎等猛兽侵袭的样子。於(音乌)菟,楚国人对老虎的称呼。沪语中阿於(乌)也表示老虎等猛兽,因此,也吓唬小孩:阿於(乌)来了!吓唬之"唬",从虎,大概也出自老虎凶威之义。②

南方多蛇,巴蜀、闽南等地名也蕴含着一条条耸人的蛇(如闽之从虫)。古代中原汉人心目中的南方,野蛮落后,没有文明礼仪,就像那里的蛇一样不可接近,进而把南人喻为蛇一样的怪物——南蛮,③如同对蚩尤的称呼。

中原汉人在南迁的过程中,不断地遭遇"蛮"族的抵触,不可避免地发生冲突。在古代部落传统中,往往采取血腥野蛮的手段对付入侵者,比如猎头、肢解、破颅啜髓等。这些行为和习俗在流传过程中不时被放大,而变得愈加恐怖。因此,提到蛮人,惊惧的阴影黯然升起,蛮的心理意象化身为"懣"(恐惧)。④

---

① 汉语大字典编辑委员会编:《汉语大字典》,湖北辞书出版社,四川辞书出版社 1992 年版,第 953 页。
② 齐冲天,齐小乎编著:《汉语音义字典》,中华书局 2010 年版,第 826 页。
③ 《说文》:"蛮,南蛮,蛇种。"
④ 汉语大字典编辑委员会编:《汉语大字典》,湖北辞书出版社,四川辞书出版社 1992 年版,第 953 页。

六、恐惧与敬畏

古代战争中,不仅战场上惨烈无情,而且对战俘的处置也极其残酷血腥,甲骨文的"伐"就是一把戈形兵器,架在脖子上,为处决战俘的意象。伐字在商代是一种祭祀供奉的人牺单位。① 古今战争,被俘是一件可耻而可怕的事。战俘倍遭折磨,笼罩在死亡的阴影下,挣扎在无边的恐"怖"中。怖,本作悑;甫,为捕之省,捕捉。② 因此,悑从心,从捕,体现了被捕者的心绪。

从前老是说,地下党面临着白色恐怖。恐怖之"怖"真切地反映了地下工作者面临的被捕的威胁和不安。不过逃犯的"怖"感更强烈,时有报道亡命天涯的通缉犯,惶惶不可终日:其人东躲西藏,担惊受怕,不敢见人,疑神疑鬼,精神几近崩溃,最后在家人的劝导下自首。

捉拿归案,古代称作"执"。《说文》:"执,捕罪人也。"执,繁体作"執",从幸,枷锁。③ 那么被执的感觉呢?这便是"慹"——从執从心,意指"畏惧"。④ "慹"很像英语的 apprehend,后者兼有捕获与恐惧的含义。其实 apprehend 与我们在第一节提及的 apprehension 一样,有三重含义:理解,逮捕,忧惧。Apprehend 的拉丁词根 prehendere,意为捕捉。可以说,逮捕是基本意象,理解和恐惧是引申意象:前者引向认知,表示对知识的把握、掌握;后者引向心理感受,表示对被捕的忧惧。

理解是对规则、规矩的把握,是理性的特征,第一节讲的"恐"也蕴含着这个意味。讲到这里,我们是否可以设想:理性与恐惧间有无某种意义关联呢?笔者朦胧地感觉到,我们坚硬的理性背后实际上有一张惊惧的脸,而惊惧与惊奇相伴,加上好奇与探险,一起构成理性世界的地下水。

照意象放大逻辑,"慹"也不单纯,慹从執,执着的心?我执?当人生彻底醒悟时,那种执着、纠集,难道不值得反思?从修心的角度讲,世俗意义上的执着是对真心的囚禁,心性处于外在"强权"的威慑下,不能自已。

恐惧属水,水能载舟,也能覆舟。舟就是自我,恐从工,由此发展出的规矩、

---

① 许进雄:《中国古代社会——文字与人类学的透视》,中国人民大学出版社 2010 年版,第 517 页。
② 齐冲天,齐小乎编著:《汉语音义字典》,中华书局 2010 年版,第 79 页。
③ 尹黎云:《汉字字源系统研究》,中国人民大学出版社 1998 年版,第 222 页。
④ 王力主编:《王力古汉语字典》,中华书局 2000 年版,第 329 页。

规则是人的理性世界;畏,具有强大的覆盖力,因而成为依偎的对象,进而成为皈依的对象(信仰)。另一方面,恐惧的伤害性,即对自我的威胁——覆舟。舟行于水,敬畏水的深渊,不断地超越,这就是人生!

[七]

悲伤与创伤

与怒的上扬相反,悲是下行的情感。悲的五行属金,有收敛、消极的倾向。悲,通常是遭受了创伤,陷入痛苦。但是悲作为退潮的心理能量,恰恰孕育着新的涨潮。

（一）悲：离恨别苦

从整体上来说，嘴最能表露出人的悲伤情绪。悲伤的时候，嘴角下垂，会凸显出整个面部松弛呆滞和无精打采的表情。同时眉头上扬而眉尾下垂，双眉之间的空间、鼻子根部，以及两只眼睛之间会呈现出一个三角形。①

在中国相学看来，嘴角、眉毛下垂，表示情绪颓唐，尤其是嘴角下垂，名"覆舟嘴"，多为悲观、消极等不吉心态。而那个三角形实际上就是相学里讲的印堂。印堂以平坦饱满为吉，三角形为眉头挤压所致，显示出焦虑和不安。

脸面与身体具有全息映射关系：眉毛与手臂对应，鼻子为躯干，腿脚为法令线。眉毛下垂，意味着双手耷拉着，无所从，显示出无所作为的松懈和无望。这也是悲哀的无奈方面。

心理学家认为："悲哀与失去某种所追求的或重视的东西有关。悲哀的强度依赖于所失去的东西的价值；极度的悲哀常常由失去亲人所引起，深切的悲哀情感同样也可以由失去贵重的东西所引起。这些都是强烈的、持久的悲哀的例子。有各种程度不等的悲哀，轻的直至微不足道的失望或遗憾的情感。"②

悲，与失去有关。悲，从心，非声，非为鸟翅膀相背之形，为飞字的下部象形，表示违背。心之相违，即违心为悲。③ 非的结构与北相似，北为两人背靠背之

---

① ［英］戴维·兰伯特著，叶婷译：《身体语言使用手册》，黑龙江科学技术出版社2009年版，第11—12页。
② ［美］克雷奇，克拉奇菲尔德，利维森等著，周先庚，林传鼎，张述祖等译：《心理学纲要》（下），文化教育出版社1981年版，第400页。
③ 齐冲天，齐小乎编著：《汉语音义字典》，中华书局2010年版，第802—803页。

形，为背的初文，①表示背离。悲之违心，轻者是不遂心，不如意；重者为伤害、分离、倾覆。

悲是迟滞的运程，障碍重重，所谓背运。悲之不顺，犹如英语的 pessimism（悲观），其词根为 ped-，为足行不顺，表示 stumble（绊倒）或 fall（跌落）。② 因此，悲之背运，是处于屯邅不进或走下坡路的境地。

在中国文化传统中，悲五行属金，对应于秋天，"悲哉，秋之为气也"。③ 而"杀气入秋多"，故古代战争也配合天时，谓之"沙场秋点兵"。其时万物凋零，落木萧萧。特别到了暮秋，"那天地肃杀之气，已经到处弥漫。院子里的秋海棠、野菊，不用说早已枯黄凋谢，连那几株百年合抱的大苦栗树，也抵不过霜威风力，一片片的枯叶，蝉联飘坠，层层堆叠，差不多把我们的院子变成黄沙荒碛，还有那些树上的叶，虽然还赖在那里挣他残命，却带着沉暮凄凉之色，向空中颤抖抖地作响，到后来索性连枝带叶跌下来"。④

图 7-1 悲，从非，字象与离开、失去有关

英语的秋天为 fall（跌落），应了落木之象。Fall 是从 the fall of the leaf 或 leaf-fall 缩略而来。该短语的本义是"落叶"，喻指"落叶时节"，即"秋天"。早先英国人用 fall 指秋天（16—17 世纪英国文人德莱顿、德雷顿等还在用），后来改用 autumn，而美国人一直沿用 fall。⑤

Fall 也是跌落了的运气，那落叶是失运的树叶，不再有生命的续航。时下讲的过气明星也是落叶者、失运者。跌落总是与偶性、不幸相联系，这与古希腊原子论哲学有关。古希腊哲学家伊壁鸠鲁承袭德谟克利特的原子与虚空的学说，

---

① 《说文段注》："军奔曰北，其引申之义也。谓背而走也。韦昭注国语曰：北者，古之背字。"
② 周文标主编：《多功能英汉案头大辞源》，辽宁人民出版社 1993 年版，第 2093 页。
③ 宋玉：《九辩》。
④ 梁启超：《欧游心影录楔子》。
⑤ 庄和诚编著：《英语词源趣谈》，上海外语教育出版社 1998 年版，第 221 页。

七、悲伤与创伤

但对原子运动轨迹有所发展,认为原子在虚空中有三种运动形式:其一,由于原子重量而在虚空中作垂直下降的直线运动;其二,原子脱离直线而偏斜;其三,诸多原子之间的相互碰撞运动。偏斜运动是伊壁鸠鲁的新说,说明了第三种运动的原因,也涉及了偶然性的观念。①

在古代观念或人们的无意识倾向里,直线运动是完美的、必然的,符合神意的;而偏离直线的运动是有缺陷的。或者说,偏离直线的就是偏离正统的、脱离命运赋予的轨迹的运动,因而是不确定的、偶然的,甚至是悲惨的。

这反映在词汇中,就有 occasion(偶然)、casual(偶然的)、casualty(意外事故)、incident(事变、事件)、accident(意外事故),其中词根 cas-(变体 cid)指"落";而 catastrophe(大灾难、大祸),其词根 kata 也是落(down)。这个落就是偏离直线的落,因而"降落"与"机缘"在词源发展上就一直有纠葛。Chance 源自古法语 Cheance,意指"偶发事件,意外",是从拉丁词 cadentia(降落)转变而来的。②

秋天与坠落的关联,就悲情而言,有被命运抛弃的失落感和无助感(照宗教观念,天人降落人间,相对于天的无忧,便是失落;人的投胎,更是如此)。个体的生命就像飘落的秋叶,母体不再提供滋养,母体在肃杀中远去。那是孤儿流浪的岁月,充斥着无所依托,前景迷乱的悲哀。

汉语世界对悲与秋,格外关注,以至于"悲秋"成为唐宋诗词的重要题材(英语也有 sorrows fall 之说),诗人词家多以此诉说离情别恨,哀伤愁思。黄公度的《悲秋》借悲秋抒发忧国之思:

> 万里西风入晚扉,高斋怅望独移时。
> 迢迢别浦帆双去,漠漠平芜天四垂。
> 雨意欲晴山鸟乐,寒声初到井梧知。
> 丈夫感慨关时事,不学楚人儿女悲。

"秋"从禾,表示禾谷成熟;从火,表示收割后焚烧田野麦秆杂草,以备来年播种。甲骨文的秋,还有从类似龟形的字("龝"),为蟋蟀(蛐蛐),表示秋虫之

---

① 杨适:《古希腊哲学探本》,商务印书馆 2003 年版,第 597—598 页。
② 颜元叔编著:《英文字源趣谈》,东方出版中心 2002 年版,第 50 页。

啾啾(按,曲曲声)。① 概言之,秋从禾从火为其表意结构,从秋虫为其字音所在。其中从火,象征着作物生命的生死循环(谷物神的"火化"),以毁灭的方式实现其来年的重生,秋之悲,大概与此焚烧仪式有关吧。

　　从谷物角度讲,收割本身蕴含着伤害,就像狩猎时代人们对动物的屠戮而生的伤悲。啬,从来(麦也)从㐭(粮仓),收谷入仓。啬派生出穑,《说文》:"谷可收曰穑。"现代汉语有"稼穑"一词,稼是播种,穑是收割。今人多强调收割的喜庆,那是功利主义的立场。但在远古天人合一的精神里,谷物是有生命的谷灵,收割谷物是夺其性命,不由悲悯感怀。这样的情怀,悄然写进从心从啬的"懎"——悲恨也。②

　　农作物的生死转化,在农耕神话中,流传着许多动人而悲怆的故事。古希腊神话中的谷物女神得墨忒耳,保护者五谷生长、大地丰收。但是冥王哈德斯诱拐了她的女儿珀儿塞福涅(又名科尔)之后,得墨忒耳悲痛万分地离开了奥林匹斯山的神座,在大地上游荡。她的狂怒让谷物颗粒无收,威胁人类将陷入饥荒,直到她的女儿科尔(Kore即"女孩")回来。危机迫在眉睫,宙斯立即派出使神赫尔墨斯去拯救科尔。不幸的是,她在冥府受骗吃下了石榴籽而成了哈德斯的夫人,不得不陪伴着哈德斯,在冥府里度过四个月的光阴。当她与母亲团聚时,得墨忒耳才解除禁令,大地重现一片生机。③

　　珀儿塞福涅每年从地府回来,反映了古代广泛流传的死而复生的神话,象征着植物一年一度的枯荣。④ 在这个意义上,秋从火的焚烧,仿佛是哀叹珀儿塞福涅进入冥府的祭祀仪式。而在中国象思维中,秋季阴气渐重,秋气把植物及其种子送往阴气世界——冥府,悲秋由此而生。

　　总之,秋之悲,在于告别谷物之生;由谷物而投射人生,不由黯然"揪"心。

　　悲从非,鸟飞之象。这里,鸟是灵魂的象征,⑤飞离大地之躯,悲夫! 非是否

---

① 熊国英:《图释古汉字》,齐鲁书社 2006 年版,第 171 页;李圃,郑明主编:古文字释要,上海教育出版社 2010 年版,第 689—690 页。
② 汉语大字典编辑委员会编:《汉语大字典》,湖北辞书出版社,四川辞书出版社 1992 年版,第 988 页。
③ [英]凯伦·阿姆斯特朗,胡亚豳译:《神话简史》,重庆出版社 2005 年版,第 59—60 页。
④ [苏联]鲍特文尼克等编著,黄鸿森,温乃铮译:《神话词典》,商务印书馆 2004 年版,第 240 页。
⑤ [英]杰克·特里锡德著,石毅,刘珩译:《象征之旅》,中央编译出版社 2001 年版,第 68 页。

七、悲伤与创伤

定词,是对心灵自我的否定,对事业成就的否定,对生命价值、存在价值的否定;心在这系列否定中,缓不过神来,悲夫! 不,也是否定词,许慎根据小篆字形的解释说:"不,鸟飞上翔不下来也。"①鸟离开大地而不回归,这是对现实的否定。很多飞翔的梦,梦者都有逃避现实,否定当下生活的倾向。而逃避现实的人,多有悲观情绪,或是厌世主义(pessimism)。

非与不,都有灵魂升天的意象,就人间情感而言,此为离别。分离是悲伤的源头,分离意味失去。悲秋之情也对应着落日的心绪。落日为夕,夕与昔同源,音义相通。② 而从心从昔的"惜"意指哀痛。③ 因此,"惜",成了落日的悲秋,是对美好失落的痛惜。古诗文中也常有夕阳伴悲秋(悲愁)的:"夕阳西下,断肠人在天涯""夕阳无奈,挂在小桥秋水处""夕阳芳草本无恨,才子佳人空自悲""夕阳古道无人语,禾黍秋风听马嘶""夕阳岛外,秋风原上,目断四天垂""夕阳西下水东流,一事无成两鬓秋",等等。

悲情在于有情的泯灭,有价值事物的消亡,被迫的分离以及由此而来的阻隔、阻挠。人世间的生离死别印刻着悲伤的泪痕。2014 年出品的电影《归来》,讲述着上世纪 70 年代初劳改犯陆焉识及其家人的不幸际遇,体现了主人公荒诞而无奈的悲伤。亲情的切割,乃悲剧之源。

悲之伤感与伤心莫过于亲人的离去,那不可逆转的永远的离去,唯独追思企图找回流逝的时间,唯独梦幻试图重温曾经的美好。

阴阳界不可逾越,"悲"设法寻找对话的替身,寄托哀思,这就是"碑"。"碑,悲也。""碑,以悲往事也。"④碑是逝者灵魂的栖息地,也是重生的象征。研究表明,墓碑就是男根的象征,是从史前的墓遗柱和类似的石柱发展过来的。⑤ 所谓"化悲痛为力量",也可以理解为再生的力量。碑,从石,卑声。卑,从由,为大头谷灵的象征。古代丰产仪式通过割头祭祀,以人头为阳具,给大地下种。⑥ 原来,碑象征性地实现了阴阳更替、生死转化。

---

① 本义为花蒂,见邹晓丽:《基础汉字形义释源》,中华书局 2007 年版,第 190—191 页。
② 王力主编:《王力古汉语字典》,中华书局 2000 年版,第 76 页。
③ 汤可敬:《说文解字今释》,岳麓书社 1997 年版,第 1473 页。
④ 章季涛:《实用同源字典》,湖北人民出版社 2000 年版,第 27 页。
⑤ [美]魏勒著,史频译:《性崇拜》,中国文联出版公司 1988 年版,第 211 页。
⑥ 罗建平:《汉字中的身体密码》,东方出版中心 2011 年版,第 115—117 页。

(二)"哀"兮"吊"兮,魂归兮

很久以来,一直没能参透,悲哀之"哀"为什么是从口从衣的结构?《说文》:"哀,闵也。从口衣声。"许慎并未给出结构上的解释。不过汉人刘熙在《释名》中说:"哀,爱也,爱乃思念之也。"这是刘熙的音训解释,把哀与爱联系起来。

古文字专家研究发现有个从心、衣声的古字(上衣下心),当释作"哀";而且在古文字中,"口"字旁与"心"字旁往往通用。[①] 既然,心与口可以互换通用,那么此口一定与心有关。我们知道古人有"言为心声"的说法,言就是口说,在汉字结构中与口也可以互换。[②] 从《释名》的解释看,哀与爱音义,而爱(愛)从心,彼此相通。因此,哀从的心是一颗言说的心。

日本汉字专家白川静的神咒说比较独特。他认为"口"是向神祷告祷辞的祝咒之器。人死之后,在死者的衣襟下置入"口",进行祷告以此向死者表示哀悼之意,召唤死者之灵魂归来。[③] 白川静神咒说成立的话,那"口"器一定放入靠近心脏附近的部位,就像医生的听诊器。值得注意的是衣襟之"襟"。《释名》:"襟,禁也,交于前所以禁御风寒也,亦作衿。"其实衣襟之"禁",不限于风寒,也是禁御不可见的邪灵,保护神圣的心胸。祝咒之器位于"襟"下,正缘于此。

如果我们把"襟"代表衣,"口"代表需要保护的心,"哀"的真实意图便渐渐浮现。我们猜测,"哀"很可能是远古族人对尊者的祭奠,这情形有点像埃及木乃伊的制造。

[①] 李圃,郑明主编:《古文字释要》,上海教育出版社2010年版,第144页。
[②] 高明:中国古文字学通论,北京大学出版社1996年版,第133页。
[③] [日]白川静著,苏冰译:《常用字解》,九州出版社2010年版,第1页。

七、悲伤与创伤

古埃及人的宗教观念相信来世,而死者复生的重要前提是保护好灵魂所依附的身体。他们保存的方法是使尸体脱水和防腐处理,把肝、肺、胃和肠子等容易腐烂的内脏全部取出,脑髓也从鼻孔抽出,但心脏留存不拿。古埃及人认为心脏是思维和理解的器官,必须留在体内。而后清洗消毒内脏和体腔,用四个坛子分别存放肝、肺、胃和肠。躯体经过复杂的干燥和填充处理后,涂上油膏和松香溶液,再用白色的亚麻布仔细包裹。

在木乃伊制造的最后阶段,要在尸体和亚麻布之间加上护身符。许多护身符用宝石制成,上面刻着"请保护佩戴者"的字样和佩戴者的姓名。护身符常见的图形是各种人身兽头的神,如阿努比斯、塞特、阿蒙等。还有许多护身符刻上象形文字,如表示生命的安克架符号,表示守护的贺拉斯眼睛的符号,表示兴隆的圣甲虫符号等。其中最重要的护身符是放在胸口的圣甲虫宝石。宝石上常刻着字,主要劝告心脏不要在死者受审时,提供一些不利的佐证。[1]

中国古代的丧葬礼俗极为繁复,从迁尸、殡葬,到服丧、吊唁,每个阶段都有系统的礼仪规定。如迁尸之礼,先是初死之时,迁尸于牖下,即把死者的遗体安置在正寝南窗下的床上,然后为死者招魂,名为"复"。《礼记·檀弓》:"复,尽爱之道也。有祷词之心焉。"或以死者生前的衣服用来招魂。其后还有:迁尸于浴床,为之洁身;迁尸于含床,行含礼,往死者口里填塞东西,有含玉和含饭两项内容;迁尸于袭床,为死者穿新衣,"瑱"玉塞耳,设燎点烛;小敛迁尸,准备好敛床上的席子,死者所穿的衣服、裹尸用的衾被、绞布;迁尸于堂;大殓迁尸于棺,准备更多衣服、衾被、绞布,入棺后,放置玉器:"圭在左,璋在首,琥在右,璜在足,璧在背,琮在腹,盖取象方明,神之也。"[2]

如此看来,"哀"从衣,类似木乃伊的亚麻布,也是中国民俗中的衾被、绞布;从"口",相当于置于木乃伊胸口的圣甲虫宝石护身符,或者中国民俗的含玉、入棺玉器。这个"口"贴近心,所以也可以置换为心,成为从心从衣的"悇",此字意为"哀也"。[3]由此可见"口"是对死者的哀思。而在古人观念中,心脏是灵魂的寄生地(心灵之谓也),所以"口"之祭祀仪式,是通过心脏的载体,表达对死者灵魂的安抚。

---

[1] 沐涛,倪华强:《失落的文明:埃及》,华东师范大学出版社1999年版,第67—68页,第73页。
[2] 傅亚庶:《中国上古祭祀文化》,高等教育出版社2005年第二版,第223—239页。
[3] 汉语大字典编辑委员会编:《汉语大字典》,湖北辞书出版社,四川辞书出版社1992年版,第961页。

我们注意到还有一个字，上衣下心的"衤"，不是上面引文中的那个异体哀，而是念 ning 音的，与"宁"（寧）字同。① 寧，安宁也；本作寍。②《说文》："寍，安也。从宀，心在皿上。人之饮食器，所以安人。"不过，从宗教人类学的角度讲，心在皿上显然与祭祀有关，亦即与"哀"字关联。心在皿，对应于"哀"字里的"口"，也如白川静所说的祝咒之器（皿）。器皿或许存放着死者的心（也可能是心的模拟物），就像埃及人用坛子存放其他器官。"宀"为特定的祭祀场所，相当于"哀"字里的"衣"；而宀在甲骨文、金文里像覆盖物，不一定都是房子屋顶之形。因此，寍之上的"宀"，可以看成覆盖物。当代一些政要、名人的葬礼，遗体上通常覆盖着党旗、国旗，"宀"的功能估计与此相似。

从哀与寍的关联看，丧葬礼俗的目的不在于悲哀，而是令灵魂安宁。

至此，我们再回到许慎的定义："哀，闵也。从口衣声。"以闵解哀，闵是什么？《说文》："闵，弔者在门也。从门文声。𢡆，古文闵。"也就是说吊唁的人在门口。③ 由此引出"吊"字。

吊是弔的俗体字，从人持弓，本义涉及远古丧葬习俗。最初死者直接葬于原野，正如《周易·系辞》所说："古之葬者，厚衣之以薪，葬之中野，不封不树，丧期无数"。"葬"字也形象地显示了这一习俗：上下为草木之形，中间为死者；其音义通藏。

但是，葬于野外的尸体容易招来飞禽走兽的撕咬侵害，亲人常不忍死者被毁，携带弓箭驱赶禽兽，守护葬地。这便是许慎说的："弔，问终也。古之葬者，厚衣之以薪。从人持弓，会敺禽也。"《吴越春秋》说得更详细："弩生于弓，弓生于弹，弹起古之孝子。""古者人民朴质。饥食鸟兽，渴饮雾露，死则裹以白茅投于中野。孝子不忍见父母为禽兽所食，故作弹以守之，绝鸟兽之害。"

吊（弔）的"弹以守之，绝鸟兽之害"，毕竟不是长久之策。随着灵魂不死观念的盛行，对死者保护的意识日益强化，开始出现墓葬。持弓箭守护的"吊"不再需要，但是吊（弔）的心理依旧存在。这就是后代丧葬中的戴孝守丧，也叫服丧。所谓服丧，就是在坟旁搭成简易住处，住守其中。《仪礼·既夕礼》："居倚庐，寝苫枕

---

① 汉典网，http://www.zdic.net/z/af/js/2AAF3.htm。
② 《说文段注》："此安宁正字。今则宁行而寍废矣。"
③ 汤可敬：《说文解字今释》，岳麓书社 1997 年版，第 1676 页。

七、悲伤与创伤

块,不说(脱)绖带。哭昼夜无时,非丧事不言。"据《礼记》记载,依据与死者的亲疏关系等,服丧期有三月到三年不等,至亲一般是三年。古代做官的要停职服丧,丧期完满可官复原职。①

服丧何以也称作戴孝? 显然与儒家的孝道文化相联系。孝道文化是关于关爱父母长辈、尊老敬老的一种文化传统,要求子女对父母应尽的义务,包括尊敬、关爱、赡养老人,为父母长辈养老送终,等等。戴孝属于送终环节的孝。这样的孝或孝心,自然是一种爱心,

图 7-2 吊从弓,从守尸到守灵

但又与哀思相联系。因此,《释名》谓之"哀,爱也,爱乃思念之也。"

另一方面,灵魂层面上的"吊"出现在宗教仪式中,如基督教神父或牧师的祷告,祝其灵魂早日升入天堂,解脱生前痛苦。佛教由僧人念经超度死者灵魂。藏传密宗形成了一套严密复杂的超度仪式、深刻的重生和解脱的理念。在中阴境相的诸阶段,详细描述着灵魂远行的道路,以及高僧引导的开示密语。②

吊,使灵魂升华。这种上升意象,与"吊"后起的上挂义相通。不管吊的意义如何演变,吊从最初的守护死者的肉身,演化为守护死者的灵魂,这是基本的脉络。而守护灵魂的"吊",又引申为慰问、安慰。"吊"的字义演化,反映了其原型力量的涌动。

从"吊"的悲情到"吊"的安慰,是怎样的心理转化啊! 说到底,这是指向生的心愿,也就是重生的意愿。葬礼上的花圈,以鲜花代表生命的回归;墓地的松柏以其常绿代表灵魂的永恒。

荣格心理学把坟墓与女性原型(大母神)联系在一起,坟墓是准备再生的场所。③ 英语 tomb(坟墓)与 womb(子宫)词形上的相似,也算是集体无意识的共

---

① 王贵元:《汉字与中国历史文化》,中国人民大学出版社 2008 年版,第 18—19 页。
② 参见《西藏度亡经》相关章节,宗教文化出版社 1995 年版。
③ [法]让·谢瓦利埃、阿兰·海尔布兰编,《世界文化象征辞典》编写组译:《世界文化象征辞典》,湖南文艺出版社 1992 年版,第 219 页。

时性吧。在中国文化象征中,墓穴是地母的子宫,以尸骨为种子,孕育着重生。从汉字音义关系看,墓与母相通。① 中国的风水文化正是通过墓穴方位和气息的旺衰情况推断对后代的诸多影响,体现了"墓"之"母"化。

总之,悲情转化为重生的欣慰,回到存在(to be)的伟大。我们在第一章第一节提及存和在表示生,与幼苗出芽初生态有关。其中"存"从才、从子,突出幼苗、幼儿的存在。但是存的本义却是"恤问"也。② 这有点意外,却是令人回味的。

恤问就是今人讲的慰问。③ 面对初生的幼苗、幼儿,慰问什么?只有灵魂经历了艰难险阻后的重生才值得慰问,而重生再来让人欣慰。其实"存"很可能以幼苗、幼儿作为祭祀物,告慰故人的灵魂,期待其重生。这种期待淹没在远古记忆中,所以段玉裁说:"今人于在、存字皆不得其本义。"④

存的恤问义,从灵魂的重生转化为广义的精神重生,进而感受自然万物的再生——生生之谓易。面对每天新生的太阳,自我也从梦(蒙也)的昏暗中醒来,感受生的动力,一切重新开始。这才是积极的人生,才是令人欣慰的世界!

从哀到吊,悲的情感也升华为爱和安慰。

(三)煬:从日神家族的内争到身心创伤

悲的情感源于失去,源于分离,因为亲情、族群的心被切割、撕裂。无疑,那

---

① 墓与母均为明母,母为大母神,具有容器特征,子宫为其代表。而墓也如子宫,处于遮蔽保护状态。墓与暮通,昏暗;母与每通(章季涛:《实用同源字典》,湖北人民出版社 2000 年版,第 80 页,第 91 页),而每的音义多有昏暗义,如海、悔。
② 见《说文解字》。
③ 汤可敬:《说文解字今释》,岳麓书社 1997 年版,第 2132 页。
④ 见《说文段注》。

七、悲伤与创伤

心一定是破碎了。破碎的心也就是受伤的心——伤心（broken-hearted）。因此，伤是悲的根源（伤而悲，伤悲），伤是箭刺入心口，心在流血，心碎了（heart-broken）。

纳西象形文字中，表示悲哀的字，画着一颗心，右下方有一个尖头朝上的竹楔，为音符，意为"刺"。① 纳西文的悲哀形象地表达了"刺心的痛"，也就是箭射心口的伤心意象。竹楔之刺相当于 broken-hearted 中的 broken（打击、折断）。成语中也有"万箭穿心"表示极其伤心悲哀的。

就"伤心"而言，伤是关键。而伤的本义是创伤，②引申为心理上的创伤——哀伤、伤悲。从字形上看，伤（傷）从人，本作"昜"，从矢从昜，指箭伤。③ 伤心之"伤"果然有箭伤的缘分，值得深究。

不管伤身还是伤心，箭作为攻击方、肇事方是不容置疑的，问题是如何理解"昜"的来由。昜，乃阳（陽）的正字。④ 昜从日从勿，许慎释为"开也"。现代文字学家多解释为"云开日出之形"。⑤ 按照日出的思路，再看许慎的后文："一曰飞扬，一曰长也，一曰彊者众皃"，这就意味深长了。许慎治学严谨，是文字学领域的司马迁，这三个"曰"，是他收集、总结出的"昜"的基本含义，即：飞扬飞举；生长；有很多强大东西的样子。⑥ 问题是这三个义项似乎都没有应对"昜"的字象含义，令人困惑。

笔者以为，许慎的"三曰说"貌似莫名，实为甚妙，三个解释项之间并非孤立无关，其背后恐怕蕴含着深厚的太阳神话的背景。

首先，昜释为开就很独特。开，何物的开？自然是天门的开，是太阳从黎明的黑暗中喷薄而出的开：其一，太阳弹出地平线的一瞬间，那伟大、神圣的火球轻盈地往上跃升，遂有"一曰飞扬"；其二，日出是个渐进的生成过程："霞光不断地扩展着，扩展着，越扩越大，越扩越红"，⑦故谓"一曰长也"；其三，日出隆重辉煌，

---

① 方国瑜等编撰：《纳西象形文字谱》，云南人民出版社 2005 年版，第 264 页。
② 《说文》："伤，创也。"
③ 《说文段注》："谓矢之所伤也。"
④ 《说文段注》："此陰陽正字也。陰陽行而昜昜废矣。"
⑤ 李圃，郑明主编：《古文字释要》，上海教育出版社 2010 年版，第 900 页。
⑥ 汤可敬：《说文解字今释》，岳麓书社 1997 年版，第 1294 页。
⑦ 俊青：《秋色赋》。

143

显示其"一曰疆者众兒"的浩大声势："驾龙辀兮乘累,载云旗兮逶迤",①"天空中,那金黄色的、一路上扫荡者一切的、火焰般的箭矢似的喷泉,扇形的向上飞起。这是一千支铜号在高声吹奏,于是在锣鼓的轰鸣中,在金黄色的火焰中,出现了太阳"。②

因此,许慎的"三曰"说,实际上是对日出("易"之开义)特征所做的理性说明。但是,这样的理性说明反而掩盖了日出充满诗意的灿烂。而一旦还原,太阳崇拜的真实面貌便显露出来。换言之,许慎"三曰"说的背后是太阳崇拜的赞词。

太阳赋予大地生机,是一切生命之源,光明、冷热、风雨等都源自太阳的存在。太阳无与伦比的重要性,导致了太阳神崇拜。古罗马博物学家普林尼说:"我们应该相信太阳是整个世界的生命和灵魂。"③宗教学权威麦克斯·缪勒认为:"一切神话均源于太阳。"何新指出,太古华夏文明曾广为流行对太阳神的崇拜,时代贯穿了自伏羲至炎黄帝的数千年。伏羲、黄帝等名谓本身含有光明的意思。这些崇拜太阳神的部落也许来源于同一个祖系,也许并非来源于同一个祖系,但他们都把太阳神看作自身的始祖神。④

太阳作为世界的生命和灵魂,早就成为远古的信条,从埃及的拉、阿蒙、阿顿等日神信仰到希腊的太阳神庙,从中国的日坛到印第安人的太阳金字塔,所有的一切都在于维护太阳的神圣不可侵犯。一旦受到创伤,那意味着天昏地暗,世界被颠覆。而冒犯太阳的就是魔,是阴间的冥王,是一切恐怖、凶狠的妖魔。

"易"就是伟大光荣的太阳,神圣不可侵犯的太阳。但是居然有一支罪恶的箭射向崇高尊贵的"易"——从矢从易的"鍚"(伤)记录着这不幸的时刻,那中箭的太阳,流血的太阳,展示着遭遇劫难的痛苦,情何以堪!

究竟发生了什么变故?是谁射中了太阳?在上古神话中,最大的嫌疑犯当是神箭手后羿了。但是在我们的神话传说里,后羿向来是荣膺丰功伟绩的大英雄,就像古希腊著名的英雄赫拉克里斯(Heracles)。据传后羿善射,为民除害,

---

① 《楚辞·九哥·东君》。
② [苏联]柯切托夫:《州委书记》。
③ [古罗马]普林尼:《自然史》。
④ 何新:《诸神的起源》,时事出版社2002年版,第三版序第2—3页,正文第58页。

七、悲伤与创伤

完成了七件大事:"尧乃使羿诛凿齿于畴华之野,杀九婴于凶水之上,缴大风于青丘之泽,上射十日而下杀猰貐,断修蛇于洞庭,禽封豨于桑林。"[①]学者认为帝尧之所以得为天子,全凭功臣后羿的善射武功。[②]

神话实在是扑朔迷离的世界,透过历史的表象,我们认为,史书上记载的杀猰貐、断修蛇等业绩,不一定实指什么凶兽,很可能指向远古部落图腾,即后羿出征,征服、吞并了那些以蛇、兽为图腾的部落。

那么"上射十日"又是什么隐喻呢?近现代学者认为后羿射日的情节表示当时有十个以日为图腾的集团,羿灭其九。叶舒宪进而认为后羿原本为太阳神家族十个兄弟姐妹之一,为同一母亲羲和所生。后羿射杀了九个兄弟姐妹,实现了幼子继承。[③]

笔者以为,十日表示十大太阳神部落更接近远古征服史。看来后羿先收拾猰貐、修蛇、封豨等部落,而后转身干掉太阳神集团内部的各大部落。

图 7-3 "伤"的原型很可能来自后羿射日的历史记忆

---

① 《淮南子·本经训》。
② 丁山:《中国古代宗教与神话考》,上海书店出版社2011年版,第282页。
③ 叶舒宪:《英雄与太阳》,陕西人民出版社2005年版,第88—95页。

太阳神集团的内战一定很惨烈。战胜的一方很辉煌,战功赫赫,载誉史册;战败的一方很受伤,忍辱负重,无迹可寻。"羿",为弓箭之形,①是胜利者的通行证;"𥻗",为失落的太阳神,是落败者的墓志铭。

太阳神集团那场严酷的内战早已消弭于历史的长河中,无声无息,以至于人们根本不记得、不明白"𥻗"之为"𥻗"的缘故。"𥻗"的真实故事被遗忘了,但留下了创伤的原型,创伤的原始意象,亦即从矢从易的基本结构。

矢与易的关系,就身体而言,创伤之矢已超越狭义的箭矢,而成为广义的箭矢,为入侵、伤害、病菌的象征;易是生命、生活的象征。因此,"𥻗"不只是一般的创伤、外伤,也表示生命受到伤害,面临危险,处于疾病状态。

换言之,易之火,是人体的太阳,体现了生命的活力。身体热能是生命与健康状态的重要指标:少壮气旺,生命之火熊熊燃烧,即便寒冬也冒热气;老人体弱,风烛残年,即便炎暑也怕见风。在中医观念中,生命本源的元气表现为阳气,即"易";而阳主生(如"回阳"指复生),是生生之本。把握住阳气,也就守住了命门。

年过四十,阳气渐虚,需开始重视养生,其中有春夏养阳的原则。养阳可用灸法。灸火能升阳、扶阳、温阳、养阳、通阳,其功甚大。可根据体质、病症选择合适的灸法、疗程及穴位。比如,久病大病可用艾柱直接灸,而小病或养生则可用艾条或艾盒温和灸。养阳还要注意避寒,并需忌食生冷。②

中医界有个扶阳派(又叫火神派),强调阳气对生命机能的重要性,擅长应用大姜、肉桂、附子等辛热补火(阳气)药物。其中中药中附子是"回阳救逆第一品";功能主治:回阳救逆,补火助阳,散寒除湿。肉桂补火助阳、引火归源、散寒止痛、活血通经。而以肉桂与附子配合为主药的桂附理中丸,主补肾助阳,温中健脾。据说人过中年,血气日衰,需要补阳,宜服四逆汤。四逆汤应是回逆汤之讹,有回阳救逆之义,为"补火种之第一方"。

郑钦安为扶阳派的开山鼻祖,他说:"四逆汤一方,乃回阳之主方也……姜、附、草三味即能起死回生,实有令人难尽信者。余亦始怪之,而终信之。信者何? 信仲景之用姜附而有深义也。故古人云:热不过附子。可知附子是一团烈火也。凡人一身全赖一团真火,真火欲绝,故病见纯阴,仲景深通造化之微,知附子之力

---

① 叶舒宪:《英雄与太阳》,陕西人民出版社2005年版,第81页。
② 见微博@选择中医__董洪涛 2014-6-24 发表的内容。

七、悲伤与创伤

能补先天欲绝之火种,用之以为君。又虑群阴阻塞不能直入根蒂,故佐以干姜之辛温而散,以为前驱,荡尽阴邪,迎阳归舍,火种复兴,而性命立复,故曰回阳。阳气即回,若无土覆之,光焰易熄,虽生不永,故继以甘草之甘,以缓其正气。缓者,即伏之之意也。真火伏藏,命根永固,又得重生也,此方胡可忽视哉。"[1]

扶阳派上承《伤寒论》,下接温补派。扶阳的另一面也就是防范寒气。在中医看来,很多疾病与受寒有关,驱寒成了治疗的基本思路,除了麻黄、桂枝、紫苏叶、姜等发汗的药物,刮痧、拔罐等疗法也是驱除体内寒气的有效方法。

有些顽疾,之所以难以根治,实质上是寒气未被拔出而潜伏在体内,伺机作乱之故,就像身经百战者体内残留着手术无法取出的子弹、弹壳而时时犯病。若过于劳累,或遇外邪,或阳气耗散,寒邪便会乘虚而出,旧病复发。寒气大多是淋雨时不及时换衣揩身,或不慎坠河受寒所致;也有年轻时贪食冷饮,或为风度而不讲温度的穿着留下的(如秋冬季节暴露腰、膝等部位)。

气功治病时,会有冲病灶的现象,即练气运气到一定程度,体内相关器官、部位,出现病情加重或旧病复发的情况。这说明气机不通,寒气淤积,练功时阳气发动而搅动沉积的寒气。若坚持练功,加上针灸、拔罐、药物的引导,有望从根本上驱离寒气。

如此看来,寒气就是伤身的"箭矢",是伤害身体阳气的"矢",穿过肌肤,插入躯体脏腑的深处,造成身心之"殇"。因此,中医养身主张保暖,忌生冷食物、冷水浴等;民间也有寒气脚上起,提倡泡足、泡浴。

如果说箭矢为寒气,身体为阳气,心脏为人体的太阳,那么"伤心"是典型的箭伤——"殇"。心遭遇"冷箭"袭击,不由"寒心"。心理创伤者无论其经历如何,都有"寒心"的症状。心理上的寒气、寒症,也会在身心倦怠或外缘刺激情况下复发。对此,心理治疗可以借助中医的扶阳理论,强化、催发阳性心理能量。有些阴影原型或情结与心性方面的寒气侵入有关,一方面要拔出、转化心理寒邪,另一方面也要注入心理阳气(正能量)。后者在心理分析中大多表现为积极想象,特别是运用沙盘游戏中有"回阳"之效的沙具。

随着心理治疗的深入,也会出现冲病灶的现象,不仅已"治愈"的症状再度

---

[1] [清]郑寿全:《医理真传·卷二》。

复发,而且出现新的症状,情况变得复杂、棘手,处理不当容易失控。这需要治疗师有丰富的临床经验,也需要来访者对心理医生足够的信心而坚持下去。

往深处看,心理的寒气、寒邪,很多是累积的业障和魔障,较之身体的寒气难度更高更大。很多修行者在"驱寒"过程会遭遇不可思议的艰辛、反复,一方面要有坚定的信念,无畏的勇气;另一方面,要有师傅的引导。

身体太阳的另一位代表为肠(腸)。肠从肉(身体),昜声,正应了中医讲的心与小肠互为表里。肠本身储存着生命能,是人体的隐秘太阳。当肠的外窍——脐着凉时,就会出现腹泻。腹泻是肠的太阳生命遭受寒气侵袭的结果。当人腹泻虚脱时,四肢酥软、身冒冷汗,体内元气、阳气被抽干似的,惶恐充溢。

"昜"的故事,在周易逻辑里,便是明夷卦。明为光明,太阳神的象征;夷为弓箭,伤害的象征。明夷的卦辞说:"明夷,利艰贞。"意思是:"明夷卦象征光明殒伤;利于牢记艰难,守持正固。"[①]象辞补充道:"明入地中,明夷。内文明而外柔顺,以蒙大难,文王以之。利艰贞,晦其明也,内难而能正其志,箕子以之。"

明夷卦实际上是太阳落山的隐喻,在神话思维中表示太阳光收回白日的辉煌而西沉,好像受损而失色,进入地下世界。对此表示太阳的离卦,其九四爻也有类似的描述:"突如其来如,焚如,死如,弃如。"那是落山的太阳,突然发出万道光芒,犹如焚烧的烈火,瞬间又烟消云散,不复存在。离之阳,此刻有分离之象。

(四)悲"怆"的回声

"昜"为创伤意象,那么有没有相应的心理感受?有。"怆"字很好地表达了

---

① 黄寿祺,张善文:《周易译注》,上海古籍出版社1989年版,第294页。

七、悲伤与创伤

受创的悲伤。许慎说得很清楚:"怆,伤也。从心仓声。"而"怆训伤,犹创训伤也。祭义曰:必有悽怆之心",①意思说,怆的悲伤与创伤关联。而怆与创,共享声符"仓",自然音义相通。这样,怆可以看做是从心从创的结构,亦即,怆之"仓"来自创,表示创伤的心。

至此,"怆"语源理据已经很清楚了。但是我们不由发问:"创"的语源理据又是如何的呢?这还是要回到"仓"字中,仓(倉),粮仓的象形,其音通藏,储藏粮食的地方。② 创,从刀,粮仓旁的一把刀,是守卫者的刀还是打劫者的刀?显然,创的本义与武力掠夺有关。最近的旁证就是"抢",从手从仓,表示抢走粮仓里的谷物。

抢劫粮仓,来去匆匆,机动性强。这些行为虽然没有直接存照,却印刻在"仓"字的深处,以抽象的音义——匆忙、急剧、快速——潜伏在仓的声符字上,如炝,将菜肴放在沸水或热油中过一把马上撩出来当做佐料,其间动作迅速,以免变性;呛,水、烟雾等刺激咽喉、鼻子的不适(如呛水、呛烟),反应剧烈。由此可见,仓的声符字,显示出抢劫者的快速反应。

"仓"的声符字给我们留下了一段抢劫粮仓的远古历史。然而令人好奇的是,这帮强人是干什么的?来自何方?如何给粮仓定居者造成巨大的生命、财产和心理压力的?

可以假定,这是一群与农耕民族相邻的游牧部落。他们"逐草而居",勇猛强壮、善骑能射,机动性强,到处游荡。游牧狩猎者饥饱不定,不讲究食物储备。当食物短缺时,农耕定居者的粮仓和家畜就成了最佳掠夺物了。于是游牧骑兵的马刀,闪现在粮仓周围,定居者遭到游牧掠夺者武装侵犯和洗劫,很可能烧、杀、抢并举,造成严重的伤害。

所以"仓"的另一些声符字也留下了相关感触和评判:"猖",意指乱的样子,是战乱的象征,从犭也是针对来犯者的骂名;"伧",意指粗野鄙俗,是对入侵者野蛮行为、相貌等的鄙视;当然"苍"字,其苍凉义,或许受到"怆"的影响,为劫后余生的感受。

这种周期性的侵扰体现在"岁"的意象中。岁,繁体作歲,《说文》:"木星也。

---

① 《说文段注》。
② 《说文》:"谷藏也。仓黄取而藏之,故谓之仓。"

越历二十八宿,宣遍阴阳,十二月一次,从步,戌声。"戌,甲骨文和金文为斧钺形兵器。① 岁字的戌亦可表意,为持戈行军貌。故岁的初文"可以推断当时的原始人类,他们过着半流动的迁徙生活,春、夏、秋三季忙于渔猎和农耕,冬季农闲便迁徙或征战,所以,他们觉得每逢征战或迁徙一次,似乎就算是一年,所以就用兵器'戈'和两只足形来会意"。②

岁的古音为 skwots,与 Scot 相通。Scot 为北爱尔兰的盖尔部落人,他们在公元 5 世纪迁移到苏格兰定居,scot 来自古英语 scott,有迁移的意思,而盖尔语 sguit 意指流浪汉。③ 所以"岁"也为中原汉人相邻的某游牧部落。

于是"岁"成了定居者对游牧部落年终掠夺的恐怖记忆。年终成了定居者的坎,过年就是过这个坎。由此民间就有了"年"的故事。据说"年"原不是节日,而是一种动物。传说在远古时候,这种动物非常的凶残。它们聚集在一起,一出动,多则上千只,少则几百只。每到严冬,就出来觅食,走到哪里,那里的人和各种动物就要遭殃。据说,一群年一次可吃掉上百只虎豹熊罴和几十个人。一到冬天,群民都得集中力量和年作斗争,一直到春暖花开,气温上升,年才消失得无影无踪。显然这种动物并非实指,而是一种借代,喻指来犯的游牧骑射犹如豺狼虎豹,也就是北方游牧部落狄人("狄"音为敌,敌人的谐音)。狄从犬,分类上归结为狼,所谓匈奴狼骑,像北方的群狼,凶猛无比。

狄人之"岁"虽被驱赶,但惊恐犹在、阴影犹在。因此,过年拜年时长辈要给晚辈发压岁钱。据说压岁钱可以压住邪祟(压惊),因为"岁"与"祟"谐音,晚辈得到压岁钱就可以平平安安度过一岁。压岁也是去"秽",祛除那个"岁"部落对谷物(禾)的掠夺,也是消除破坏因素("刿")。

在古人的观念中,北方为水,为坎卦。坎为险,也有危险的意象。古代四神兽之一的玄武,就是守护北方的。《楚辞》王逸注,说辞中的"玄武"指的是"太阴神"和"天龟水神"。洪兴祖补注道:"玄武谓龟蛇,位在北方曰玄,身有鳞甲故曰武。"同样表示"太阴神""水神"的,还有"玄冥"。换言之,玄武与玄冥相通,其

---

① 罗振玉:《增订殷虚书契考释》。
② 牟作武:《中国古文字的起源》,上海人民出版社 2000 年,195 页。
③ 周及徐:《汉语印欧语辞汇比较》,四川民族出版社 2002 年版,第 484—485 页。

七、悲伤与创伤

象征义一致。①

提及玄冥，我们不由想到金庸笔下的玄冥神掌。据说中玄冥神掌之人，瞬间全身寒冷透骨，背上有个清晰可见的五指掌印，掌印处，炙热异常，周围却是冰冷。这种特征正是坎卦的阴阳结构：上下两爻为阴爻，冰冷所在；中间为阳爻，炙热所在。

中玄冥神掌者，寒毒胶固于与经络百脉中，即便武功高强也无法治愈，而且发作时，煎熬日甚一日。张无忌中毒后，前后七年，经师傅、师兄的百般救治，加之功底厚实，又刻苦练功，才暂时缓解寒毒的肆虐。最后获得完本的《九阳真经》，经高人指点，潜心修炼终根除其毒。

玄冥之寒毒，远胜"锡"中之矢的寒毒，正是"锡"（伤）不起啊！

回到个人命运。仓，藏也；脏腑之脏（臟）为藏。所以仓对应于人体脏器。而脏器正是无意识原型储藏所，创伤的经验也埋没在其中——与器官寒气相关联的心理症状。对此，五脏的脸部代表——五官，即中医所说的心开窍于舌、肺开窍于鼻、肾开窍于耳、肝开窍于目、脾开窍于口，由此可以洞察内在的生命问题。内脏的寒气及其对应的心理疾病，也可以借助阳气的启动，加以改善，诸如以肚脐艾灸充实神阙、腹部之"己"土（无意识的自我）。

另一方面，北，背也；背脊骨为督脉流行之地，捏脊刮痧也是循此脉逼走寒气。某女士遭受婚姻背叛，其人诉说，当时顿感五雷轰顶，浑身透凉，仿佛一盆冷水浇在背脊骨上下来，透心的凉！② 这冷水如同北方的坎水，奔流着，重"创"爱心，独留悲"怆"！处于如此感情困境者，无疑需要阳光、阳气的温暖：艾草或艾灸沿着督脉的背脊骨一路送阳可缓解症状。

创伤，创伤啊！原来是创之"怆"，伤之"锡"。

悲伤，从分离、消亡的哀伤到灵魂的寄托、慰问，生死之历的刻骨铭心是人性获得升华的机会。而创伤大大刺激了人性、人生的升华。

---

① 王小盾：《中国早期思想与符号研究——关于四神的起源及其体系的形成》，上海人民出版社 2008 年版，第 805 页，第 808 页，第 817 页。

② 从心从京的"惊"，音凉，意为悲伤，声符京，估计从凉而来。作为惊吓义的惊，系"驚"的简体。见《汉语大字典》，湖北辞书出版社、四川辞书出版社 1992 年版，第 970 页。

[八]

百忧感其心

忧是人类独有的情感,属于自我意识情感。自我意识位于精神的核心,自我意识情感也超越一般的情感。所以作为自我意识情感的忧愁、忧虑五行属土,是其他基础情感的源头和归属。与忧关联的自我意识情感还包括焦虑、忧郁、烦恼等,也就是说忧自身含有金(忧郁)、木(烦躁)、火(思虑)、土(牵挂)、水(忧惧)五大特征,对应着悲、怒、喜、忧(自身)、恐。

八、百忧感其心

（一）忧：祖灵与面具

"忧"的用法很多，如忧伤、忧虑、忧郁、忧愁、忧惧、忧患、忧心。照王力的说法，忧的基本义为忧虑、忧伤，居父母之丧等。① 从字形上看，忧（憂）由页、心、夂三部分组成，形态复杂，暗含玄机。国内学者通常认为"惪"为"憂"的初文；② 惪也写作从首从心的，表示挂念、忧思等。③

"忧"字如此分析，显得平淡无味，毫无悬念。但是日本汉字学家白川静的"忧"字观却令人耳目一新。他认为，"页"形示仪礼时头上缠布，此字特指头戴丧章。"夂"表示倒行的足迹。身穿丧服，头戴丧章，心情哀痛之人伫立之姿，谓"憂"，有忧伤、忧愁、忧闷、忧苦、服丧之意。身着丧服悲哀者之姿谓"優（优）"，亦指模仿其做派之人。由于悲伤而心意纷乱，谓"擾（扰）"。在解释"優"字时，他进一步指出：葬礼时，表演者代替死者的家人向神表现出忧伤之姿态，此表演者称"優"。④

白川静的解析很有启发，且与王力的定义（忧伤和居父母之丧）相呼应，其说基于"页"形的丧章假设。问题是"页"字的甲骨文、金文根本不见头上缠布之形，而是有发之头形，与"首"实为一字。⑤ 如此，丧章之说就大有疑义了。

《说文》："页，头也……古文𩠐首如此。"《说文》："𩠐，下首也。"何金松认为，旨表示君主的旨意。臣下领旨受命或谢恩时磕头，故𩠐字义为"下首"。"𩠐

---

① 王力主编：《王力古汉语字典》，中华书局 2000 年版，第 330 页。
② 李圃，郑明主编：《古文字释要》，上海教育出版社 2010 年版，第 997 页。
③ 齐冲天，齐小平编著：《汉语音义字典》，中华书局 2010 年版，第 111 页。
④ ［日］白川静著，苏冰译：《常用字解》，九州出版社 2010 年版，第 430—431 页。
⑤ 熊国英：《图释古汉字》，齐鲁书社 2006 年版，第 258 页。

"首"古书多作稽首。页当是夏的异体,其音(胡结切)为猴字的古音 he,今湘北方言仍叫 he,不叫 hou。页的上部为有毛发的猴头;下部为卪,表示人跪拜之形。①

页,原来是稽首跪拜之义。其音两读也对应于上下字形:从上者念 he,乃猴头之缘;从下者(卪)念 qi,乃稽首之缘。这样,页的形义音就清楚了:跪拜猴头。但这与页的常理、忧的本义似乎越行越远。

我们要搞明白的是,为什么要跪拜猴头?而且页何以演变为页码的页?首先可以确定的,页是一种祭祀行为,向猴头祷告。这意味着猴头具有向鬼神世界传递信息的能力。《说文》:"禺,母猴属。头似鬼。"禺为猴,其头似鬼;鬼,归也,暗示其鬼通能力。而禺就是偶,②用以祭祀的偶像。

在古埃及,很多神为兽头人身之形,如文字、智慧神托透(Thoth)就有狒狒或红鹭的头。他负责记录创世神普塔赫的讲话,记录称量亡者心脏的结果,也是引导亡灵去阴间的使者。③ 鉴于文明深层结构(原型)的相通性,远古文明的交互影响,④我们不妨推测,页字从猴(禺—偶),表示向祖先的灵传递信息。当然,页也传递书写神的信息(古人眼里的文字具有神圣性),或许这便是页假借为页码之页的缘故。

回到甲骨文的"页":一个跪拜状的人,头上顶着巨大的猴头偶像,此乃祭祀之灵界交往的图景。第六章第三节提到殷商祖神的观念,认为先人的灵是可怕的,他们经常为祸,作祟而降灾。因而"页"的祭拜活动也是怀着敬畏和担忧的,生怕遭殃,遂有其对应的心境——从页从心的"慐"。至于慐何以加夂而成"憂",还是与祖灵有关。

夂为倒写的止(脚),表示行走。这样《说文》把憂解释为"和之行也",即从容不迫地走。⑤ "憂"一方面指忧虑,另一方面又指和之行,似乎难以理解。其实话分两头,就祭祀者的心理而言,由于担心不测而忧虑;但就祭祀目的而言,是告慰祖灵,使之和合而行,回到其归处(夂在此就有倒行的意思),不再降祸于人。

---

① 何金松:《汉字文化解读》,湖北人民出版社 2004 年版,第 737 页。
② 《说文段注》:"偶者,寓也。寓于木之人也。字亦作寓。亦作禺。"
③ [法]让·谢瓦利埃,阿兰·海尔布兰编,《世界文化象征辞典》编写组译:《世界文化象征辞典》,湖南文艺出版社 1992 年版,第 338 页。
④ 文明西来说认为埃及神话对中国的影响,参见朱大可:《华夏上古神系》,东方出版社 2014 年版。
⑤ 汤可敬:《说文解字今释》,岳麓书社 1997 年版,第 727—728 页。

八、百忧感其心

与"忧"的"和之行"相关的还有一个字——"悇"（音 tu），意指忧,忧惧。[①] 悇,从心,余声;其声符很可能来自"途",为途省声。由此,悇就有心系旅人的意象。但是,这个"旅人"异乎寻常,那是魂归的"旅人",即祖灵。祖宗的灵在冥冥虚空中远行,祭祀者怀着忧惧,迎送其来往。迄今,笔者老母依旧遵循着老家的传统,点香迎送,还念念有词。想必"悇"的忧惧义由此而生吧。

"和之行"很关键,含有生者与死者沟通和顺的意味。而沟通者类似巫师、巫婆这样的"大神"。据说他们可以进入祖灵世界,代生者询问有关问题。老家邵东称之为"伏阴"。笔者老父当年经常回忆起这些经历,说伏阴的巫婆可以惟妙惟肖地模仿死者的音容,讲出外人所不知道的事。来自乡村的学生也常常提及这类神奇事件,笔者觉得不可思议。

扮演这种"神媒"角色的,便是从人从忧的"懮"（优）。"懮"人的沟通,使生人与死者关系和谐（也是"和之行"的表现）,避免了祖灵因故生气而降祸之"扰"。扰（擾）,从手从忧,困扰生者的事。忧之祭祀,多半起于丧事,所以"忧"既有忧伤,也有忧虑。

忧虑、忧伤背后的故事凝重而诡异!

图 8-1 "三星堆"的青铜巫师人像与面具;巫师以此沟通神灵或祖灵

由此"忧"的原始意象可以归结为两个方面:其一,祭祀对象,冥冥中的祖

[①] 汉语大字典编辑委员会编:《汉语大字典》,湖北辞书出版社,四川辞书出版社 1992 年版,第 965 页。

灵;其二,作为生者与祖灵的媒介——"優"。祖灵也表现为两大形态:一是积极的,有着血缘亲情之爱的祖灵,构成忧思、忧伤情结;二是消极的,困扰生者的气运、健康的报复祖灵,构成忧虑、忧惧、忧郁情结。

"憂"的故事没有结束。在原型心理学的视域里,"憂"的心理意象不再限于祖灵祭祀的原初意义,而把忧虑的意味大大放大了。其中作为侵扰、危害阳界生者的"擾"转化为阴影原型;而作为灵媒对话和表演的"優",转化为人格面具原型。

面对"擾"的干扰和伤害,人们本能地设法回避、逃离。这反映在梦境里,"擾"以恶魔、野兽、强盗等面目出现,凶狠地追赶着失魂落魄的梦者。梦者惊恐不安,落荒而逃,不敢面对。"擾"的阴影扰乱也表现在日常生活中回避某种不吉,疑心重重而忌讳多多。

阴影是自我看不见,不愿承认的人性中的弱点,很多方面是自我的投射,经常表现为愤世嫉俗,厌恶、抨击某种社会丑陋,指责别人的不是,以道德卫道士的面目出现等。事实上正是阴影——自己不敢、不愿直面的阴影的存在,遂出现了相应的人格面具,或者称之为内在的人格面具。

当阴影投射为外部世界的人和事,自我又不得不与之交往时,"優"人格面具启动了。这表现为自我的社会适应性。大凡心理健全的成功者,都有积极的"優"化面具,体现了"優"的沟通、消化和整合,也是"優"(优)之优秀、优化义的原型。

(二) 郁郁多悲思

"憂"沿着两个方向发展:向内生发出忧郁、郁闷;向外生发出忧患、忧虑。

忧郁像逃避风浪的扁舟,悄然停泊在芦苇遮蔽的湖塘;忧思呼吸着冷美人的

八、百忧感其心

阴郁。法国作家夏多里昂忆起他那天生丽质却性格阴郁的姐姐吕西尔,写道:"年方十七,她已经哀婉失去了青春年华;她希望离家进修道院隐居。她有无穷无尽的忧虑、哀愁、感伤和一个寻而不获的词语,一个萦绕心怀的冥想常常使她蒙受几个月的愁苦。我经常看见她用手撑着头沉思默想,像石雕一样静止不动;她的生命力转向内心的活动,不再显露于外表;甚至她的胸脯也不起伏。她的姿态,她的悲哀,她的秀美使她宛如一个阴郁的精灵。"[1]

作家的回忆也充满了忧郁的气氛,令人回味那份阴郁的情结,追寻那阴郁的精灵。我们在"郁"字前伫立,这是怎样的情感世界啊!居然如此地魔力四射!

郁,是"鬱"的简化字,形态疏朗,倒不怎么"阴郁"。但"鬱"的笔画太繁复了,一定有什么玄奥吧。《说文》的解释是:"木丛生者。从林,鬱省声。"很简单,有点出乎预料!问题在于声符"鬯"。而《说文》:"芳草也。从凵、冂、缶、鬯。彡,其饰也。"果然很复杂。对此《说文》名家段玉裁给出了结构分析:"凵,叉手也。缶,瓦器。冂,覆也。鬯之言畅也。叉手筑之令糜,乃盛之于缶而覆之,封固以幽之,则其香气畅达,此会意之旨意也。"[2]

段玉裁的大套分析,说白了就是米酒的酿造工艺。流沙河认为,"鬱"的关键是鬯。鬯是古代祭祀用的一种米酒,从米,在大容器里。下面的匕为饭匙。这种酒用黑黍米酿造时添加已舂煮的香草,酒气芬芳,闻着舒畅,所以鬯字可以通畅。在鬯酒酿造过程中,盖严密封保持恒温,缓缓燠之。其实酿酒工序最初体现在"奥"字里,其字上作宀,实为盖布(笔者按,为冂),中间为米,下面从双手,即双手盖之,取义于煮饭时严密捂住。[3]

笔者儿时也常见父母做酒酿:米饭煮熟,铺开,撒上酒曲,拌匀封坛。冬天时特别要注意保温(否则酸臭),3~4 天后,一股清香飘逸而出时,就大功告成了。而鬱从林,取其密林不透风之义,表示酿坛盖严密封;从彡,是个抽象符号,这里或指酒香逸出。

鬱与郁通用。[4] 心理忧"郁"的本质在于密封之郁闷,无论是封坛之"闷",

---

[1] [法]夏多布里昂著,郭宏安译:《墓中回忆录》,华夏出版社 2007 年版。
[2] 《说文段注》。
[3] 流沙河:《流沙河认字》,现代出版社 2010 年版,第 178—179 页。
[4] 《说文段注·卷五鬯部》。

159

还是盖布之"闷",乃至密林之"闷"。忧郁就是心理郁积、郁结,无以释怀;就像在遮天蔽日的心理森林中,见不到阳光,找不到出路。郁闷的英译为 gloomy,意指黑暗的、沮丧的、阴郁的,便是森林中的黑暗(黑森林之谓)。Gloomy 所属的形义多半表示光线黯淡,如 gloaming(黄昏)、gleam(微光)、glimmer(微光)、glimpse(一瞥之余光),自然 glum 就有阴沉的、阴郁的意思。

沪语有个较古的词(《广韵》里收录的),写作"殟塞"(沪语拼音 ueh she),表示不舒服,烦闷。① 殟塞的字象取义类似郁闷。殟,从歹,昷声,本义是胎死腹中,② 引申为不如意,没有结果,心里堵着慌等。不难想象,一个愿望,一个心念,酝酿多时,却"胎死腹中",无果而终,该是怎样的殟塞(郁闷)啊!殟从昷,有蕴积的意思,如煴,为不通风,火气郁积。③ "殟塞",加上塞,强化了心之堵塞(闷)的属性。

心气囤积着,不透气,不舒畅,便是"忳"——忧伤。④ 周易屯卦,上坎下震,震为动,坎为险阻,动而受到阻止,本指植物萌生,破土艰难,充满险阻。从心之屯,当是心欲动而无法如愿,心里自然骚动不安。如此骚动之心,也就是"慅"的心境——忧愁。⑤

郁闷、忧郁者,心门紧闭(闷也),反映在脸上眉头紧锁,挤压印堂,长此以往,印堂(命宫)形成明显的皱眉肌,诸如八字纹、川字纹、悬针纹。这些都是焦虑、忧郁的面部特征,也显示其思维的混乱无序。

心门或心窗是心灵的通道。从心从囱的"恖"便是心灵之窗(按,囱是"窗"的古字)。"恖"的金文从"丨",从"心",像一颗有孔的心,此孔为洞察之孔,即今人所谓的"心眼"。⑥ 心窗畅通明达,心智聪慧。恖恖,明也,"恖"就是"聪"(聰),聪明也。⑦ 而忧郁、抑郁者紧闭心门、心窗,走到"恖"的反面,在精神的黑暗中,失去了应有的判断力,陷入自我的绝境。据严重抑郁症患者的自述,他们失去大部分记忆思考、交流和行动能力,没有方向感,无法组织语言文字,大脑不

---

① 钱乃荣编著:《上海话大词典》,上海辞书出版社 2008 年版,第 316 页。
② 汤可敬:《说文解字今解》,岳麓书社 1997 年版,第 553 页。
③ 齐冲天,齐小乎编著:《汉语音义字典》,中华书局 2010 年版,第 550 页。
④ 王力主编:《王力古汉语字典》,中华书局 2000 年版,第 304 页。
⑤ 王力主编:《王力古汉语字典》,中华书局 2000 年版,第 326 页。
⑥ [瑞典]高本汉著,潘悟云译:《汉文典》,上海辞书出版社 1997 年版,第 532 页。
⑦ 王力主编:《王力古汉语字典》,中华书局 2000 年版,第 316—317 页。

八、百忧感其心

由自主,意志丧失,百无聊赖。

因此,当抑郁造成严重的自我怀疑、自我否定以及存在感的丧失时,不少杰出的艺术家、科学家、作家等终究没能走出心灵的黑森林而结束了自己的生命。

心门一旦关闭,生活就失去意义(命门也关闭),就像汽车马达熄火,没有动力,没有兴趣,没有方向。心火渐渐地熄灭,"忧"的幽灵便无情地吞噬着最后的余烬。可以想见,台湾作家三毛不再流浪,不再有橄榄树的期盼,其心灵的马达也一定熄火了!

中医讲胃气为后天之本,也是后天返先天(肾气)的依据,因而有"得胃气则生,失胃气则亡"之说。与胃对应的抑郁,显然是心理胃气流失之故。

精神的黑暗紧逼着孤独的心,直到无路可走的那一天。那是心的消亡:悄也(忧愁、寂静的样子,从肖,源自消);那是心的寂灭:惄也(音 ni,忧虑的样子,从叔,源自寂);那是心的溺水:惄也(音 ni,忧愁,从弱,源自溺)。[①] 然而,谁能开启那心灵的门窗?谁能走出心理的迷宫?谁又能幸遇阿里阿德尼(Ariadne)的螺线?

走向绝路的抑郁,是发酵不当而酸臭的"酱",是胎死腹中的"殟"。而"积极合理"的忧郁("鬱")则带来米酒的芳香,传递心灵深处的"奥"秘。事实上,很多天才人物的旷世成就,都与其忧郁的精神气质相关联。

文人多忧郁,那是诗情的源泉,如阮籍的苦闷忧郁("徘徊将何见?忧思独伤心"),李煜的亡国忧郁("问君能有几多愁,恰是一江春水向东流"),以及当代诗人顾城天真的忧郁("黑夜给了我黑色的眼睛"),等等。哲学家、科学家也多忧郁,那是深思的酒曲、探索的酵母;达尔文、卡文迪许、牛顿等,在其貌似怪癖的忧郁中发射出人类智慧的光芒。

著名的表现主义大师,挪威画家蒙克,有着精神分裂的家族遗传。他的两幅以《忧郁》为题的画作,充分融入了忧郁的情感。其中以她精神病妹妹劳拉为主题的《忧郁》,画面中妹妹惊恐地坐在房间的角落中,身体微隆着,正好位于窗外风景以及风景在她背后墙上的反射之间。蒙克把她完全孤立于外部世界,窗外蓝色调的风景与她前面桌上的花形成一个对比。在蒙克的这幅作品中,这一束花象征着艺术,它是通过吸血而获得营养的。[②] 显然作为病人的"忧郁",不再有

[①] 王力主编:《王力古汉语字典》,中华书局 2000 年版,第 315 页,第 21 页,第 326 页。
[②] [挪威]阿恩·爱格尤姆著,宋红梅译:《蒙克》,湖南美术出版社 1989 年版,第 90—91 页。

"恩"的空间,无法转化为"恩"的"聪"慧。

而以蒙克本人为主角的画作《忧郁》,描绘了他独自在海边沉思的场景:夕时余晖下的海边,海水漫上岸,远远望去像一条出水的海豚。蒙克低着头,右手托着下巴,目光沉郁呆滞,面对近前显出动势的岩石,无动于衷。《忧郁》(蒙克),令主角置身于大海前,内心虽有孤独、痛苦和阴郁,却有大海的容纳和转化,蒙克的忧郁由此而升华。

图 8-2　蒙克的自画像:忧郁

笔者也时有忧郁的情结:迷蒙的雨天,踽踽独行于卵石铺路的小镇,静静呼吸着带有酸味的空气,倾听着古远的耳语,感受着地气的涌动……

忧郁是一坛米酒,需要合理的封坛才会有芬芳;伟大的忧郁一定是散发着人性的醇香。但是过度的沉浸,米酒也会淹没脆弱的灵魂;而且酸败的米酒,发酵着心魔的业障,封杀人世间的一切美好,而令人陷入虚无。

(三)筹划与操心

忧虑是一种很人类化的情绪,也是一种很有深度的情绪——近乎本源,而与人的存在息息相关。忧虑是基于未来的"考虑"。常言道,人无远虑必有近忧。这时间上的远与近伫立着"忧"与"虑"的两兄弟。

八、百忧感其心

忧虑的时间性是对生命的关切。抑郁症患者之所以走向极端正是在生命关切的层面出现了断裂,他们的现实生命坐落在火山口旁、地震断层上。这就是忧虑的深度所在。我们带着心理原型的探测仪,深入忧虑世界的汉字地质层,蓦然扫描出一块淹没多时的活化石。

这便是从心从寿的"懤"。叠词懤懤,意指忧愁的样子。① 懤之寿声何以牵涉忧愁?且看文字考古如何说。寿(壽),甲骨文、金文形如田畴和流水状,戴家祥释为耕田屈曲之形。② 壽的本体部分《说文》称之为耕治之田。高本汉说是犁过的田,为畴的初文。③ 从壽的古文字看,像一条S形的河流,河的两侧像耕田。问题是既然为耕田之形,为什么突出S形的河流?我们认为,这一定是强调田界的分野,即以河流为界,分成两个区域,就像很多国界的划分。因此,寿代表了畴;或者说懤字从壽,是源自畴的壽(畴省声)。

寿,或畴的"耕治之田",从心理学的角度讲——加上竖心旁的话,就是心灵的耕耘(懤)了。那么懤的心灵耕耘又如何演化出忧愁的含义呢?这是一个艰难的情感哲学问题,浩瀚不可测,就像秦皇墓,难以触及。我们只能在周边巡游。

其实,心灵耕耘与田野耕耘具有同构发生的效应。农耕定居者的心性与采集、游牧的心性显然不同,其整个身心都被他的"安土重迁"的田野生活给同化了,或者说农耕者的心性是农耕方式及其土地制度基础上的生活方式的投影。诸如日出而作日入而息的生活节奏就是他心灵的节奏,也是他理解事物的视域,进而是他情感发生的序曲。

具体说来,求田问舍是农人习惯性的追求,那萦绕其心头的农事——灌溉、施肥、育种、播种等,加上不误农时的限定,精耕细作的讲究,农人不得不把自己的行为与农事形态对应起来,就像大机器生产以来,工人操作动作的规范性与生产流水线的对应。但是,农人行为也伴随着农事忧虑——连续干旱期盼雨水滋润,淫雨霏霏忧心涝灾减产,虫害鼠灾担忧颗粒无收……这种经常性的农事忧虑久而久之成了心理的常态,成为感知其他情感的不易察觉的"背景音乐",即不被意识关注,而成为无意识的情绪。

---

① 王力主编:《王力古汉语字典》,中华书局 2000 年版,第 336 页。
② 李圃,郑明主编:《古文字释要》,上海教育出版社 2010 年版,第 810 页。
③ [瑞典]高本汉著,潘悟云译:《汉文典》,上海辞书出版社 1997 年版,第 479—480 页。

忧虑的无意识,多半成为人的习惯性动作,不曾注意却时时影响着人的心境。这也类似康德的知性范畴,是情感的"范畴",先验先天地存在着。① 范畴之"畴"是一种规定性,有着过滤、成形功效,是农事"筹"划活动沉淀下来的"构形"(相当于皮亚杰的"图式")。

如此谈论忧虑,笔者也很忧虑。简单说来,忧虑是一种基础性的情感,五行属土,土乃中央土,万物生于土而又归于土。忧虑也位于其他情感的中心,有着"路径"或"构形"般的影响力。而这一切都是基于心理之"畴"的"筹"划活动。

我们"筹"划时,名义上是心智活动,实际上也具有"懤"的情感。说白了,"懤"本身具有筹划认知与忧愁情感合一的属性;或者说筹划与忧愁,是互为体用的关系。

土之耕耘,位于中央;忧之心智,位于中央。中、持中就是判断、分析的方法。古文字的"中"与测量日影、进行祭祀活动的标杆或神杆有关。② 中庸就是中之用。中的测量规划与耕地筹划之"畴"本质上是相通的。中的日影之测,神圣而伟大,当然也责任重大,从事这一活动的巫一定很小心,不由忧心"忡忡"。

说中就中,正中下怀。忡之从中,其蕴含的忧虑心绪,与"懤"的耕耘筹划之忧虑,遥相呼应。显然"中"的测量之智与"忡"的忧虑之情,也是体用不二的关系。

回到从寿(畴)的"懤",其耕田也包含土地的丈量,需要精准的手工操作。正如日影的测量,时有偏离中线的忧心——忡,丈量土地的上手操作,也存在着上手的"操心"。好了,操作遇到操心,也不是偶然的。这表明,操作过程伴随着操心,与忡、懤都是一路的。

但是,操心有其特定语义,与担心、关心、在心等相似,都是心的"有为"状态。操作与操心相伴而行,进一步说明忧虑情结关乎人的劳作活动。当年恩格斯在《劳动在从猿到人转变过程中的作用》一文中断言"劳动创造了人本身"。③ 劳动的具体落实也就是手的各种操作。换言之,操作本身造就了人本身,也造就

---

① [美]罗洛·梅著,冯川译:《爱与意志》,国际文化出版社1987年版,第253页。其中罗洛·梅谈到海氏的关切sorge,类似康德的知性。此说富有意味。
② 萧兵:《中庸的文化省察》,湖北人民出版社1997年版,第28—39页。
③ 恩格斯:《自然辩证法》,具体论述见其中《劳动在从猿到人转变过程中的作用》一文。

八、百忧感其心

了忧虑。因此,忧虑情结也就构成了人的存在(Dasein)属性。

操心,就是不放心,就是执着心。操心沿着这一路的发展,是世俗世界的主流。但是,心之执着意味着心被挟持,很多心理问题也随之产生,如心里纠结,心结重重。

为什么有心结,乃至"心有千千结"?这涉及心的构成。汉语中有心弦一说,说明心有一根弦。英文的心为heart,本义是绳子,据说是用于制造琴弦的绳子(参见本书第一章第一节)。当人纠结时,心弦处于打结状态,心的琴弦无法弹奏,也就不悦了。这也说明心之快"乐",缘于弦乐弹奏。乐,本作樂,乐器之形,上面为弦。

图8-3 操心,即心在手里,不放心也!

人生多半忧多乐少,我们的心中牵挂着他人:父母、子女,这是最核心的牵挂,进而是兄弟姐妹、朋友、同事。所谓牵挂,就是心的绳子悬挂着某人某事,放不下。最常见的是母亲对婴幼儿的牵挂:夜半时时惊醒,关注其动静。

常言道:魂系故里,心系远方,此乃心绳的系连、连缀。

心之系,令人想起针织之连缀(诸如苏绣、湘绣等工艺)。连缀之"缀",本作叕,正是针线针脚相扣之形。[①] 不消说,心之叕一定是牵挂的针脚。一针针地穿刺在心头上的线。这便是"惙",那里点缀着忧心,连缀着忧愁。[②]

"风声雨声读书声,声声入耳,家事国事天下事,事事关心",此联虽说是读书人的抱负,但就常人而言,照样有其事事关心的"惙"。大多数人不可避免被卷入各类事物中,不管愿意与否,都得面对:出生、入学、考学、工作、恋爱、生育,接着是为小孩的成长、念书、升学等忙碌、犯愁。当年(1991年春晚),姜昆和唐杰忠的相声《着急》很好表达了人生之"惙"的众多情景。

姜昆讲的那些"急"很现实,这就是人生。即使自己不急,家庭、社会也逼着你急。比如婚嫁事,单位里来个姑娘,马上就会有人打听有无对象啊。在家里,

---

[①] 《说文》:"叕,缀联也。象形。"
[②] 王力主编:《王力古汉语字典》,中华书局2000年版,第318页。

同样有"牵挂"的声音：父母的催促，邻人的询问。大学里没有对象的女生，也在室友、好友的比较中生"急"。那些考上博士还在单身的女生，被戏称为"灭绝师太"。急，从及，从心；及，从又从人，逮住人的意思。① 急：紧紧地逮住心所牵挂的人和事，是心结的另一形态，很形象啊！

惙，心的针织，无法推脱的针织，线连着线，全部纠缠在一起，就像物质层面的DNA双螺旋结构。这也是天命的编织。古希腊命运三女神，其一纺线，其二织布，其三剪断纺线。这是生命历程从生到死（断线）的隐喻。前两个阶段与心的针织（惙）有关。

命运的编织也体现为"予"字。予，《说文》："推予也"，像梭上引线之形；予是杼的初文。② 许慎说的推予，是形容纺纱的梭子来回穿行，予代表了纺织的过程，进而象征着人生的命运。但是，"予"在古汉语中又被假借为第一人称的"我"，这与纺纱有没有关系呢？回答是肯定的。"予"的来回纺织，如同"我"与外部世界的往来交道。在这个过程中，自我成长与心的针织及其对应的忧愁（惙）同步发生着——真是"成长的烦恼"！

自我的成长就像身体生命的成长，都需要与外界交换信息、能量。自我的"自"，本义为鼻子。"自"被借做第一人称后，其鼻子的含义就通过增加声符"畀"来表示。但是这个声符也是有来由的。畀，其义为给与。就鼻子而言，给与意味着什么呢？显然鼻子之给与，就是呼吸的一进一出（一给一与），继而在抽象层面为知识、能力的给与。给与是双向的，既是他人给自己（人人为我），又是自己给他人（我为人人）。因此，畀的给与义，通过鼻子（自），赋予了自我的社会性。③

自我在给与中成长，也在给与中编织了自己的人生，编织了忧虑——应对人生的繁复。

牵挂加重时，那就是"患"了。患，为病患、祸害；当然也是通常所说的忧患。患从串，林义光认为，串即毌（贯的初文），把贝串联之形。④ 从毌从心的患，强化

---

① 邹晓丽：《基础汉字形义释源》，中华书局2007年版，第58页。
② 尹黎云：《汉字字源系统研究》，中国人民大学出版社1998年版，第241页。
③ 罗建平：《汉字中的身体密码》，东方出版中心2011年版，第50—51页。
④ 李圃，郑明主编：《古文字释要》，上海教育出版社2010年版，第997页；[日]白川静著，苏冰译：《常用字解》，九州出版社2010年版，第54页。

了心之连缀：心被贯穿，成了"羊肉串"，彻底被逮住（急）了。患得患失的人，生活在算计的煎熬中，他们的心正是架在炭火上的我执"羊肉串"。

俗务缠身而心有挂碍，几乎不可避免。人的社会性决定了六亲牵挂、人际往来。牵挂、关联，与……的联系等，英语中的 concern 充分体现了"惙"的复杂关系。作为动词的 concern 表示"某事情与……有关，影响……；对……有重要性；使关涉，使参与，使操心"。作为名词的 concern 有"担心、挂念、关怀、利害关系、所关切的"等含义。在推荐函中，对不特定对象称作"To whom it may concern"，即"敬启者"或"执事先生台鉴"，暗含着此事承蒙接受、关照等意味。而 concerning，其介词表示"关于，就……而言"；其动词表示"涉及、使关心，忧虑"。

Concern 太有"惙"的针织风味了，究竟什么来路？Con 为前缀，一般指组合或共同；cern 来自拉丁文 cernere，意为 sieve（筛子，过滤）。① Concern 原意是筛选后的组合（比如工地上筛黄沙，把渣滓过滤掉，剩下的细沙作为混凝土的材料），cern 就是过滤，剔除不相干的人和事，而 con 为一起的，共同，即关联的。原来 concern 的牵挂，是针对特定的对象而言的，是自我范围内的关切；说到底 concern 的动机在于找出相关方（物以类聚，人以群分）再产生利益关系，进而有关涉、挂念等。

从"懤"到"惙"，心的耕耘和编织，构成人的存在的基本意义。笛卡尔说"我思故我在"。我们也可以说"我在故我忧"。

（四）"烦"事"恼"心

生活就是烦恼。佛家称人类所在的世界为娑婆世界。娑婆为梵文 Saha 的

---

① 周文标主编：《多功能英汉案头大辞源》，辽宁人民出版社1993年版，第2113页。

音译,意为"堪忍",有两层含义。其一认为娑婆世界充满不可忍受的苦难,众生罪孽深重。其二佛菩萨在此世界"堪忍"劳累,进行教化。① 娑婆意义如此,可见人生的烦恼有其必然性。

烦,本义为发热头痛。② 而头痛在日常语言中就有心烦的意思。从字形上看,火炎上,一直烧到头上。生病发烧,额头最热,民间常以此判断病情的程度:多数是用手摸摸患者的额头。烦从发烧之头痛,随即引申为心火盛而致的"头痛"。

额头为天门,烦便是火烧天门。八卦中,乾为天门、为头,五行属金,方位在西北。火烧天门系风水用语,指宅内的乾位(西北位)正好是厨房的位置,其中的灶炉为火,而克乾金。风水犯"火烧天门"者,家中易出叛逆不孝子女。《玄空秘旨》云:"火烧天门张牙舞爪,家生骂父之儿。"乾卦也对应着家里男主人(乾为父、为君)。因此设于乾位的厨房,意味着厨房灶火克制着男主人,导致其处事不顺,脾气暴躁,甚或引发呼吸系统、脑部等疾病。

图 8-4 烦,火烧额头

处事不顺而脾气暴躁,正体现了心烦的特征。尽管这是风水玄理的说法,但从哲学角度看,也可以找到环境心理学理据。乾之为天,可以看成是自然环境、社会环境等"天时"条件;而火烧天门,表示这些时运条件遭到破坏,妨碍当事者的作为,心烦由此而生。因此,令人发烦的事,很多情况下,是时运不济之故。

纳西象形文字中的烦,写作心脏之形,里面伸出三根类似花柱的线,有从心多想之象。③ 这三根线,大概就是所谓的心绪吧,表示心的头绪一根根的抽出(千头万绪)。三为虚数,借指多,如汉字的"众"从三人。心绪繁多,谓之烦。

以上是烦的字形结构的意义和象征。烦的深层内涵还在于其音义结构。

---

① 任继愈主编:《宗教词典》,上海辞书出版社 1981 年版,第 894 页。
② 《说文》:"烦,热头痛也。"
③ 方国瑜等编撰:《纳西象形文字谱》,云南人民出版社 2005 年版,第 264 页。

八、百忧感其心

烦,何以音 fan? 从纳西文"烦"的结构看,是谓事多心烦,烦的音义应该与头绪繁复相关——烦者,繁也。① 繁为多,为复。还有一个番字,也有多义,但更强调重复之多,如三番五次。番,是蹯的初文,本义为兽足,表示兽类的足迹。兽的足印左右更替、轮番前进的。章太炎认为脚板之板,就是番字。② 番还有一个写法为从足从烦的,③说明烦与番相通。

章太炎引出板与番的音通关系,也是有道理的。板,从反,反为反复,直接显示了番的轮番义。不仅如此,反实际上也体现了烦的音义本质。尽管反借由番、蹯、板的语源路径才与烦相接,但从原型关系上讲,两者有着很深的渊源。

现在我们就来探究"反"的原型。反,本义为翻转,从又,手的象形;从厂,徐锴谓之"像物之反复"。④ 照此分析,反的含义便是:在手的作用下,物体反复运动。徐锴之说,让人感到"反"字像是马戏团玩杂耍的,把球等什物不停地翻转变化。

我们已经无法确证"厂"形具体所指,但从"反"的声符字——板、版、扳、返、坂、贩来看,"反"一方面表示反复翻转的动作;另一方面与某种范型、模型相联系,但也暗含着反复的意象,如古代的经文模板可以反复刻印(相当于今日的印章)。

由此可见,从又从厂的"反",或指远古时劳作工具的操作。在劳动过程中,动作反复,却又讲究程序规矩(工具本身的要求)。这样,反的重复和规范的语源义就引出一个重要的哲学结论:工具的使用以及制造工具的活动,开创了人与世界交往的无限可能性。这也是工具技术进步带来的文明发展。

反从又,又为手的象形,但又的现代语义为副词,表示重复或继续。"又"的重复义正体现了"反"的反复义,说明手在工具性劳动实践中,不断重复着一定规范的动作。这在后世的生产流水线上更为突出(而泰勒科学管理中的动作设计为此奠定了基础)。即便是今日,大多数从业者都要天天上班,重复着前一天的工作;厨师天天起锅翻炒,医生天天诊断开方,油漆匠天天涂漆,会计天天算

---

① 烦与繁,奉纽双声,元部叠韵。
② 齐冲天,刘小乎编著:《汉语音义字典》,中华书局 2010 年版,第 1065 页。
③ 《说文》:"兽足谓之番。从釆;田,象其掌。蹯,番或从足从烦。"
④ 汤可敬:《说文解字今释》,岳麓书社 1997 年版,第 415 页。

账,银行前台天天点钞……

总之,"反"反映了人的工具操作的规范性,是劳动实践中群体间动作技能的不断模仿、操练和运用,以便在群体中保存、熟习、巩固和传给下一代。①

反的劳动实践,最终是为了生存,为了吃"饭"。饭从反,从原型角度讲,虽然与劳作活动的"反"关联,但从语源角度讲,还是指"饭"的经常性、反复性。《论语·微子》有亚饭、三饭、四饭之说。② 至今,一日三餐,天经地义,不可偏废。

但是做饭、吃饭,天天为之,也是很犯愁的事。时闻家庭主妇抱怨每天的菜肴安排,不知道烧什么菜好。于是饭与烦对应上了。③ 无疑的,人生的烦恼都与吃饭关联。因吃饭需要工作,工作为了更好的吃饭。于是吃什么饭与做什么行当联系起来。

从前熟人见面打招呼,常常会问:饭吃过没有?④ 这多半是礼仪性的问候,表示关切,其潜台词是"你还好吗",诸如身体健康如何,工作事业如何等。同样的,外国熟人间相遇时说"How are you",强调人的存在(to be,are)。而非熟人相见相识,则说"How do you do",侧重于做事(do),即活干得怎么样。这是通过问候干活的状态间接地问候生存(be)的状态。

至于烦恼之"恼",又有什么说法呢?恼与绕、娆、挠、闹等同源,有缠绕、围绕、烦乱、搅合、喧闹等意象。⑤ 恼(惱)或写作㛴,㛴从巛(头发)从囟(囟门,灵魂出入地),意指㛴囟门上的围着一束头发。这是守护灵魂的头发,也反映了灵魂的状态。而俗人的灵魂,未经修行的灵魂是无法平静的,那盘曲囟门之上,传达着灵魂之躁动的头发,也成了烦恼的风向标。恼与绕的同源性,想必就是囟门之上的巛(头发)之缠绕搅乱吧。因此,佛家把头发叫做"三千烦恼丝",剃度出家,象征着消除俗世的烦恼。

恼也与憹音义相通,懊恼与懊憹都是烦乱的意思。⑥ 憹,从心,农(農)声。

---

① 李泽厚之谓工具操作的规范性,见李泽厚:《批判哲学批判》,安徽文艺出版社1983年版(再修订本),第456页。
② 齐冲天,齐小平编著:《汉语音义字典》,中华书局2010年版,第282页。
③ 两者古今音都同。
④ 至少10多年前还如此问候;据说农村尚有此俗。
⑤ 张希峰:《汉语词族丛考》,巴蜀书社1999年版,第308—310页。
⑥ 汉语大字典编辑委员会编:《汉语大字典》,湖北辞书出版社,四川辞书出版社1992年版,第988页。

农声多有厚义,如水厚为浓,汁厚为脓,酒厚为醲,衣厚为襛等。① 农之厚,是农作物丰产之厚,也是为此付出烦心的厚,这样的记忆就印刻在"憹"字里了。当然,农作物也是大地的头发,是农人的"烦恼丝"。

由此可见,生活(饭)与劳作(反)充满了烦恼。这是与生俱有、与时俱进的烦恼,这是心所牵挂而来的烦恼。所以《心经》教诲世人:"心无挂碍。无挂碍故,无有恐怖,远离颠倒梦想。"

(五)虑:思虑而忧虑

忧虑作为自我意识情感,具有两重性:既有忧郁的情绪成分,也含思虑的理性成分。而"虑"字正好体现了这两重性。

虑,繁体作"慮"。《说文》:"慮,谋思也。从思虍声。"虑的本义为深思远虑,应该没有什么异议。但是对于"从思虍声"形声结构,文字学家有不同看法。唐桂馨指出:"此字当从心盧声,与盧字同意。入思部虍声,未免支离。"②白川静也认为虑是从心而不是从思,其声为盧。同样"虏"字也是从力盧声。③ 虍下面的字,有多种写法,如由(或土下面出头的)、田、由等。我们从"虏"字里发现,这个字又写作"虜"。许慎认为:"虜,获也。从毌从力,虍声。"段玉裁补充说,毌(贯)实为绳索串联俘虏。④ 段玉裁的解释蛮有启发性。虏从力,表示捕获奴隶或战

---

① 王力:《同源字典》,商务印书馆 1982 年版,第 610 页。
② 李圃,郑明主编:《古文字释要》,上海教育出版社 2010 年版,第 976 页。
③ [日]白川静著,苏冰译:《常用字解》,九州出版社 2010 年版,第 446 页。
④ 《说文段注》:"凡虏囚亦曰累臣。谓拘之以索也。"

俘之并力疾斗。虏之从毌,也是力的贯穿。① 通过比较"虏"字,我们认为,"虑"(慮)的中间部分,也是"毌"(贯)。这个"毌"与田、由、甶等形相关,为狩猎方式,我们所说的田猎,这个田字,就是畋(打猎)的初文。②

因此,从虍从毌的�,本身就有捕获的意思,起先倒不见得就是捉拿俘虏之类的事,而可能是捕获老虎的重大行动。毌,也不是一般的贯穿,而是针对老虎的一种陷阱机关,能够从不同方向掐住老虎,形成"毌"(或田)的合围。这是一项非常艰巨、极其危险的狩猎行动,对此一定需要缜密的思考、周全的部署,因此,加上心符,便是"虑"了。

"虍"的行动大功告成,随后是加工煮烧。这个工序也极为繁复,但汉字仅仅在"虍"的下面加"皿"而成"盧"表示烹饪。"盧"作为名词也就是饭器了。③ 类似的情况还有"镬"。这是古代的大锅,沪语继承了古代的用法,把锅子叫做镬子。镬,从金,表示铁锅的金属质地,其音符源自荻(獲),而獲,为狩猎捕获。镬就是把捕获物放入金属容器的那种器皿。

从捕获行动到烹饪饭器,说明"虑"字从"虎"演绎狩猎生活的基本场景。可以说,"虑"代表了远古的狩猎原型,一方面显示出狩猎的智慧,另一方面也显示了狩猎的艰辛、危险及其猎杀过程中的紧张、忧虑和不安。

今天讲谋思,显得很轻松,全无狩猎的惊心动魄。但是从思维活动来讲,虑是以概念为捕猎工具而捕获思想的。这好比英语中的概念(concept)一词,源自一起(con)捕获(cept)。在"虑"字中,"毌"兼有捕获和整合(con)的意象。伟大的思想家,在其非凡大脑里一次次上演着机智、勇猛的思想狩猎,体现出富有深度的谋虑、远虑,以及面对不确定、未知数的焦虑、顾虑、忧虑。

"虑"还有一个异体字:悡,金文中有记载,从心,吕声。④ 吕为脊椎骨之象,《说文》:"吕,脊骨也。"脊骨彼此相连,故吕有连理义:躬、侣、闾(邻里)。⑤ 这样的连理关系,显然与前文"愙"之连缀相通,也与"患"之"毌"相呼应。而后者对

---

① 齐冲天,齐小平编著:《汉语音义字典》,中华书局2010年版,第827页。
② 邹晓丽:《基础汉字形义释源》,中华书局2007年版,第160页。
③ 《说文》:"盧,饭器也。"
④ [日]白川静著,苏冰译:《常用字解》,九州出版社2010年版,第446页。
⑤ 张建铭,张宛如:《汉字字根——〈说文〉声母字语源义考释》,山东友谊出版社2010年版,第381页。

八、百忧感其心

应着"虑"字捕猎大局中的"机关"。

脊椎骨的叠加连锁与心的结合,意味深长。试想,心的意念在背脊骨上下运行,那是什么感觉?那是无意识发出警觉的感觉,那是未知的危险即将出现时,背脊骨不由发凉的感觉;当然还有我们熟悉的"芒刺在背"的感觉。

脊骨之心如此的敏感,因此,心有不安时,长者、圣者的手轻轻地拍在脊背上,那种顾虑、焦虑就释然了。另一方面,脊骨是督脉阳气所在,经常按摩有助于增进信心、勇气。

"虑"的原型意义与脊骨的文化历史的重要性相关联。人的直立行走标志着脊骨的革命性转型,即人从动物爬行的二维世界转向人之伫立的三维世界,从动物的昏暗蒙昧转向意识之光的照耀,从生物生理转向文化心理,由此脊梁骨获得了勇气、骨气和节操的道德价值。

图 8-5 思虑。引自罗丹雕塑《思想者》

"虑"的一路走出,也成就了理性(思虑)和情感(忧虑)的"天人合一",就像手纹线中的天线(情感线)与人线(头脑线或理性线)的合一(俗称通贯手)。人无远虑必有近忧,虑是深沉的思,是深入脊髓骨的思,一方面是担责的思,另一方面是连理的思,是一个环节连着一个环节牵挂的思。

173

在罗丹的雕塑《思想者》里,健壮的男人弓着背,那是承担人类历史和痛苦记忆的背,我们看到背上印刻着无形的"虑",看到背脊骨里流淌着伟大的思想及其对人类命运的关切。

在忧虑的五大属性中,牵挂属土,为忧的"本气",[①]显示出忧虑作为自我意识情感的超越性,即其"惛"的范畴框架特性,梳理、建构情感世界,人的情感健全与否取决于其"牵挂"的合理性。忧悒、忧惧,从祖灵的恐惧到心理阴影的恐惧,显示人的心性不安的方面。忧郁、忧愁,延续着悲秋的情怀,也有秋天的两重性:静美和凋零。烦躁、烦恼承袭了木的怒气,因而烦恼之"恼"也是恼怒之"恼"。忧虑的意识和认知属性为火之明断,即深谋远虑的思。

---

① 这里借用地支藏干的概念。

[九]

羞愧难当

　　羞是一种内倾、内敛的情感,就像雨后的林地,那落地的枝叶,以及土壤附着物悄然无声地蜷缩着,紧贴着地表,试图遁入其中。羞,内在而脆弱,不敢面对,设法逃避。羞,五行属土,为坤土,是大母神容器之土。羞在坤的母体里孕育着可能性。

九、羞愧难当

（一）羞：进献者的亏欠情结

"羞"的意义分布较清晰,据古汉语权威字典的解释:首先,羞的本义为进献食物;其次,指味美的食物,后亦写作"馐";再次,为耻辱,后词义转弱,指惭愧、难为情等。① 前面两个义项（进献与美味）相关度较高,容易理解;后面的义项是如何形成的,词义转弱又是如何发生的? 语文学家几乎视而不见。

羞,从羊从丑,丑是手的象形,表示手持羊肉。② 因此羞最初是动词进献,继而是名词"馐"。羞之进献显然是一种祭祀活动,羊作为供品,古代也常见。但是,进献过程中究竟发生什么事件而令"羞"的进献行为蒙羞? 这是我们的困惑和问题所在。

古代祭祀,场面浩大,牺牲众多,但是各阶层供品差异很大。《国语·楚语上》:"国君有牛亨,大夫有羊馈……庶人有鱼炙之荐。"较之国君的动辄"特牲"无数,大夫的羊、庶民的鱼就显得很单薄。重大祭祀的排场一定很大,上层社会彼此攀比,很多人担心自己的供物是否到位。这样的心态遗留在"鲜"字里。鲜有少义,《释诂下》:"鲜,寡也。""鲜"的字形为鱼、羊之祭;说明祭祀中只用鱼、羊,是非常可怜的了。③

"鲜"之祭物的寒酸相渐渐地成为一种文化符号,其所涉的鱼、羊意象也影响了古代解梦的逻辑。《梦林玄解》:"梦羊负鱼,凶。此梦较罕有。得此梦者避难为吉。此梦又有灭交之兆,将有亲人朋友因某事与你断交,宜须谨慎。"此梦

---

① 王力主编:《王力古汉语字典》,中华书局 2000 年版,第 961 页。
② 邹晓丽:《基础汉字形义释源》,中华书局 2007 年版,第 174 页。
③ 黄奇逸:《历史的荒原——古文化的哲学结构》（增订本）,巴蜀书社 2008 年版,第 100 页。

为字象之梦,梦羊负鱼就是"鲜"字。这里"鲜"的少义放大为缺乏、落空、丧失等意象,又把其中的"鱼"与其谐音"遇"挂钩,说明交友之"遇"的落空。

但是,就祭祀而言,对象和程序都是严格规定的,不可大意,不得懈怠。《诗·鲁颂·閟宫》谓:"春秋匪解,享祀不忒。"因此,一旦出现不到位的"鲜",祭祀者一定心存愧疚,羞愧难当。这样的事件看来也时常发生,因而出现了从心从鲜的"鱻"。此字即指惭愧,①似乎专门指称这类事件的。

羞,从羊,想必进献牺牲的品种单一,数量也有限,不仅进献者心虚,那代为接收祭物的一方——祭司主管等,恐怕也犯嘀咕,甚至觉得有亵渎神灵之嫌,进而有受欺之辱。换言之,羞的羞辱和惭愧义,都与祭祀进献的单薄(鲜)有关:己方为惭愧,彼方为羞辱;羞的双重含义显示出一个事物的两个方面,而不是笼统的"词义转弱"。

当然,羞的含义变化,很难找到直接的依据。对此我们不妨对照一下,与手持羊肉("羞")相似的"手持某某肉"的字——"有"。有,卜辞中是又(右)的别称,而金文字形为右手持肉;在意义上,除了与今之"有"相同外,在卜辞中还是祭名(侑祭)。②

图9-1 羞从羊从手,表示持羊肉祭祀,隐含着祭品不丰的愧疚

作为祭名的有,与手持羊肉的意象完全对应,可见"有"也是一种进献行为。既然如此,我们不由设问:"有"是否也有"羞"不到位的尴尬?且听《说文》怎么说:"有,不宜有也。《春秋传》:日月有食之。"许慎解"有",是以小篆的字形(从月,又声)为依据的,而段玉裁在此基础上谓日蚀、月蚀等不祥之兆为"不宜有"(不应当有)。③

许慎治学严谨,字源分析言必有据,尽管他没有见到甲金文"有"的真貌,解

---

① 罗竹风主编:《汉语大词典》,汉语大词典出版社1997年(缩印本),第992页。
② 邹晓丽:《基础汉字形义释源》,中华书局2007年版,第59页。
③ 汤可敬:《说文解字今释》,岳麓书社1997年版,第930页。

九、羞愧难当

释不免偏差(肉误以为月),但"不宜有"之说还是值得玩味的。假如许慎确认"有"的字形,那"不宜有"很可能是祭祀之有的"不宜"。而"宜",金文像肉供于且之上。① 这样,"宜"实际上也是"有"的祭祀问题:祭祀到位者为"宜",不到位的为"不宜"。

"有"之进献,其"不宜有"具体是什么?我们无从得知。但是我们发现"羞"字在形音义等方面与"有"很接近,或许隐藏着某些线索。羞,字形上从羊从久,但文字学家马叙伦认为"羞"下的"久"实为"又"之讹变。"又"即"有"字,甲骨文的"有"直接写成"又"的。"又"的本义为"手"。所以"羞"也是手持羊肉。而且从意义上看,《说文》:"羞,进献也。"善为膳的初文,进善即进膳。而"羞"的本义为"进献"。进膳与进献意思相同。既然如此,马叙伦断言,羞,为羞的伪文。②

照此说法,羞,从羊,又声,又即有,所以,羞与有就是一回事。因此,"不宜有"也可以写作"不宜羞"。然而"羞",字典义为诱,而诱是羞的今字(或者羞是诱的古字)。③ 这样,"不宜羞"就代换为"不宜诱"。由此,那"有"的神秘释义"不宜有"似乎显出一丝曙光来。

诱,就是诱惑、引诱。诱谁呢?当是进献者引诱祖灵、神灵,上供一些小恩小惠的东西,试图获得额外的保佑,就像时下某些烧香的,请了一炷香,祈愿上下亲人的健康、财运、官运、考试运等。但是这种祈愿显然过于功利心,"不宜诱"似乎就是针对这种现象而言,表示不该如此引诱。"不该引诱"的潜台词,也就是不够心诚,祭物不到位。

原来,羞、羞、有、诱的背后隐含着心意的缺位。心意的缺位,就是人们通常说的"不好意思"。那么不好的是什么"意思"呢。这里的意思指心意、心愿。但其本义恐怕就是上供祭品所寄的意愿。时下常说成"意思意思""一点小意思"。因此,"意思"是谦恭的说法,自以为供品已到位,但不敢大言不"惭";而"不好意思",系供品不到位、不好、不以为是好,表示某种歉意。

与羞的祭祀相关的,还有一种祭祀用肉——"胙",初文为乍,其形本是用匕

---

① 汤可敬:《说文解字今释》,岳麓书社 1997 年版,第 997 页。
② 李圃,郑明主编:《古文字释要》,上海教育出版社 2010 年版,第 389 页。
③ 王力主编:《王力古汉语字典》,中华书局 2000 年版,第 961 页。

179

（牲朼）取俎肉之状。这俎肉便是"胙"。祭祀中要用牲朼取肉，故胙肉为乍形；遂有制作之义，作也；进而分享胙肉之有福，祚也；祭祀台阶，阼也；以酒肉谢先祖所赐福禄，酢也。①

但是，假如牲朼取肉不当，形态不对、过于窄小等，就会出现"不宜有"的差错，主事者不由生疑——"怎"的？祭祀者也意识到有所不妥，感到惭愧——"怍"。所谓"仰不愧于天，俯不怍于人"，就是怍的愧意。怍，也写成"愝"，从作，强调牲朼取肉的制作。

从羞、怍等字的本义（进献祭物）与常用义（惭愧）的关联看，祭祀时所生的惭愧心，源自自我对神圣的仰慕与自身行为亏缺之间的张力。这种上下距离的张力导致心理感受的落差，是自我价值"赤字"的情感反应。换言之，人有一套从低位到高位的自我价值的衡量系统，惭愧是从高位衡量低位而产生的落差。

落差，借用物理学的概念，其中蕴含着势能，有着空间关系的势能，那种引而不发的势能，因而具有潜在性、可能性、开放性。概言之，惭愧之心拥有生发、宽容的空间。这也是"有"的空间——"宥"（宽也）。

而势能又可以转化为动能。惭愧的势能在于启动心灵的反思，比如悔过自新。自新，心的更新；这里"新"就是"鲜"的意思，新鲜之谓也。而"鲜"的心态正是上文的"䚏"。鲜的新鲜义与鲜的惭愧义，就这么"耦合"了。《周易》所谓"日新之谓盛德"，可以说成是惭愧心造就的伟大的德性，这样的德性令心灵充满生机，唯此，才能显示其"不宜有"的有（to be）——人的存在。也就是说，人的真实存在，是有着惭愧心的存在，是谦卑地留有余地的存在，从而生就其"鲜"美的境界，成就其光"鲜"的人生。

---

① 黄奇逸：《历史的荒原——古文化的哲学结构》（增订本），巴蜀书社 2008 年版，第 102—103 页。

（二）惭：难以为情

惭愧，仿佛是心灵的欠债，隐隐的惶恐。惭愧啊，头皮也会发麻！是什么变故让人的心海有如此的波澜？我们转向"惭"字，打开其地宫的大门，蓦然弹出一把锋利的斧头。这是怎样的斧头，砍向谁的脑袋？

《说文》："惭，媿也。从心斩声。"惭，如其声符所示，取义于斩杀。至于斩杀何以引发惭愧心？斩杀的对象是什么？恐怕还得对"斩"字本身侦探一番。斩，从车从斤，斤就是斧头。许慎认为，斩从车，系古代刑法车裂。现代文字学家认为，斩（斬）所对应的甲骨文从東（東）从戉；金文的斬从東从斤；到了小篆，東讹变成车（車）。甲骨文中的斩用为祭名，当是牲肉斩成条块行祭。①

斩作为祭名，令人眼睛一亮，与上文的羞、羑等祭祀活动对上了。但是羞、羑讲的是进献，其义分别为美味和引诱，而斩引出的却是杀。于是我们不得不转向"斩"的构形符号"東"。東，甲金文为橐囊之形，中间塞物，两头扎紧。②

"東"的本义为皮囊，假借为东方的东，在斩字中扮演着什么角色呢？一个大大的囊袋，旁边放着一把斧头，想象不出与斩杀有什么联系。但我们想起东郭先生与狼的故事。斩字中的囊袋是否也装着狼等凶猛的动物？我们不敢肯定。但是，作为祭名的"斩"，甲骨文中有"斩犬"的记载，③恐怕与"東"作为套取犬类的囊袋，并非无缘无故。

东郭先生的那只狼狡猾、凶残而无情，若不是农人的智慧和决断，东郭先生

---

① 何金松：《汉字文化解读》，湖北人民出版社2004年版，第818—819页。
② 李圃，郑明主编：《古文字释要》，上海教育出版社2010年版，第599页。
③ 何金松：《汉字文化解读》，湖北人民出版社2004年版，第819页。

181

也难逃一劫。"斩"的字象很可能演绎了狼狗等凶猛狡猾动物被设套、诱捕、诱杀而作祭物的故事。为什么是橐囊套狼犬,而不是其他猎杀的方式?这已无从考证,或许是某种祭祀之需。

狩猎活动,一方面是理性思维"逻各斯",讲究实用和有效,即陷阱、诱捕等外在的手段运用;另一方面又是神话思维"密索思",这涉及狩猎的祭祀仪式,以及对人的内心感受的安抚。后者对远古心性产生了深刻的影响。

在旧石器时代的神话中,人们对他们不得不猎杀的动物表现出极大的尊重。人类学家注意到,现代原住民经常把飞禽走兽视作跟他们完全一样的"人"。在他们的故事里,经常有人和动物相互变形情节;杀死动物等同于杀死一位朋友,在每次满载而归之时,族人们的心里都会有一种负罪感。杀生后,要把肉从骨头上剥干净,然后把动物骨架、颅骨和毛皮小心翼翼地摆成原样,企图重新创造出这个动物,让它获得重生。①

鄂温克人杀熊和吃熊都有一套复杂的仪式,任何情况下都不准讲熊被打死,也不能说熊死了,而说是"睡觉了"。对熊的风葬仪式也很特殊:把熊的肋骨、内脏、掌各取一部分,用桦树条扎好,并用柳树条捆六道,头向东安葬在事先架好的两棵树中间的横梁上,再以木炭、鲜血、野花装点,装上熊的眼睛。最后参加的人们要假哭致哀,在上风处点燃火堆,用烟熏熊的尸首除秽。

鄂温克人的祭熊仪式表明,狩猎动物的灵魂是不死的,吃掉的只是动物的"替身"而不是动物的"原型"。动物的"原型"可以借助灵魂不死而重新投胎。为了让原型容易投胎,尽可能保持替身的外观,遂有这种深思熟虑的"风葬"仪式。②

图9-2 鄂温克人既崇拜熊,又猎杀熊,这样的矛盾心态造成了深深的愧疚

神话大家坎贝尔指出,(农耕

---

① [英]凯伦·阿姆斯特朗著,胡亚豳译:《神话简史》,重庆出版社2005年版,第31—32页。
② 朱狄:《原始文化研究》,生活·读书·新知三联书店1988年版,第355页。

九、羞愧难当

之前)人类靠杀生生存下去,随着杀生而来的是一种罪恶感。但是狩猎神话认为,动物世界与人类世界之间存在着盟约。动物愿意付出它们生命的基本假设是,它具有超越物质的实体,在透过某些复活仪式后,它们会回到土地或母亲那里。换言之,动物被猎杀了,成为猎杀者的食物。这本身就是一种仪式,仪式中包含着一种视为一体的认同感,一种神话上的认同。神话以此消除人类杀生的内疚感。①

回到"慙"字,回到"慙"的关键字象"斬",虽然我们没有看到其中被猎杀的动物,但"斬"字中的"東"的存在,不能无视,正是这个貌似无关的构成符号给人很多想象余地。作为皮囊,不仅仅用以设套捕获,也是避免被动物看见猎杀其的狩猎者,进而避免被杀动物的灵魂报复。前面说过,以皮囊设套捕获的不是一般的动物,很可能是机灵狡黠、智慧如人的狼犬、猿猴。诱捕、猎杀这些动物,或许其动机主要的不只是食物,而有其特定的祭祀目的。

坎贝尔认为,狩猎神话中动物是"父亲"。在弗洛伊德学说中,男人的第一个敌人是他的父亲。在小孩的心中,每个可能的敌人都和父亲这一形象关联。而在狩猎神话中,动物变成以父亲形象出现的神。②

那么,"東"(皮囊)中的动物是否就是被狩猎神话看作"父亲"的动物替身? 时下没有发现相关证据,我们还不敢肯定,只是推测其可能性。沿着这一思路,"東"之为皮囊在"慙"字中具有多义性,除了前面所说的诱捕器具,也有其囊袋容器的象征意味。我们从狩猎神话的重生观念得到启示,"東"之皮囊,如同胎盘、子宫,被猎动物寄放于此,重新孕育,等待复活。

象征学学者认为,皮囊在中国象征原初的混沌,是一种无区别的动物,就是庄子讲的混沌神。建议给混沌凿窍的倏与忽,是闪电之神。"把死者与判了罪的人关在革囊里,就这样送回混沌。混沌红如火,与给炼铁炉鼓风的皮老虎有关。皮老虎是中间世界的象征,也是宇宙生成的工具。"③

---

① [英]约瑟夫·坎贝尔,比尔·莫耶斯著,朱侃如译:《神话的力量》,万卷出版公司2011年版,第101—103页。
② [英]约瑟夫·坎贝尔,比尔·莫耶斯著,朱侃如译:《神话的力量》,万卷出版公司2011年版,第103页。
③ [法]让·谢瓦利埃,阿兰·海尔布兰编,《世界文化象征辞典》编写组译:《世界文化象征辞典》,湖南文艺出版社1992年版,第686页。

在此,"東"就是中间世界的象征的皮老虎。所谓"中间世界",是指投胎转世的过渡状态,藏传佛教称之为"中阴身"。而"东,动也"。①"斩"字从东,那是作为胎盘皮囊的妊娠之动(娠的本义就是胎动,从辰,音义通震),是复活的动。"斩"又从斤,此刻如同闪电,打开皮囊里的混沌世界而令其重生。

我们注意到"東"就具有临时过渡的特征。而这反映在"斩"声符字——"暂"中。暂的意义核心在于"斩"的革囊("東"),表示猎物的肉体暂时寄放、酝酿(佛教也以皮囊喻身体)。而"斩"另一个声符字"崭",以山的高耸之势喻指破囊而出的复活物,像斧斤一样直冲云霄;或者像当年的武乙"为革囊,盛血,卬而射之,命曰'射天'"。

总之,"惭"充满着狩猎神话的仪式和思维,而秘密全在于其声符"斩"之东和斤。东与斤的组合不是静态的、固定的,而是动态变异的,就像京剧表演艺术手上的道具随故事背景的变化而变化。如斤,起初为砍杀,最后为打开其革囊而令其重生;东,先是设套捕捉的工具,此后又是重生的"子宫"(东方之"东",日出之地,太阳的重生)。

在此过程中充满了对猎物,甚至很可能是人祭对象的内疚、悔恨的情感,即对不住他们或它们鲜活的生命,尽管重生仪式缓解甚至解除了这种深重的罪孽感,但是还是留下了相对淡化的次一级情感——惭愧感。

这是一种情何以堪的情感,即令人难堪、难为和不安的情感:无法直面受难者。想必"难为情"一词正处于这样的心境。"难为情",情感上受不了;与"难为"(不易做到,不好办)相关,又写作"难以为情",②即其情难为。

今日"吃货"在大快朵颐时是否意识到屠宰场上鲜血淋漓的惨状?面对端上盘的鱼虾是否心存难为,难以为情?这些活蹦乱跳的生命被服务员带给食客"确认"后,就消融于油锅的冲天火焰中……

笔者在美味与惭愧心之间僵持、纠集了20多年后,终于退出"荤"睡半百的食谱。也许笔者太敏感,那鸡腿、蹄髈、酱鸽、鱼虾什么的一进入餐盘,居然会"活"起来,隐约地闪现着"身影",受得了吗?

---

① 《说文·卷六·东部》。
② 罗竹风主编:《汉语大词典》,汉语大词典出版社1997年(缩印本),第6887—6888页。

（三）臊：食肉动物的"无耻"气息

"羞"愧、"惭"愧，都与动物及其肉类的祭祀有关。现在我们要谈论另一个惭愧义的字——"臊"，此字也牵涉肉食，但与祭祀无关。

"臊"的本义是动物的腥臭味；而作为害臊义很晚才出现。[①]《吕氏春秋·本味》："夫三群之虫，水居者腥，肉玃者臊，草食者膻。"高诱注："三群，谓水居、肉玃、草食者也。水居者，川禽鱼鳖之属，故其臭腥味也。肉玃者，玃拿肉而食之，谓鹰雕之属，故其臭臊也。草食者，食草木，谓獐鹿之属，故其臭膻也。"

玃取其他动物为食（即肉玃者，玃与攫通），其体味为臊。玃取需要搏击，有躁、疾、动的特性，臊的语义来自躁。臊的异体字又作腦，或作骚。[②]

肉玃者，即现在习称的食肉动物（carnivore），如狮熊、虎豹、狼犬、鹰雕之类。食肉动物四肢强劲，富有灵活性、敏锐性、机动性，牙齿尖锐而有力，可将韧带、软骨切断，加上利爪，可以迅速地逮住猎物。猎豹在"玃拿肉而食之"方面表现得很突出。

草原上的猎豹，身体细长、脊骨富有弹性，奔跑起来，跨幅和速度都可以达到惊人的程度。它们凭借自己的身体条件，掌握了一套独特的捕猎本领。在发起进攻之前，猎豹一动不动地盯着猎物。与狮子不同，猎豹比它的捕猎对象跑得更快。它可以达到每小时100多公里的速度，但是猎豹的耐力不够，捕猎时，必须在六七米内追上（而狮子在30多米范围内就发起突袭）并捕捉到猎物，否则只

[①] 王力主编：《王力古汉语字典》，中华书局2000年版，第1014页。
[②] 齐冲天，齐小平编著：《汉语音义字典》，中华书局2010年版，第225页。

好放弃目标。猎豹捕猎的成功率要比狮子和普通豹子高出两倍。①

据说猎豹迅跑时,体温也迅速上升,若未能及时逮住羚羊等猎物,很可能导致脑热异常而中风。如此高速突击,体内激素水平一定达到最高,外激素、汗腺的分泌也达到峰值。在这种情况下,大显其躁动而生就的"臊"气特征。

与此浓烈的腥臊味相关联的是随后血腥的撕咬、杀戮。这一幕幕,今日只有在电视画面上看得见的残酷景象,却是远古猎人经常遭遇的实况。

因此,食肉动物的臊气,不仅仅是其身上发出的汗液、尿液、激素分泌等气味,而且与其猎杀的血腥相关联,即臊气本身体现了攻击性,是与杀戮、残忍相伴而行的。古代的猎人、农人常常与食肉动物周旋,熟悉其习性,也熟悉其臊气。一旦"闻"讯其"臊",不由惊恐和警觉起来。

问题是"臊"气,如何演变成害臊之心的?

害臊,义同害羞,表示因胆怯、怕生或做错事怕人嗤笑而心中不安,怕难为情。这个害字,指发生了不安的情绪。② 从词义构成讲,害臊就是获得或招致了臊气。③ 这似乎暗示,害臊源自他人他物的"臊",自己不得已、不小心给惹上。害,在此有害病的意思。如此,害臊就显得很无辜。

在我们的文化传统里,动物被赋予一定的属性,包括善恶,如羊为善、为祥,而虎豹为恶。儿童剧常有大灰狼(恶)与小白兔(善)的角色安排。显然,食肉类动物,因其野蛮血腥而多有负面属性,进而引申为道德上的评价。如《国语·周语上》:"国之将亡,其君贪冒辟邪,淫佚荒怠,麤秽暴虐,其政腥臊,馨香不登。""其政腥臊",形容暴政,如虎豹豺狼的血腥虐杀,所谓"苛政猛于虎"。害臊之"臊"也就带有这类负面属性。

害臊是人的害臊,臊气发生的是食肉类动物,两者是如何关联的呢?

这很可能与古代的动物图腾有关。比如狼图腾,罗马人就有母狼养育其先人的传说。在世界各民族中,其动物图腾的形成有各自的因缘,大多是积极、正面的。但某种猛兽作为部落的图腾时,容易出现相反相成的两重性:一方面是族人的恩主,崇拜的对象,有着光鲜的历史;另一方面,经常伤害家禽乃至族人,是

---

① 孙秋萍主编:《动物世界》,华夏出版社 1993 年版,第 46 页。
② 《现代汉语词典》(双语版),外语教学与研究出版社 2002 年版,第 760 页。
③ 齐冲天,齐小乎编著:《汉语音义字典》,中华书局 2010 年版,第 225 页。

九、羞愧难当

残酷的现实。

还是以狼为例,作为部落图腾的狼通常被尊为先祖,有些印第安部落自以为是狼的后代。就图腾而言,狼的形象是该部落成员的面具,是引以为豪的面具。但实际生活中,狼的猎杀行为(作为图腾的"正面性")虽有其"可歌可颂"的方面,但也无法掩盖某些"残忍"的表现。后者一定是在特定情境中,或许在狼图腾群体无意识中留下了"蒙羞"的情结。

狼图腾的狼,一者是部落的面具,其效用主要在古代;二者是部落群体的阴影原型,这个意义重大。狼作为无意识兽性原型影响至今不绝,如狼性、色狼之谓。企业文化依旧提倡狼的精神(欲望和竞争)。文学小说中以狼为主题的故事(如《伊凡王子与灰色狼》),还有一些商业品牌中的狼形象,都是以狼作为人性中的兽性或阴影原型。

在上文提及的狩猎神话中,面对捕获、屠戮的动物,狩猎者怀着深深的愧疚和不安。而在狼图腾关系中,捕获、屠戮的残忍行为发生在图腾的原型动物上。此刻的狼,实际上也是狼图腾部落的无意识"自我",即其阴影所在。面对狼的阴影,族人有可能为此做出"替代性"愧疚,为其"先人"悔罪。

我们不知道罗马人的无意识对狼的残忍有什么感受,但是罗马的"嗜血"(blood-thirsty)和腐化已成为西方普遍的历史记忆,人们无法否认罗马帝国的铁蹄在西方文明史上留下了野兽的足迹,也常常想起竞技场、角斗士等血腥暴力的场景。[①]

尽管这只是我们假设性的解释,但是从心理原型角度看,神话思维中视动物为自己的祖先,必然把该动物的行为与自己挂钩,即坎贝尔讲的"视为一体的认同感"。且不论狼图腾部落对狼的猎杀感受,就人性的普遍性而言,人性中的阴影积淀着虎豹、狼犬的各种野蛮和残忍。因此,人面对充满血腥的臊气,"反身而诚"其内在的阴影,隐约地唤醒了与臊气关联的阴影。

因此,害臊,是害自己的阴影之臊。

[①] 殷国明:《西方狼》,上海文化出版社 2005 年版,第 152—153 页。

图 9-3　害臊与人性中害怕暴露的阴影、隐私有关，其原型一直可以上溯到动物骚动的气味……因此，害臊，是害自己的阴影之臊。引自日本动漫《海贼王》

害臊有时也表示为对方的行为害臊。害臊的用法在北方居多。在中国历史上，北方草原部落多有狼图腾崇拜，具有狼的战略战术以及狼的机智勇敢和灵活凶猛。他们无所谓畏惧，横扫农耕者的田野和粮仓。这类食肉游牧者，身上充满了杀气腾腾的臊气。农耕者在惊恐、憎恨的同时，愤愤不平，痛斥其人凶残行径："无耻""不要脸"，亦即"臊不臊啊"。

臊通骚。骚从马蚤声，集中了力比多之欲望和冲动的众多形态。

其中马象征着运动，欲念多者乃心猿意马也。马也象征着色欲、性力（故古代称女阴为马口；古希腊神话中，马人代表肉欲）。在精神分析学的词汇中，马又表示强烈的欲望和生殖力。蚤即跳蚤，是一种十分渺小、难以目及的小昆虫。不过，这家伙功夫了得，富有超越性——轻轻一跃即可跳出身高的 20 多倍，地心引力全然不在话下。在显微镜下，此君一脸狰狞，有飞扬跋扈、无法无天的气度，让人震惊。此外，跳蚤性力旺盛，繁殖迅速，有无限的扩张力。

"骚"字涵盖了马和蚤的全部特征。与此相对应的人性实在是活生生蒸腾着的力比多，以及由此派生出的各种欲望、需求之大成的壮阔图景：焦躁不安（蚤之跃动）、无限追逐、疯狂冲动（心理黑死病）。

面对人性阴影中的如此"骚乱"，却很少有"害臊"的，这就是当下性解放、性自由的泛滥，导致的"骚"行无阻，造成的"害臊"之丧……

九、羞愧难当

（四）愧：人性的尺度

害臊是因为意识到那个"骚"而心虚，这个心虚，实际上也就是心理阴影。自我是阳光下的意识；阴影则是未被阳光照耀的那部分自我，通常比较"阴暗"。换言之，阴影是自我不乐见的方面，不敢面对，比较诡异。

这种心虚的心态，也叫"心里有鬼"。一般讲，这是指心里暗藏不可告人的秘密和企图。但特定意义上的"心里有鬼"表示人心中有阴影，怕暴露。这是一种自认理亏而退缩的感觉，讲话也气馁，因而反映其人"鬼鬼祟祟"，含而不张的，那就是"愧"字了。

愧，从鬼，就是那种不阳光的，难以气盛的感觉。有愧的人，眼睛不敢直视，躲避着，生怕眼光暴露了什么。愧，亏也，这是底气不足，应对阙如的状态，好像购物柜面付款时，上下不见钱包的尴尬。于是设法返回取钱，找回底气，找回应对。

返回者，归也；而鬼，也是归（参见第六章第三节；《说文》："人所归为鬼"），回归老祖宗，回归灵魂的源头。愧，是心灵的回归，如同心理能量的退潮，此过程中海滩上出现了海贝等遗留物。在荣格心理学看来，这是心理功能的退行作用。退行是力比多的反向运动，使思维得以激活而成为一种新的心理功能。荣格认为，退行作用的一个好处是激活了无意识中拥有的种族智慧的原型。[①]

愧，作为情感功能的退行，也有情结的整合功能。它退行时，从前遮蔽的问题、缺点也显现了，就像海滩上的海贝。这就是心灵的反思，回归的思，解除了自

---

① [美]霍尔，诺德贝著，冯川译：《荣格心理入门》，三联书店出版社1987年版，第100-101页。

我的虚饰,有机会冷静地面对自己的所作所为,进而调整自己的行为。于是深层的智慧就激发了,重新发现了自我。

此刻惭愧心,也是心灵的修行。南怀瑾指出:"要随时修惭愧心,就是谦虚,就是随时反省自己的过错,这就是惭愧心。真正知道惭愧的人,是真正的修行人。惭愧是我们修行最重要的一件衣服,随时忏悔反省,改进自己,修到功德圆满时,身心自然会转变。"[①]功德圆满便是觉悟,也是大智慧。

愧,从鬼;而鬼,从甶从人。甶,据说是猴脸,音义为狒,与禺通。[②] 从鬼的猿猴构形看,也有回归动物母体的意味,就像神话思维中的动物图腾。藏人就以神猴为其祖先。而鬼的猿猴之形,是否暗示鬼(猴)为人的祖灵?愧,莫非是回到祖灵的忏悔?

围绕着"鬼"的构形有很多解释,其中有人认为甲骨文的鬼,为南方民族将人头面剥制,蒙于篾笼上,加以膜拜的习俗。[③] 比较而言,"鬼"很可能是巫术祭祀的面具之形,就像藏密仪式中的各种面具,如游方僧"阿杂热"面具,护法神白哈儿偶像。[④]

由此,鬼之面具,多半的猴形的"禺",《说文》:"母猴属。头似鬼。从甶从内。"禺从人而为偶,偶像也是面具。鬼面具,或者作为祭祀膜拜的偶像;或者是戴着面具头像的巫师。后者在行使祭祀仪式时,多有心灵沟通和缓解心理压力的功能。因此,面对鬼—禺面具,巫术活动参与者在无形中,感应到与祖灵的对话。

从根本上讲,古代部落的祭祀仪式,每次都是心灵的回归,从而激发原初的自我,开始新的生活(新生或重生)。经历了仪式的熏陶和感染,心灵得到净化,这种净化,如同心理功能的退行而带来的惭愧和忏悔。在今日的佛教咏唱仪式中,不少居士、信众也会情不自禁地潸然泪下。同样的感动也出现在天主教、基督教的礼拜和忏悔中,诚如徐志摩在《白旗》[⑤]中所说的:

"现在时辰到了,你们让你们回复了的天性忏悔,让眼泪的滚油煎净了的,

---

① 南怀瑾:《维摩诘的花雨满天》,东方出版社 2010 年版。
② 引自叶舒宪,萧兵,[韩]郑在书:《山海经的文化寻踪——"想象地理学"与东西方文化碰触》,湖北人民出版社 2004 年版,第 414 页。
③ 李圃,郑明主编:《古文字释要》,上海教育出版社 2010 年版,第 870 页。
④ 郭净:《心灵的面具——藏密仪式表演的实地考察》,上海三联书店 1998 年版,彩页插图第 3 页。
⑤ 顾永棣编:《徐志摩诗全编》,浙江文艺出版社 1987 年版。

让嚎恸的雷霆震醒了的天性忏悔,默默的忏悔、悠久的忏悔、沉彻的忏悔、像冷峭的星光照落在一个寂寞的山谷里,像一个黑衣的尼僧匍伏在一座金漆的神龛前……"

"在眼泪的沸腾里,在嚎恸的酣彻里,在忏悔的沉寂里,你们望见了上帝永久的威严。"

在此特定的情景中,惭愧心油然而生,忏悔心直面灵魂……

愧之鬼,也有"癸"的音义。《正韵》:"癸,归也。"在十二地支中壬癸指北方,古人认为北地之水渗归地下。① 对此,我们不妨把渗入地下的癸水看作古人讲的黄泉水;而龟,照古希腊语的语源也是从地府深处出来的(参见第六章第三节)。这样,愧之心,其实向着自己的本源渗入。

癸,为测度。《广雅·释言》:"癸,揆也。"《说文》:"癸,冬时水土平可揆度也。"癸为归,又义为揆度;然则癸、归与鬼、愧,都有着语源的关联。这不由令人惊叹地推断:回归是一种心灵的测度、考量? 换言之,惭愧与心的度量有关。

什么是心的度量? 度量就是认知,是对自我的把握。人们通常说的"良心",实际上是指用心里的尺子度量自己的行为。② 凭良心说的是真话,昧着良心说的都是谎言。良心,就是心的度量。良的本义是用斗量米,甲骨文的良:中间像米斗形,上面像米泻入斗中,下面像米倒进袋里。③《释名·释言语》:"良,量也。"粮,也写作糧。

良心,说白了,就是自己心里明白,心里有杆秤。而这杆秤又是符合天理的。英语 conscience(道德心,良心,是非观),是指心里的知(knowledge within

图9-4 "鬼"的上部为鬼面具。鬼通归,也通揆,故愧从鬼,表示自我回归内心,揆度自身,扪心自省

---

① 章季涛:《实用同源字典》,湖北人民出版社2000年版,第274页。
② 孟子的良心,有特定内涵。齐冲天,齐小乎编著:《汉语音义字典》,中华书局2010年版,第401页。
③ 流沙河:《文字侦探》,新星出版社2011年版,第120页。

oneself），人和人的相互了解。由 com-（with）和 scire（to know）组合而成。其中 with 也有相互关系的测度义。

惭愧心的背后，原来有一杆良心的秤。

这杆秤有两个基本刻度：高端和低端，也就是舍勒讲的高层次的自我价值意识和低层次的自我价值意识。"在两种自我价值意识的冲突中，人正是基于高层次的自我价值意识而为自我处在较低的价值层次上感到害羞或羞耻；这种害羞或羞感虽然软弱无力，但目的却在于保护自我的较高价值不受自我的较低价值的侵犯。"①

直观地说，惭愧心的回归之路，就像一卷皮尺，往内心延伸得越深，其代表的自我价值意识层次越高；而尚未进入回归之路的，或者站在路口张望的，其代表的自我价值意识层次越低。惭愧心之所以感到心虚，因为总是觉得达不到那高端的自我价值意识层次；而毫无羞愧感的人，未曾度量过较高层次的自我价值意识。

《孟子·尽心上》："仰不愧于天俯不怍于人。"愧，面对天的层次时，那是高端标准，容易造成愧对压力。这里孟子提出不愧于天的要求，显然是严于律己的修身之举。

心虚，也是有所欠。欠者，歉也。② 因为亏欠，无法正对，故谓愧对（没有什么可以应对，空怀其心，即抱歉）。亏欠则心软（底气不足），这便是"恧"（惭愧）。恧，从心从而，而的本义为胡须，音义为软（异体字聏，从而），其字面意义就是心软，心软而愧。③

当愧对时，道德天平会因要求较高的那一端阙如（没有达到）而失衡。好比说良心的秤砣，一端阙如，另一端就翘起，当然心有不安。此刻的愧对，就是日常讲的对不起（或对不住）。由此笔者想起儿时玩跷跷板，一块长木板，两端坐人，中间为轴心，双方分别乘势起身或下身；如果一方出现意外，突然离开，另一方立即失衡而坠地，狠狠地震了一身。这离开的一方，说句"对不起"正是惭愧心的

---

① 张志平：《情感的本质与意义——舍勒情感现象学概论》，上海人民出版社 2006 年版，第 160—161 页。
② 章季涛：《实用同源字典》，湖北人民出版社 2000 年版，第 240 页。
③ 齐冲天，齐小乎编著：《汉语音义字典》，中华书局 2010 年版，第 146 页。

良心天平失衡的形象表达,其潜台词是:我没给你对上。

愧,令心灵让出一片反思的空间,开辟一条通往良心的径路。反思的空间越大,人性越完美;良心的径路越深入,人性越深刻!愧,不愧是人性的尺度!

(五)赧:羞涩呵护着爱

《圣经·创世纪》第三章说,亚当夏娃受蛇的诱惑,采食了智慧树上的禁果,顿时心明眼亮,才晓得自己赤身露体,自觉羞耻,便拿无花果树的叶子,为自己遮盖。

这段文字充满隐喻,首先表明人类的智与羞耻关联,无知与无耻关联。而知,与上文讲的良知、良心相通,进而有"愧"。"裸体的羞耻"这一隐喻的深层蕴含:那是一种无知的、缺乏思想和见解的古朴心理状态的象征,"裸体意味着对真理的无知"。[1] 其次,无花果(fig)树叶遮蔽下体,从无花果的汉名看,是不开花的果(按,实际上花隐在新枝叶腋间,不易发现)。而花是植物的子宫,本身有性和生殖的象征。无花果之"无"意味着遮蔽性和生殖器。

羞耻感,按照舍勒自我意识价值的理论,有两重功能:一是抵制较低价值的侵犯或诱惑,使人免于沉沦其间。例如,儿童手淫时会有羞耻感,羞耻感的作用就是让他不要沉溺在感官的快乐中,谴责自己不要降低自我的价值。二是呵护更高的自我价值,使之免遭侵袭或亵渎。例如,受到他人注目时,人有时会感到害羞,害羞是因为当事人想尽力保持自我的尊严。正如舍勒所谓"羞"是灵魂的"天然面纱"。[2]

---

[1] 叶舒宪:《圣经比喻》,广西师范大学出版社 2003 年版,第 34 页。
[2] 张志平:《情感的本质与意义——舍勒情感现象学概论》,上海人民出版社 2006 年版,第 161 页。

"羞"呵护更高的自我价值,在其语境中强调的是爱的呵护。而这种爱与身体有关。舍勒承认,"羞"实际上是精神与身体的一种碰撞,仅仅是精神或身体是产生不了"羞"的。比如一个女主人在仆人的侍奉下洗澡,她赤身裸体,毫无羞感,因为她们之间是一种现成化的关系,都已经定好格了。但是如果这时候仆人的眼光发生了变化,她就会产生羞感。一名在美术学院做裸体模特的女子,只是交出她的身体的形态,这是她的工作,没有什么可羞耻的。但是如果画家的眼光发生了变化,开始不怀好意,不是将其作为躯体来打量她时,她无法使自己的身体继续客观化,身体又回到意识中,羞感马上涌现了。

"羞感呵护着爱",也是说羞感呵护着性爱的天然时机,时机未到,女孩子就害羞,拒绝求爱。她用羞感包围着自己,织成一种纱幕。她不是抑制性爱,而是保护性爱。因此,舍勒认为:"羞不过是爱的最深邃的助手之一和最自然的助手,它就像蛹壳,爱可以在里面慢慢成熟,直到自己最终天然地破壳而出。"[1]

我们时常在小说中看到这样的"羞感":

"她开出了门,一眼看见了我,就立即住脚惊疑似地略呆了一呆。同时我看见她脸上却涨起一层红晕,一双大眼睛眨几眨,深深地吞了一口气,她似乎已经镇静下去了,便很腼腆地对我一笑。在这一脸柔和的笑容里,我立时就看到了翁则生的面相与神气,当然她是则生的妹妹无疑了……"[2]

"婉珍涨红了脸,低下头,只轻轻答应了一声;忽而眼睛又放着异样的光,微笑着,举起头来,对钱时英瞥了一眼。钱时英的目光和她的遇着的时候,倒是他惊异起来,马上收住了笑容,作了一种疑问的样子,迟疑了一二秒钟,他就决下了心,就出了办公室。这时候办公室里的同事们已经走得空空,天色也黑沉沉的暗下去,只剩下一段雪白的余光,在那里照耀着婉珍的微红的双颊,和水汪汪的双眼。"[3]

这种呵护也存在于婚礼中。维柯在谈论古罗马人的婚姻制度时说,婚礼的第二个隆重点在"要求妇人戴起面纱,表示世界上最初的婚姻所产生的那种羞

---

[1] 张祥龙:《现象学导论七讲——从原著阐发原意》(修订新版),中国人民大学出版社2011年版,第312—315页。
[2] 郁达夫:《迟桂花》。
[3] 郁达夫:《出奔》。

九、羞愧难当

耻感。一切民族都保存住这个习俗；在拉丁人中间反映在婚姻(nuptials)这个词本身，因为拉丁文 nuptiae 是由 nubendo 来的，这个词的意义就是'遮盖'。在复归的野蛮时期，少女们是不遮盖头发的(in capillo)处女，以别于戴面纱行走的结过婚的妇女。"①

从羞感呵护着爱到羞感是灵魂的"天然面纱"以及婚纱之羞，都是爱的自我"欲言又止"的几微态。这是一种情感的原初发生态，很微妙，却金贵隽永。这样的"情态"，很难言表，汉语中的"赧颜"一词与之比较接近。从语词上讲，赧颜就是因害羞而脸红。英文的 blush 也是脸红，又表示羞愧。

但是赧颜之"赧"不简单。《说文》："赧，面惭赤也。从赤，皮声。"皮，音 nian，柔皮，即揉皮使软。② 这个"揉皮使软"倒是值得推究的，言下之意，脸皮太厚，像皮革制造工艺中的鞣革工序，软化处理。

从赧颜的角度讲，"揉皮使软"的皮，无疑是脸皮了。具体地说，这是耳朵到嘴角之间的脸皮，是腮帮子所在地。赧颜就是腮红。为什么腮部的脸红表示害羞？看来"腮"字本身大有讲究。"腮"与鱼鳃有一定的亲缘关系，据进化论，"腮"是从鱼鳃发展而来的。鳃的功能是呼吸或气体交换。生物进化到哺乳类乃至人的脸，鳃的呼吸结构消失了，就像旧的河床被填埋，这个位置就叫"腮"。腮，从月，思声。"思"的本义就是呼吸，与"息"同源。③

因此，"腮"蕴含着生命的呼吸。人们遇到难题，不知所措时，会"抓耳挠腮"，这个"挠腮"便是无意识中寻求"腮"中思的呼吸(如同国际围棋赛的吸氧环节)，进而是救急的智慧(思想)。就呼吸而言，息也是呼吸，与思相通。息从自从心，自是鼻的初文，表示鼻子的呼吸。而鼻子又是自我的象征。因此，腮之思也是自我意识、自尊心所在。

这么说，腮就是自我的面子。而赧颜(羞愧感)让人回到真正的自己(按，腮之思，息之自)，④是自我呵护自我尊严的"隔离带"。问题是"赧"之"揉皮使软"到底是怎么回事？是谁在揉皮，目的何在？

---

① [意]维柯著，朱光潜译：《新科学》，人民文学出版社 1986 年版，第 239 页。
② 齐冲天，齐小乎编著：《汉语音义字典》，中华书局 2010 年版，第 1084 页。
③ 周及徐：《汉语印欧语辞汇比较》，四川民族出版社 2002 年版，第 149 页。
④ 张志平：《情感的本质与意义——舍勒情感现象学概论》，上海人民出版社 2006 年版，第 165 页。

"揉皮使软"令人想起民间"刮面皮"的习俗。"刮面皮"又叫"刮老面皮",特指某人厚颜无耻,缺乏反"思",脸皮太老,所以要他人帮其"刮"得薄一点,使之柔软一些(有点像"恶"字的效应),以便意识到自我、自尊的价值。然而"赧"字中的"刮面皮"者是谁呢?那是来自自身的反思的力量,是腮的"深思者"。它是指鳃以来的呼吸者("自"也),依旧"活"在腮下。"揉皮使软"的目的在于实现"皮肤"的呼吸。

这是灵魂深处的呼吸,是自然天成地散发着生命的血色,是"揉皮使软",最终"破皮"而出的"蛹"。而通过他人"刮面皮"的方式,或者以传统道德教育获得的"羞感",不是真正的"羞",那是拘谨(prudishness)。[①] 这样的"羞",实为"忸怩"作态的"羞"。怩,从尼,拘泥之"泥"也。

因此,"揉皮使软"的过程就像掘地打井,腮下的血气随之上涌,"泛滥"成红。灵魂的气息,很难人为,哪怕优秀的演员也难以表现羞涩;然而,它却是最动人,最感人的。"羞"的美妙带来了青春的幻想,也带来了神圣的期望。

羞愧,若隐若现的亏欠,上有天神的祭祀愧对,下有动物的屠戮愧对。人在愧对中拷问灵魂,内疚中忏悔反思。而在羞涩中,愧对的是不安。羞愧是隐居的自我对世界的思念。周易艮卦为山,为自我;坤卦为地母,为隐居,合之为地山谦。"羞"也是谦谦君子的风范。

---

① 张志平:《情感的本质与意义——舍勒情感现象学概论》,上海人民出版社 2006 年版,第 164 页。

十

奇耻大辱

根据舍勒的自我意识价值的层次理论，惭愧是因自身的亏欠而感到不安，即愧对高端的自我价值层次；耻辱则是自身被贬低而感到不安，即屈就于低端的自我价值层面。耻辱是被压抑、被阉割自我的无望失助态。耻辱五行属金，为肃杀收敛状。

十、奇耻大辱

（一）耻：命门失守的痛苦

耻，本作恥，《说文》："辱也。从心耳声。"耻从心，系心理感受，从耳，其音义何在？有点玄乎。陈独秀在《小学识字教本》里说是"侮辱之言入于耳而惭于心"。胡广文认为"恥"的意义源头不是"刑例"，而是来源于最早的掠夺奴隶的战争，"战俘被割去耳而沦为奴隶"这一历史事实。"从耳从心"，割掉左耳而沦为地位低下的奴隶当然会感到"辱也"。[①]

耻的形义，割耳之说比较合理。割耳之举有多重含义：其一表示邀功，这多半是杀死敌人后取其耳朵作为领赏的依据；其二，割耳象征着夺其生命（即取命的"取"从手从耳），不再成为对手；其三，阉割战俘，留下羞辱印记，永世为奴。

显然，耻从耳是生命的象征符号，也代表着自我生命的价值。割耳就是贬低俘虏的生命价值，达到羞辱的目的；被割耳的，深感耻辱。

古代盛行酷刑，除了割耳的"刵"，还有割鼻的"劓"、割足的"刖"、去势的"椓"等。就耻辱效果而言，为什么取"刵"刑，而不是"劓"？这涉及鼻子和耳朵的面相心理：鼻子是意识的自我，显相的，为后天之本；耳朵相对而言在意识的深处（类似无意识"本我"），比较隐蔽，为先天之根，是基础性的。所以"刵"意味着从根本上击倒对方。此外，左耳也有本源的意义，在中国传统中，左为大，是先天性。

耳朵的先天之本，主要在于其自我的生命价值。中医耳针发现耳朵是人体的全息缩影：外观上像一个倒置的胎儿，耳针穴位分布对应着胎儿的身体位置，如耳垂为头部，耳门为内脏，耳轮为手足等；相应的穴位就有相对的针灸疗效。

[①] 李圃,郑明主编：《古文字释要》，上海教育出版社 2010 年版，第 999 页。

既然如此,在中医传统中,肾开窍于耳,《灵枢·脉度篇》:"肾气通于耳,肾和则耳能闻五音矣。"而肾藏精,是孕育生命、促成生殖力的脏器。因此,耳表征了生命始源特质,反映了妊娠、胎儿和生命生长的属性。

"耳"的生殖特性,也具有"命门"的属性。割掉耳朵就是割掉命门,有如阉割。因此,"刵"刑之耻,痛苦之甚。

19世纪荷兰画家梵高,据说在与画家高更争吵后,精神几近崩溃,愤而割下自己的右耳,仔细地用纸包好,就近找了一家妓院,把耳朵送给一个妓女(一说他的情人)。在自残后不久,梵高创作了《包扎着耳朵的自画像》(作于1889年)。画面中,他穿着工人的上衣、带着皮帽子(而半年前梵高把自己描绘为牧师或僧人),看不出精神错乱或痛苦的痕迹,表现得不以为意,还从容地吸着烟斗。然而画面却充溢着紧张的气氛,背景与衣帽、绷带等色彩配在一起显得十分刺眼,造成了一种独特的矛盾,"表现出一个沉思的受伤男人为抵御发烧而把自己紧紧地裹在皮帽和衣服里"。[①]

梵高自割右耳,是一种自我羞辱,那是对曾经的高贵理念(牧师或僧人形象的自我)的嘲笑和否定——烟斗冒着吹泡般的烟,并站在普通人(工人衣帽)的角度冷眼自己的过去。画面中的矛盾关系,显示了两个自我的搏击,也显现了自残、自辱的窘境及其逃离窘境的企图(衣帽裹住自己)。此画富有深意。耳朵是他艺术的生命,而他的艺术才华和艺术作品却不为人理解,这是极大的耻辱。

图10-1　梵高自割右耳,是一种自我羞辱,那是对曾经的自我的嘲笑和否定

割耳是对自己艺术生命的遗弃,是自虐式地放逐迟迟不现的希望。右耳之右,表

---

① [美]卡罗尔·泽梅尔著,史津海译:《梵高的历程》,世界知识出版社2001年版,第192—193页。

示未来和前景。作为生殖象征的耳朵却割送给不生育的妓女,也意味着对自己艺术生命的自我羞辱(等于是把自己的作品等同于妓女)。

由此可见,耳朵之耻,乃生命之根被阉割之辱。

这样的耻感,也影响了耳朵下辖的周边区域,即俗称的耳光部位。耳光者,耳朵以下到下巴的光滑地带,那是腮骨、腮帮子的领地,也是我们通常说的人的脸面所在地。前面谈及赧颜时(参见第九章第五节),表明这是无意识自我的内在生命呼吸之境。

腮的生命呼呼,既是羞的表现,也是人的面子所在。中国人重面子,在乎场面;有时过分讲究,出现只顾面子不顾里子的现象,叫做"宁可饿肚皮,也要撑门面"。① 这种心态也屡屡出现在一些地方作为政绩的"面子工程"上。

脸的系列词汇反映了面子心理:站队捧场谓之赏脸;客气礼遇谓之给脸;功业有成谓之争脸(给家族等争得荣誉而使之脸上有光);失败出丑谓之丢脸;争吵不和谓之破脸(撕破脸皮);态度颠覆谓之翻脸(翻脸不认人),等等。

面子牵涉个体及其相关者的尊严,处理不当就有失面子,随即出现一系列"约等于":不给面子≈蔑视某人≈羞辱某人。这都是耳光惹的事。

耳朵的"属地"一旦"失守",便沦为被羞辱的境地,其中最典型的行为就是被人"打脸"。在大庭广众下冷不防给某人"一记响亮的耳光"是对其人最大的羞辱。火辣辣的指印在脸上泛出血色来。这是外力打击下的泛红,而赧颜则是内羞散发的血气。

打脸的正式说法是掌掴。这是一种攻击。掌掴的目的通常是为了羞辱对方,而非伤害对方。在许多的电影和电视节目中,女性通常会掌掴冒犯她们的男性或其他女性,在现实生活中偶尔也会发生这样的情况。研究显示女性掌掴他人的次数比男性更多。②

打脸,沪语叫"掴耳光"。动词"掴",古代字书《玉篇》说是"掌耳也。"掴,从手从国(國),何以掌耳?这涉及另一个割耳的专用字——"馘"(音国),其异体写作"聝",从耳从或,《说文》:"聝,军战断耳也。"而"或"又是国的本字。③

----

① 面,沪语音 mi,与皮押韵。
② 维基百科·掌掴条。
③ 邹晓丽:《基础汉字形义释源》,中华书局 2007 年版,第 100—101 页。

"聝"之所以从或,源自耳朵的外形或外廓,如同今日讲的"耳廓"。①

从前体罚小孩,不仅打脸,还有"扭脸皮"的,似乎通过羞辱腮帮子,刺激其反思。犯错的小孩被气呼呼的家长逮住后,扭着腮帮子(有时是耳朵)往家里去,一边走,一边骂:"怎么不长记性,魂灵头到哪里去?"这"魂灵头"就是其人之"思",扭脸皮意在"揪出"腮中的"思",唤起人的脸面意识,似乎期待那顽童的"腮"思尽快成熟,独当一面而能"长脸""给脸"。

腮中的"思"是人的尊严所在,善于反思就不容易蒙羞而失措,个人如此,国家也如此。战后德国人曾蒙受着巨大耻辱,国家似乎也成了"罪人"。但德国人的理性让其很快找到反思的路径,因而找到了自信的坐标。他们反思历史的正义,意识到德国的真正英雄是以当时反对纳粹而献身的众多犹太人和普通德国人,由此建立纪念馆、展览馆,作为教育下一代的历史之鉴,进而确立无愧于历史的价值观!

总之,耳光区域的腮,主要表现为面子等人格面具的属性。人与人相处,"低头不见抬头见",总是要"面对"的,面子反映了人际关系,是彼此的镜子。面子的正面效应是尊严(争脸、给脸、有脸),负面效应是耻辱(丢脸、没脸),两者相反相成。

然而,腮在履行其面具功能时,却暗含着"翻脸""破脸"的冲动。这与腮骨的功能关联。腮骨负责咬肌,隐藏着远古祖先凶猛的撕咬、攻击行为,反映了人性中的兽性,即阴影原型。那些腮骨横张者(又叫脑后见腮,或反骨)保留着强悍的野性和叛逆,一旦受辱,容易"恼羞成怒",立马破脸,大打出手;那些腮骨瘦弱者,则忍气吞声,备受压抑。

此刻,忍辱负重就是一个很珍贵的品质,既不冲动,又不气馁,就像越王勾践卧薪尝胆,谋求复兴大业。历史上的犹太人经历无数苦难,是忍辱负重的典型,但一次次走出困境,赢得自我,赢得世界,在各方面都做出卓越的贡献。忍辱是精神之勇,也是佛教修行六度(布施、持戒、忍辱、精进、禅定、智慧)之一。在心理学层面上,忍辱是阴影能量的转化和升华,善于从忍辱中转化自身的,"知耻而后勇",才是真英雄,才是有能耐的。

---

① 齐冲天,齐小乎编著:《汉语音义字典》,中华书局2010年版,第770页。

十、奇耻大辱

能耐之"耐",从而从寸。"而"是须毛,在古代礼仪中,男子留须不可除(故"须"有必须义),须是仪容身份的象征,像帽子一样神圣,不得随意处置;寸为手,为法度,表示剪除胡须。因此,耐是古代剃去鬓须的刑罚。① 尽管耐是轻刑,能忍耐,但须为礼仪所必须,又位于腮的区域,也有耳光之耻。耐义演化而为能耐、耐心也是意味深长的,耐的轻微惩罚如同防治疾病的免疫疫苗,激发阴影原型的积极转化,从而守护着"腮"之"思",练就一身"能耐"。

耻(恥)从耳从心,字象结构本身就是一个卦:这里耳朵取象子宫(胎儿在其中),为大母神生殖象征,对应坤卦;心为火,取象腮之"思",对应离卦,如此对应,"恥"字便是地火明夷卦。

明夷象征光明殒伤;利于牢记艰难,守持正固("利艰贞")。《象传》说:光明隐入地中,象征"光明殒伤";譬如内含文明美德、外呈柔顺情态,以此蒙受巨大的患难,周文王就是用这种方法度过危难。"利于牢记艰难,守持正固",说明要自我隐晦光明;尽管身陷内难也能秉正坚守精诚的意志,殷朝箕子就是用这种方法晦明守正(内文明而外柔顺,以蒙大难,文王以之。"利艰贞",晦其明也,内难而能正其志,箕子以之)。②

明夷的卦象特征和象征意义,很好地表达了"恥"的内涵和本质(光明殒伤,即腮之思受到伤害),表明蒙难如文王,困于羑里而能忍辱负重,走出昏暗。

(二)忝:黥刑之耻

忝,从天从心,结构与"恥"相似,意义也相通:辱也。恥是割耳之辱,那忝就

---

① 李圃,郑明,主编:《古文字释要》,上海教育出版社 2010 年版,第 901 页。
② 黄寿祺,张善文:《周易译注》,上海古籍出版社 1989 年版,第 294—295 页。

是割"天"之辱了。天,指脑袋,古代英雄刑天,其名为砍头,据说与黄帝交战,黄帝用宝剑砍掉刑天的头。但,"忝"字之天,指的是额头,在额头上刺墨,以示犯罪。

"忝"为黥刑,也叫黥,在人额上刻下犯罪标志,再填以黑墨,使之永不褪色。"黥"字小篆也写作"剠",黑和刀都是施刑的工具。由于额在人体的高处,所以后代也把黥刑称作"凿颠"的。甲骨文中有一个描述黥刑的字,是一面朝左边,手捧着物品,身后有尾饰的人形,人形头上有个"辛"状的刑具。"黥"刑虽属肉刑,然其主要是为了区别罪犯与常人,突出其耻辱的作用。①

人类的额头由前额、鬓角和眉弓组成。由于我们祖先大幅度的大脑膨胀导致的前部区域的扩张,我们才多出来这么一张"眼睛上方的脸"。拿黑猩猩的脸与人脸做一番比较,两者的前额有着十分显著的差别。这种猿猴的前额几乎可以忽略不计,人类的前额却从眼睛部位竖直向上,形成了一大片无毛区域。黑猩猩的发际线则一直耷拉到了眉弓的位置。②

人头上方的这一片无毛区域,明净光亮,就像广阔的天空,所以古人把额头称作"天"也是很形象的。天是神圣的,不可侵犯的,偏偏在这个重要位置刻印,是有意羞辱犯事者,贬低其人,打压其人。额头刻印同时也毁掉了"眼睛上方的脸",丢脸至极!

相学上,脸分三停:上停为天,即额头,发际线到两眉的连线间的开阔领域,习称"天庭"(所谓天庭饱满地阁方圆);中停为人,为印堂和鼻子;下停为地,系鼻子以下部位(人中、嘴巴、下巴)。上停是官禄之地,与荣誉、地位、智慧、成就等有关;也是父母之位,与祖脉、福荫、运气、健康等相关。额头之败,令人穷困潦倒、行事多艰。而额头黥刑,无疑败坏了额头的积极属性,使之名誉扫地、跌落谷底。

文化侵略,是一国对另一国文化"天庭"的"抹黑",较多的表现为核心价值观的替代,尤其是宗教信仰的替代。如某些战争征服某一领地之后,迫使被征服地的人民接受外来的信仰。西方殖民主义者掠夺美洲财富时,疯狂驱赶、屠杀印第安人,大规模破坏、焚烧其内涵深厚、神奇伟大的宗教文献和历史资料,声称是

---

① 何九盈等主编:《中国汉字文化大观》,北京大学出版社 1996 年版,第 227 页。
② [英]戴斯蒙德·莫里斯著,李家真译:《裸男》,新星出版社 2011 年版,第 54 页。

十、奇耻大辱

魔鬼的作品。这种"文化黥刑"的极端形式就是阿道夫·希特勒的那句话:"消灭一个民族,首先瓦解它的文化;要瓦解它的文化,首先消灭承载它的语言;要消灭这种语言,首先从他们的学校里下手。"

而异族的武装入侵,最具战略意义,最能破其国其民自信和尊严的便是威慑、攻陷其首都,而这正是国家层面的"黥"。黥,从黑从京;京,本义为高地,"人所为绝高丘也。从高省,丨象高形",①借指人体的高处(额头)。京,也有高楼、高台之象,音义通"亮"(亮,为从高从人的结构,楼高而通亮),即"惊"。② 黥,便是对"明"额的"抹黑",是"黑暗"绑架"光明"。

这里"京"也可以直接理解为京城(国家的"制高点"、"亮点")的,故而入侵之"黥",是对京城进而是对国家民族的"抹黑",是对光明的伤害——地火明夷。

敌国入侵的战争之"黥",在对国民造成巨大肉体和精神上伤害的同时,也留下深沉的耻感。经历了战争的民众,心灵深处印刻着挥之不去的"黥"痕,雪耻的心念不时地涌动着……这样的伤疤,因"忝"而留,需要"舔"的呵护。舔是爱,是对伤口("忝")的治愈。若无悔罪之心,不仅没有"舔"慰表现,反而会"添"加新恨。

"黥"是光明与黑暗的战争,地火明夷的辱是暂时的;火地晋(明夷卦的反面)的发展才是永恒的,是破解"黥"辱之本。

(三)辱:地母之伤

仅从字形上看,很难把"辱"与耻辱、侮辱挂钩。不过《说文》有自己的一套

---
① 《说文解字》。
② 齐冲天、齐小平编著:汉语音义字典,中华书局 2010 年版,第 901—902 页。

说法:"耻也。从寸在辰下。失耕时,于封畺上戮之也。辰者,农之时也。"意思说,"辱"为寸在辰下的会意,寸为法度,得失务农的时机要按照法度来赏罚。因此,失去耕种的时候,就在封土上羞辱他。辰月,是农耕的时令。①

许慎的解释,有点牵强,后人多有质疑。清代文字学家徐灏断然指出:"此字义不可晓。从辰,从寸,盖无失时之意也。"②今人于辱义多有新说,如林义光认为,辱与农当是同一个字。杨树达认为,辱,耨之初字,为耒耨除草义;辰为蜃的初文,大蛤蜊,打磨锋利以除草。③

然而,"辱"的锄草义又是如何生成侮辱义的? 何金松认为这与辱的污秽义有关。朱骏声《说文通训定声》谓:"辱假借为黢。"而黢,《说文》:"握持垢也。"《广雅·释诂三》:"辱,污也。"因此,辱字的"污垢"义是由拔出庄稼中杂草时手沾污泥而来。由污垢引申为耻辱。④

辱字的"污垢"说听起来蛮在理,但细究的话,又有点疑问:锄草的意义何必强调手沾污泥? 这太小看锄草行为了! 同样的从臼(双手合拿之形)从辰的"晨"⑤引出的是"早也",⑥即劳作的时间。锄草沾上污泥是田间劳作时琐细的附带结果,根本不需要也不值得"上特写镜头"。那么,辱字的"污"义从何而来? 我们从"辱"的同义字"锄"中找到了相关线索。《释名》:"锄,助也,去秽助苗长也。"锄草原来是除去田野中的"秽"物——杂草。秽,就是污秽、污垢。这样就清楚了,辱字的"污"义来自杂草的称谓。

从田间劳作的常识看,杂草无用,却影响谷物的生长,令人厌恶,非得去除不可,所以贬称为"秽"物。这是站在农耕者的立场上看待田野杂草的。但是,锄草行为究竟侮辱了谁? 难道是田野里妨碍谷物生长的那些杂草? 情理上似乎很难成立。

我们端详着"辱"字——这个文化活化石,沉思着,回到前农业神话时代。

农耕农业之前,以采集—狩猎为基本生活方式,世界各地广泛流传地母崇

---

① 汤可敬:《说文解字今释》,岳麓书社 1997 年版,第 2140 页。
② 徐灏:《说文解字注笺》。
③ 李圃,郑明主编:《古文字释要》,上海教育出版社 2010 年版,第 1363 页。
④ 何金松:《汉字文化解读》,湖北人民出版社 2004 年版,第 288—289 页。
⑤ 从臼,从辰,双手拿农具,见邹晓丽:《基础汉字形义释源》,中华书局 2007 年版,第 71 页。
⑥ 《尔雅》:"晨,早也。"

拜,因为"地之吐生物者也"。① 地母崇拜在中国周易文化中,表现为坤卦的形态和属性,即坤德载物的理念。在古希腊,有盖亚或葛(Ge)的崇拜神话,荷马吟道:"我歌唱大地、无忧为王的、万物之母、养育土地上一切存在的可敬的女祖先。"②

作为土壤的大地的"神显"之一,便是大地的"母性",其永不枯竭的产生硕果的权能。在农业崇拜之前,大地—母亲崇拜有着深厚的基础。乌麻地拉(Umatilla)部落的一位印第安人的先知斯莫哈拉(Smohalla)禁止他的追随者掘地,他认为,农事弄伤或砍斫、撕碎或者骚弄我们共同的母亲是有罪的。"你们要求我耕耘土地吗?我可以用刀划伤我母亲的胸口吗?那么我死以后她就不会让我歇息在她的怀抱里了。你们要求我挖掘大地获取宝石吗?那么当我死之后就不能进入她的身体而获得再生。"

中印度原始的达罗毗荼部落之一的柏贾人(Baiga)居无定所,只在被大火烧毁的部分丛林地带遗留下来的灰烬中播种,因为他们认为用梨划破大地的胸膛是一种罪过。而一些阿尔泰和芬—乌民族认为采摘青草是一件可怕的罪过,因为这样伤害了大地,就像拔掉一个人的头发和胡须会伤害他一样。③

这就是前农业神话时代大地—母亲的神话思维,在此视野下重新审视"辱"的锄草行为,不用说这就是对大地母亲的羞辱,是一种罪过。换言之,"辱"的侮辱义,有着前农业神话的痕迹;而"辱"污垢义则体现了农耕时代的价值观。

在前农业神话思维看来,"辱"之锄草显然是一种不敬的行为,不仅有"拔毛"(割草)之嫌,而且也有划伤地母胸膛之罪(锄草去根而掘土、松土)。

不唯是"辱",大地—母亲的情结还以其他形态存在着。譬如"圣",这可不是神圣的"圣"(繁体写作聖)。圣,从又从土,《说文》:"汝颍之间谓致力于地曰圣。"致力于地,即耕作于地。甲骨文像以手搬动土块之形,音窟,为掘的初文。④

---

① 《说文解字》。
② [美]米尔恰·伊利亚德著,晏可佳、姚蓓琴译:《神圣的存在——比较宗教的范型》,广西师范大学出版社 2008 年版,第 230—231 页。
③ [美]米尔恰·伊利亚德著,晏可佳、姚蓓琴译:《神圣的存在——比较宗教的范型》,广西师范大学出版社 2008 年版,第 236 页。
④ 尹黎云:《汉字字源系统研究》,中国人民大学出版社 1998 年版,第 123 页。

图 10-2　地母崇拜，大地神圣不可侵犯

"圣"为掘地，在"地母"思维看来，这简直是开膛破肚，不可饶恕。逮至农耕时代，这样的情结还隐约存在，尽管对"圣"的行为不那么抵触，但还是不怎么理解，所以就有了以"圣"为声符的"怪"字——感觉（从心）掘地（从圣）行为怪怪的。

艺（藝），本义是种植，其字从云，取耕耘之义。藝，本作埶，埶（音 yi），从坴（lu 土块），从丸，即卂（ji 持）。① 从字象上看，"埶"与"圣"相通，都是手对土地的把持，即耕耘。"埶"的相关字也透露了农耕的信息，如"热"（熱）从埶从火，是在火烧过的土壤上耕耘，所谓刀耕火种者也。

"亵"（褻）从衣从埶，许慎说是私服。亵就是非公众朝会时的穿戴，是居家常穿的便服，贴身内衣，"亲身之衣也"。司马相如《美人赋》："女乃驰其上服，表其亵衣。皓体呈露，弱骨丰肌。"亵由内衣而引申为亲近义。②

为什么作为贴身内衣最后又有了表示肮脏的"亵渎"义呢？在此我们先看看农业神话时代的两性观念。在很长一段时间里，古希腊—罗马人将土地等同于子宫。在拉丁诗人中经常出现"田野—爱情"（arat-amat）的主题，将妇女比作被开垦的土地，而男性生殖器等同于犁铧。那难陀（Narada）有一评语说："妇女

---

① 齐冲天，齐小乎编著：《汉语音义字典》，中华书局 2010 年版，第 458 页。
② 王力主编：《王力古汉语字典》，中华书局 2000 年版，第 1231 页。

十、奇耻大辱

是田地,男子是撒种者。"梵语的"langula"(尾部、铲子)与"lingam"(男子生殖器)同源,表明阳具与犁具之间的同一性。①

弗雷泽指出,我们的祖先将植物的生长与两性活动联系起来。世界各地一些未开化的种族,仍然有意识地采用两性交媾的手段来确保大地丰产。爪哇一些地方,在稻秧孕穗开花结实的季节,农民总要带着自己的妻子到田间看望,并且就地性交,以便促进作物生长。在乌克兰,圣乔治节(四月二十三日)那天,乡村牧师穿着法衣,在随从的陪伴下,来到村边的地里,对着刚刚出土的庄稼嫩芽,进行祝福。然后年青的夫妇们成对地走到新近播过种的地里,在上面翻滚几次,认为这样可以加速作物生长。德国有些地方谷物收割完毕之后,男男女女都在地里打滚,其用意也是想赋予土地以旺盛的生产力。②

对此我们不妨推论,"埶"之种植义也有阳具(丮,手持农具)与女阴(坴,土壤地母)的意象。"亵"作为内衣、"亲身之衣",暗含着夫妻生活的穿戴,存在着"驰其上服,表其亵衣"的诱惑。身穿"亵"衣,亲昵无间,一扫平日的庄重。鉴于古代礼教传统,这样的行为多为不齿,于是逐步引申为污秽、淫秽。

"亵"之性力活动也出现在作为贴身内衣的"衵"字中。"衵"声符为"日",这个"日"就是阳具的象征。荣格曾提及他的一个患者"看见"太阳阴茎的案例,后来发现这一幻觉与古代密教抄本中的有关太阳生殖的隐喻吻合。③ 而在古籍中,"日"解释为果实或种子。④ "日"在北方口语中用作动词时就有性交的意味。"日"的种子义作为动词的话,义为下种。这也是性的隐喻。因此,"衵"与"亵"一样,是夫妻生活的象征。其实"埶"通"势",《史记》中大凡表示"势",都写作"埶"。《说文新附》才有"势"字:"盛力权也。""埶"本身含有力义,故加力而成"势"。而"力"为铲土农具,⑤与"langula"相似,故而也有阳具的象征。而"势"有睾丸的意思,如"去势"表示阉割。这样,"亵"中之"埶"正好对应了"衵"中之

---

① [美]米尔恰·伊利亚德著,晏可佳、姚蓓琴译:《神圣的存在——比较宗教的范型》,广西师范大学出版社 2008 年版,第 245 页、第 248 页。
② [英]詹·乔·弗雷泽著,徐育新等译:《金枝:巫术与宗教之研究》,中国民间文艺出版社 1987 年版,第 206—209 页。
③ 冯川编译:《荣格文集》,改革出版社 1997 年版,第 91—93 页。
④ 周清泉:《文字考古》,四川人民出版社 2003 年版,第 443—445 页。
⑤ 邹晓丽:《基础汉字形义释源》,中华书局 2007 年版,第 140 页。

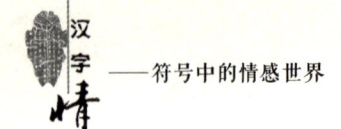

"日",确证了后者的阳具意味。

"埶"经由"亵",可见其耕耘的阴阳交合义。但是这样的行为在"地母崇拜"信仰中是对大地的侮辱,因而是一种"亵渎"行为。"地母崇拜"始终不接受农业神话中的男女性力种植观,不理解种子活动。作为"艺"(藝)的声符字"呓"(囈),就是"地母崇拜"信仰对种植行为的评判:简直疯了!

从"辱""埶""圣"等字中,我们看到了农耕神话替代地母崇拜神话的心理落差,以及由此产生的抗拒和对立情绪。其中"辱"是"大地—母亲"情结反对农耕伤害行为的典型。

如今,定居农耕"天经地义"地存在了上万年。人们早已习惯水库、灌溉、田垄等对大地母亲"开膛破肚"的"壮举",而且继续深化这样的"壮举"——农药、杀虫剂、化肥的侵袭,乃至转基因的泛滥。对此,地母盖亚已无招架之力,也继续深化其"忍辱负重",当代"先知"在哪里?

辱,在我们的心灵深处,关乎我们的根,我们的原型母亲。

(四)侮:母权的沉沦

如上所说,"辱"之侮辱感,乃农耕之故。而农耕是新石器以来人类社会形态的一个转折点,即从母权制转向父权制。"辱"的发生反映了父权与母权的地位之争。

在采集—狩猎的"地母崇拜"时代,较多地突出地母的生殖生养能力。女人有村社、棚屋和自己生产的器皿以及子女家庭等,是母系群体即母权社会的管理者。男人打猎、打仗,不参与家庭和社区管理,只是女人的帮手,在村社中也没有权威地位。子女的出生与父亲没有必然联系,正如《白虎通》所载:"古之时未有

十、奇耻大辱

三纲六纪,民人但知其母不知其父……"大概一万年前,出现了有组织的农业生产,男人开始主导农业生产。这时农业日益成为主要的食物供应来源和经济文化中心。于是男人从妇女们那里接管社群的组织权和领导权。

精神分析学家弗兰克尔认为,在农业中,种子(这是男人对生命的特殊贡献)具有重大意义。的确,男人激活了大地母亲,使之肥沃丰产,亦即男人在大地上播种,使得大地能够孕育生命,由此体现男人的支配作用。但是,"男人的这种支配地位,不能简单地用农业的出现来解释。男人企图获得高于女人和母性的权力,试图穿入她的身体,使她屈服于他,接受他的种子。男人这种对生殖器肯定性的内驱力是农业出现的心理基础。"①

"男"从力,表示土地耕耘,显示出农耕时代的男人对田野劳动及收获的主导权,所以作为农具的"男"也就成了男人的称谓。另一方面,"男"从田,文字学家大多解释为田地之形。但是文化人类学的研究认为,田,其实是由,与稷(从禾从"畟")相通,是大头谷灵,是种子的象征。"稷"便是土地神的配偶。从初民经验看,谷物、植物,都是大地母亲所生养的生命形态,而使地母受孕的契机正是谷种或植物的种子。因此,植物神、谷神被当作地母的丈夫或配偶。②

男人通过大地丰产,宣称拥有大地的所有权,取得了统治地位。雅利安人在整个印度定居下来,建立农业社区时,也建立了严格的父权制的社会秩序,只有男人能够继承财产,履行家族仪式,祭祀逝去的先祖。吠陀时代的印度维持着根深蒂固的父权制社会秩序,进一步强化妇女的从属地位,其中殉节风俗表现了女人对丈夫的依赖和忠诚——殉夫自焚。③

田野上发生的权力变更,完全改变了女人大母神的地位。在此漫长的转变过程中,开始了两性的权力之争。男人们在财产权、土地权、姓名权、子女继承权等方面,全面出击,逐一争夺,最后获得了父权统治的绝对地位。

这场旷世之争的实情很少见诸文献记载,但其"遗迹"却零星保留在汉字的地质层。

---

① [英]乔治·弗兰克尔著,王雪梅译:《道德的基础》,国际文化出版公司2007年版,第142—143页。
② 叶舒宪:《高唐神女与维纳斯》,陕西人民出版社2005年版,第238—240页。
③ [美]杰里·本特利、赫伯特·齐格勒著,魏凤莲等译:《新全球史》:文明的传承与交流,北京大学出版社2007年版,第104—106页。

首先,这体现在对女人的称呼上。侮辱的"侮",杨雄《方言·三》说是"奴婢贱称也……秦晋之间骂奴婢曰侮。"《说文》:"侮,伤也。从人,每声。㑄,古文从母。"侮有伤害的义,今常说欺侮、侮辱、侮蔑等,都有凌辱、损害的含义。侮字反映了母系社会已经过去,妇女的社会地位迅速下降,与敏、谋、海等表现女性才能和尊严的字形成鲜明对比。侮字直接从母字派生,构成了对母系的轻侮之称,不过字形上加个人旁,以示区别而已。侮的古文字还写作"伳",这样女也成了骂人之辞。①

"女"的字形为跪坐状(而表示男人的字,如大、人,都是站立状),一般理解为居家状态,表示柔和顺从之性。但是,另一方面也暗含着被父权压抑而依顺的状态(不能自"立")。从女的字多取小弱义,如女墙、女萝。父权制度下的妇女,未嫁时是父亲的财产,买卖式的婚姻与市场上的待价而沽的奴隶一样。婚后男人是主,女的是奴。古代印度的一些部落把妇女当做与家畜一样同是家里的一部分遗产。在古代非洲的一些黑人部落里,妇女几乎与奴隶毫无区别,唯一不同的是她们可提供性的需要。②

因此,《说文》把"奴"解释成"奴、婢,皆古之辠人也"。《周礼》曰:"其奴,男子入于罪隶,女子入于舂藁。从女从又。伮,古文奴,从人。"女就是女奴,女、奴两字的语音也一致的,奴从女声,兼会意。③

富有意味的是,奴的古文"伮"与"侮"的古文"伳"完全相同。这表明"侮"是把女人贬为奴的称呼,也是侮辱或骂人的话。"侮"还有一个异体字"伎",④从人从支,即手持小棍,敲打之形。笔者以为"伎"才是"侮"及其古文"伳"、"㑄"的本字,侮、伳、㑄都可以看作"伎"的省略合成,实为从伎,加上从母或从女、从每的结构;其中"伎"表示父权的权威,母、女、每在此权威下的屈从。

其实"侮"的声母与"务"相关,古注谓"侮,务也"。"务,强也。"务,又作敄,从矛从支,"谓用强力侮慢侵害人也。古《孝经》侮作矛下一个人字,从人,矛声,

---

① 齐冲天,齐小乎编著:《汉语音义字典》,中华书局 2010 年版,第 75 页。
② [美]威尔·杜兰著,幼狮文化公司译:《世界文明史——东方的遗产》,东方出版社 1999 年版,第 42—43 页。
③ 齐冲天,齐小乎编著:《汉语音义字典》,中华书局 2010 年版,第 70 页。
④ 汉语大字典编辑委员会编:《汉语大字典》,湖北辞书出版社,四川辞书出版社 1992 年版,第 2177 页。

十、奇耻大辱

加矛于人头上,正显强暴凌人之象,是侮之古文当作矞。"①

父权对母权的征服,就是压制女性的欲望和权益,贬低女性的社会地位。"努""弩"从奴,不是指女人或女奴的力量之大,而是指男人为控制、贬低女人所使出的劲道。努力,就是尽量用力。其语源义是努力捉拿。怒从奴,也是与捉拿俘虏、罪犯相联系,具有对抗性。② 这也说明,父权地位的确立经历了长期的争斗;换言之,妇女最初也在不断地抵抗着父权的"侵入",直到最后才被降"服"。所以《说文》:"妇,服也。"

图 10-4 屈辱人生:压抑与麻醉

贬低就是侮辱。"奚落"意为嘲笑,本义也与侮辱、贬低相关。"奚"的甲骨文像手提人发辫之形,表示最下贱的奴隶;③提着发辫,是揪斗某个人(特别是女人)时的常见动作,可见羞辱之意。而落,当是落马、沦落,所谓"虎落平阳被犬欺",没有尊严可言了。

"奚落"之侮辱、羞辱的意象,英语中也常见。Humiliation(耻辱,蒙羞),与humble(地下,谦卑)和humid(潮湿的)同源,语源来自土地、泥土之低位,与《周易·系辞》"天高地卑"之说相通。凡是低下的都与侮辱有关,诸如 take down,bring down,put down,其中的 down 显示了低下之侮。相对于"低位",站在高端者的凌辱之势便是"insult"(侮辱,凌辱,冒犯,蔑视,无礼)了,其 in 为 on 或 upon(在……之上),sult 为跳跃(to leap,jump)。④ 故"insult"为"高越"之傲视。

还有一个常见字"耍",从而从女,蕴含着对女奴的奚落。耍,从而,与耍一

---

① 齐冲天,齐小乎编著:《汉语音义字典》,中华书局 2010 年版,第 75 页。
② 齐冲天,齐小乎编著:《汉语音义字典》,中华书局 2010 年版,第 71 页。
③ 尹黎云:《汉字字源系统研究》,中国人民大学出版社 1998 年版,第 34 页。
④ 周文标主编:《多功能英汉案头大辞源》,辽宁人民出版社 1993 年版,第 926 页。

样,其音义为柔弱,①且为使动用法,表示"使……柔软、柔弱。"在"耍"的字象中当指父权的力量迫使母系群体变软、示弱。"耍"夹带的父权威逼母系的远古信息淹没在历史的长河中,而演变为无关紧要的玩弄、玩耍。当然其间也不乏欺凌的意蕴,当人被欺负、欺骗时,常说"你耍我啊",这就带有侮辱的味道。

父权称雄、主导的关键环节是驱除母权时代的神主,以便掌握意识形态的话语权。采集—狩猎时代的巫术,很多是女神所为,如"巫"字就是"女能事无形"的女巫(参见第六章第一节)。女巫作法,与天神沟通时,两手向空中舞动,而且披头散发的,进入施行巫术之神我合一的降神状态。而这就是"若"字。② 白川静对此做出详细解释。他认为,"若"是巫女披散长发,挥舞双手,边舞边祈祷,祈求得以进入"神託"(神附体示明神意)之境地。神灵附体,祈求神託的女巫进入痴狂状态,传达神意。此种痴狂状态谓"若"。神灵昭示给女巫的意旨得以如实地传达,谓"若此"。依照神意而行事,"若"有依从、服从之义。祈求神託的女巫为年轻女子,因此,"若"生出了年少、年轻之义。③

到了父权社会,"若"作为旧时代的女神已不合时宜,就像古埃及的宗教改革,新神要取代旧神,就要贬低其功效。于是出现了一个攻击"若"神的字——"惹"。攻击"若"神理由很可能是指责其蛊惑人心,无中生有,就像今日媒体对各类邪教、神主的批判。于是人们心念中的"若"神,从圣殿跌落到地府,成为"千夫所指"的"乱源"。所以《说文》谓:"惹,乱也。"与"若"的命运相似,"巫"的神神叨叨也被世人贬为"诬"——一派胡言!

"惹"的今义为招惹,如惹事,或有两方面的源头:一者指"若"的无事生非;二者也暗含着对"若"的指摘、挑衅。沪语中"惹",音 sha,偶尔也念 shang 的,如"惹人"(shangnin)。④ 沪语中的"惹"更多地蕴含着挑衅、嘲弄、贬低等语源。"惹"念 sha 音,与"傻"音近,似乎暗示那个"若"很糟;而"惹人"的发音如同"撞人"(有如沪语的"上戗"),也表示父权对母权的挑衅行为。吴语来自上古,而母权与父权的转型多与商周关联,故沪语的底层尚留着这样的信息。

---

① 齐冲天,齐小乎编著:《汉语音义字典》,中华书局 2010 年版,第 146 页。
② 李圃,郑明主编:《古文字释要》,上海教育出版社 2010 年版,第 89 页。
③ [日]白川静著,苏冰译:《常用字解》,九州出版社 2010 年版,第 191 页。
④ 钱乃荣编著:《上海话大词典》,上海辞书出版社 2008 年版,第 286 页。

十、奇耻大辱

从采集—狩猎到农耕,父权为确立自己的权威,从生产方式到祭祀信仰,从土地财产到精神心理,从家庭角色到社会地位,完成了"阴阳"转化。其中心理文化上的转化更具代表性,正如上文所引弗兰克尔的话:"男人企图获得高于女人和母性的权力,试图穿入她的身体,使她屈服于他,接受他的种子。男人这种对生殖器肯定性的内驱力是农业出现的心理基础。"

弗兰克尔这番话,在精神分析领域貌似"常见",实际上解释、印证了世界各地"骂娘"传统的无意识情结。在中国,"骂娘"又叫"国骂",分几个档次:第一层面的骂是赤裸裸的骂,主语—谓语动词—宾语对象,一个不少,一般属于很野蛮的爆粗行为;第二层面比较收敛,省略主语;第三个层面更加省略,只有动词(沪语中常见),①相当于英语国家人爆粗的那个词,或者只有宾语,②乃至宾语的一部分(网上隐晦地写成 NND,好像是江淮一带的说法)。

骂娘的传统,就是父权时代阳具力比多进入、占领、控制母体的历史原型在今人口欲中的重演,以此强化男人种子的权威,从而贬低、否定女性的存在。否定的直接后果,意味着被骂的人失去母系血统的纯真性、合理性,忍受着当年蒙羞的窝囊。这也说明为了消除母系时代认母不认父的逻辑,清算母亲作为一切合法性根源的历史,父系的无意识不断地通过骂娘获得自我的存在感,确立父权的统治地位。

骂娘的冲动,是如此的自然、频发,不仅争吵有之,日常生活各种不顺情景也有之,甚至自在、得意时也有之。说到底,骂娘是父权占有欲的情结,也反映了母权的沉沦。

耻辱,诚然是心理上的,但主要源自力比多的性。耻的流行写法(从耳从止),无意中遭遇了性:从耳是子宫的象征;从止,脚之形,阳具的象征;暗示着阳具的征服战。忝,在抽象层面表征了光明与黑暗之争,面具化的自我意识与昏蒙的无意识阴影之争。辱与侮,分别从母系和父系的角度显示从采集—狩猎到农耕定居的转型期,母系的沉落,父权的高升。总之,耻辱原型与强权的压制有关。

---

① 泛化为"切",还是有原先的意象。
② 如宁波话中的"娘希匹"(电影、电视中常见的蒋介石的切口);邵阳话中的"娘的 guai"(正字未查证)。

[十一]

惆怅、寂寞与迷茫

我们离开自己的家,不记得是哪一天了;尚未抵达客栈,也没有期待新寓。我们不知道做什么,但我们一直在做——一路上随缘地做。人生如水,惆怅之情也是属水的流,流到寂寞的沟壑,流入迷茫的大海,流向"无聊"的天空。

（一）惆怅河，乡愁船

惆怅是怎样的一种感觉，竟叫人发呆，大脑一片空白的发呆。惆怅，蕴意微妙，难以言表，无法以伤感、失意来定义。① 惆怅像一股风，无声无息的，却搅动着流浪者的心。惆怅是什么？我们在叩问！惆怅像风一般吹过后，飘落着一片麦秸、一根长发。

惆，心之周也。周的甲骨文、金文形状引发多种意义构想，但基本观点还是比较集中。一般认为，周字从田，其中阡陌纵横，里面的点状物表示农作物，义为稠密，是稠的先造字。"周人在殷商时已经立国，相传其始祖是后稷，历史悠久。周国地处关中平原，气候温暖，土地肥沃，庄稼丰茂，农业发达，故用周字表示国号。"②

田地种植密集，是成熟农耕的标志。周的密集义，引申出众多义，派生相关的声符字有：绸（密直如发，精密织物）、髶（头发多）、啁（话多）、翢（多毛之物）、彫（色彩多）。③ 不过，除了密集义，周还有刻画义。朱芳圃指出，周之田野形象方格纵横，有刻画文采之形，当为彫之初文。④

朱芳圃的"刻画"说，显示了田野开垦的动态性——彫也。"周"的田地形状——阡陌纵横，乃农具"刻画"——犁地耕耘——的结果。这是个重要信息，说明"周"隐含着斧斤劈砍土地的意象。在周的声符字里，雕与彫相通，故有"雕

---

① 这是词典的解释，属于概念抽象化的"干货"，见《现代汉语词典》，外语教学与研究出版社 2002 年双语版，第 277 页。
② 何金松：《汉字文化解读》，湖北人民出版社 2004 年版，第 316 页。
③ 殷寄明：《汉语同源字词丛考》，东方出版中心 2007 年版，第 296—297 页。
④ 李圃，郑明主编：《古文字释要》，上海教育出版社 2010 年版，第 139 页。

刻"之说,表明"雕"(鹫),这个嘴呈钩状的猛禽,其扑食之状如同刀斧耕地。而"鲷","两颚有强齿,鳍亦坚强。"①鲷鱼牙齿坚利,以鱼和硬壳无脊椎动物为食,也暗含其利齿如耕耘之刀斧。

周暗含着斧斤耕耘,对于周原文化而言是农耕发达的象征。但是对于"前周原文化"就不同了。上一章讲到采集—狩猎时代的"地母崇拜",其人反对耕地,视犁地为罪过(划破大地母亲的胸膛)。"周"的耕耘表明,父的斧斤已无所顾忌地砍向地母的胸膛,意味着父权替代了母权。那曾经的母系村落、草场和树林不复存在,母系的温情被放逐到记忆深处,陨落在哀婉的怀念里。

这是失落的"周",受伤的"周",是在冰封的记忆里隐隐作痛的"周"(《广雅》:"惆,痛也")。那里,我们见到那颗"惆"怅的心——"凋"。《说文》:"凋,半伤也。"原来"惆"是"凋"的凋零心,是凝固了的"凋"世界的一片深情,也就是心的半伤。②

无疑,前"周"时期母系的灿烂,母系的荣耀,那种无忧和自在,深深地沉淀在无意识中。但是人们依旧向往母亲的温馨、母神子宫的安稳,就像伊甸园的时光。人们也不时感应着大母神的召唤(这应了网上的流行语:"你妈叫你回家吃饭")。神奇的感应,莫名的召唤,这就是"惆"之为惆的理由。语源学家指出,"惆"或写作"怊",如"鲷",也可同于"鮉";"鲷"亦作"魛"。③ 显然,周与召的这种音义替换,似乎隐含着前"周"母系的召集、呼唤。

曾经的母系成了心理的故乡,那消失在远古历史中的母系之源,留下一条无意识的暗河,一条怀旧的河。时光的碎片洒落着前世的记忆,隐约传来隔世的呼唤——惆怅发生了,四处张望,那声音在哪里?然而一切恍如梦境,什么也没有。

人们"无所事事"时,"怊"的幻影每每会袭上心头:"他白天昏昏想睡,晚上倒又清醒。早晨方醒,听见窗外鸟鸣,无理由的高兴,无目的地期待,心似乎减轻重量,直升上去。可是,这欢喜是空的,像小孩放的气球,上去不到几尺,便爆裂归于乌有,只留下忽忽若失的无名惆怅。"④

---

① [清]徐柯:《清稗类钞·动物类》。
② 齐冲天,齐小乎编著:《汉语音义字典》,中华书局2010年版,第212页。
③ 齐冲天,齐小乎编著:《汉语音义字典》,中华书局2010年版,第211页。
④ 钱钟书:《围城》。

十一、惆怅、寂寞与迷茫

惆怅,在原型意义上可以看作无意识自我在父权的社会秩序和威权生活压力下的瞬间释放,是对当下在场的"陌生感"。而"陌生感"的发生意味着脱离了当下理所当然的存在,从"日用而不知"的熟悉感走出,突然意识到身处"异乡"。此乃惆怅的"本体论"来由。

一般说来,身处"异乡",都会有故乡感,而这也就激发了乡愁(nostalgia)。我们熟悉的乡愁,莫过于李白《静夜思》:"床前明月光,疑是地上霜。举头望明月,低头思故乡。"这样的乡愁比较清晰直白,但还有一些乡愁则沁人心脾,催发着情感的深度:

> 故乡的歌是一支清远的笛
> 总在有月亮的晚上响起
> 故乡的面貌却是一种模糊的怅惘
> 仿佛雾里的挥手别离
> 离别后
> 乡愁是一棵没有年轮的树
> 永不老去[①]

故乡是根的存在,乡愁就是眷念着自己的根,守护着自我的种子,期待着种子发芽的可能性。在自我的种子中,姓是很独特的符号,连接着姓的血脉(家谱)。显然,这是我们习见的"文化"(culture)故乡,那种以农耕(agriculture)为背景的故乡。

然而,真正的"惆"怅之乡,不是那熟悉的田野、村头、街道、院落,而是流动性的生活方式,是采集—狩猎的自在生活。人类学家发现,流动性是狩猎采集者为了获得生活保障而做出的安全选择。一位爱斯基摩老人曾说过:"当我待在一个地方时候,我就不知道该怎么办才好。"他继续解释说,有保障的生活完全依赖于他是否做出一个好的搬迁决定,他只有了解一片广大区域时,才能做出决定,虽然他实际上并不生活在这片区域中。例如,1910 年外来淘金者引发森林大火,烧掉了爱斯基摩人的冬季领地,失去了驯鹿的来源。对此他们并没有陷入恐慌,而是有序而自动地改变迁移路径,一部分迁往河流上游捕鱼为生;一部分

[①] 席慕蓉:《乡愁》。

人开始在山谷季节性地狩猎山绵羊；一部分人迁往海岸狩猎海豹等。因为他们熟悉方圆百千公里的自然形势、资源分布。①

在北非沙漠里的游牧部落，带着驼队穿越沙漠和绿洲。他们预知风沙形势，知道最近的泉眼在哪里，如何走出沙海等。吉普赛人是著名的流浪民族。先前有一部印度电影《大篷车》就是讲述他们的流浪生活的。吉普赛人经屡次迁徙，11世纪到波斯，14世纪初到东南欧，15世纪到西欧。20世纪下半叶，吉普赛人的踪迹已遍布北美和南美等地。

在采集—狩猎向农业过渡阶段出现过流动式圃田，或迁移式的轮耕，那都是"潇洒走一回"的人生。在流浪者的心里完全没有"安土重迁"的观念，那是浪迹天涯的心，流动不居的心，自在而伤感——"悢"也。悢，从心，从良；良为浪之省，惆怅失意、空虚悲伤，②可谓流浪者的心性之趋。

良的音义有长、空、高、朗，甚或精美等义，③因而"悢"之惆怅蕴含丰富，映现了淡淡的乡愁和空灵的忧伤，这正是作家三毛在《橄榄树》里的感叹：

  不要问我从哪里来

  我的故乡在远方

  为什么流浪

  流浪远方

  流浪

  为了天空飞翔的小鸟

  为了山间清流的小溪

  为了宽阔的草原

  流浪远方

  流浪

  还有还有

  为了梦中的橄榄树橄榄树

---

① 路易斯·宾福德著，陈胜前译者：《追寻人类的过去》，上海三联书店2009年版，第209—211页。
② 齐冲天，齐小乎编著：《汉语音义字典》，中华书局2010年版，第403页。
③ 殷寄明：《汉语同源字词丛考》，东方出版中心2007年版，第227—236页。

十一、惆怅、寂寞与迷茫

> 不要问我从哪里来
>
> 我的故乡在远方
>
> 流浪远方流浪

"恨"之惆怅带着时间的悠长,那是愈行愈远的乡愁,难以回归的乡愁。这是"怅"然若失的真实写照!怅,从心从长,心之流长也。长,长发老人(长老、长者,氏族领袖)的侧视图。由长发引申出长、长远、长度、高度之义。① 长发是岁月的痕迹,"怅"是时间老人的长发飘拂在心灵上空的惘然。

怅,落日向心灵投下的长长的影子。"何处是归程,长亭复短亭。"路漫漫,念悠悠,怅然之长,飘然远去,望而不得。正所谓"怅,望恨也。望其还而不至为恨也。"② 但是我们依旧长长地望,长长地行,"怅"正与英文的 long(长;渴望)及其同源词 linger(徘徊),遥相呼应。

怅然复怅然,惘然见《雨巷》:

> 撑着油纸伞,独自
>
> 彷徨在悠长,悠长
>
> 又寂寥的雨巷,
>
> 我希望飘过,
>
> 一个丁香一样的,
>
> 结着愁怨的姑娘。③

惆怅的心穿行在雨巷,追寻者无意识的自我——阿尼玛和阿尼姆斯,追寻着心灵的真——哲学的思。对此,十八世纪德国浪漫派诗人诺瓦利斯(Novalis)说道,什么是哲学,哲学就是精神还乡,是怀着乡愁的冲动,到处寻找精神家园。而雅斯贝斯回应道:"哲学就是在路途中。"④

惆怅,失意失落也,心无所依也。

失意,无所依。"惆"的常见英译为 disappointed(失落、沮丧、惆怅),由 dis(否定性前缀)和 appoint(指定)组成,而 appoint 又为 a-(ad,to,到)与 point(点、

---

① [日]白川静著,苏冰译:《常用字解》,九州出版社 2010 年版,第 312 页。
② 《说文段注》。
③ 戴望舒:《雨巷》。
④ 冉云飞:《里尔克——尖锐的秋天》,四川人民出版社 2000 年版,第 23 页,第 25 页。

端,位置)的组合,综合起来看,disappointed 表示切断(dis)某个点的联系,那是指定的、现成的点或位置,如码头、港口。因此,disappointed 就像一艘失联的船,一艘无法进港停泊也无法抛锚的船,在大海中(at sea)漂泊,深感迷茫(at sea)。

惆怅是无法回流的河,令人伤感。陆游年轻时遭受婚姻创伤,一首《钗头凤》留下千古惆怅曲:"红酥手,黄藤酒,满园春色宫墙柳。东风恶,欢情薄,一怀愁绪几年离索。错错错。春如旧,人空瘦,泪痕红悒鲛绡透。桃花落,闲池阁,山盟虽在,锦书难托。莫莫莫。"五十年过去了,陆游的惆怅依旧:"伤心桥下春波绿,曾是惊鸿照影来。"

图 11-1 雨巷的惆怅

惆怅就是这样的失落无依,天地不应。汉字中还有一批声符为广阔、开敞的字表达了惆怅的空无:"懭",失意貌,从广;[①]"惝",怅然若失,从尚(敞也);"怆恍",失意貌,其中恍从光,为大(光大)。光、尚、广之大,如同海天之大。显然心旁与此类声符字的结合表明了心之空无的无奈,一种大而无当的失落,就像一个面大鼻子小的人,自我迷失了(按,鼻从自,自我的象征)。

当然,惆怅之失意,惆怅之空荡也有其积极的意象:无所依托的心,一旦无依而能守,不就意味着破除我执的空性?这样的境界有点像《金刚经》说的"应无所住而生其心"了。因此,惆怅之情潜藏着高远空灵的心灵品质。

惆怅之河从采集—狩猎时代的旷野逶迤流出,乡愁的船无以逆水而上,"怅"然遥望母系之河源。惆怅如道,周行而不殆;身在父系,心在母系……

[①] 其同构字"廲",其上从广(廣),为阔,古旷字,意为空旷。王力主编:《王力古汉语字典》,中华书局 2000 年版,第 337 页。

（二）寂寞：远离喧嚣的静美

如果惆怅的水属性是悠长的、时间性的，那么寂寞的水属性就是深沉的、空间性的。

不错，寂寞之"寂"，其直接语源来自"尗"。《说文》："尗，清湛也。"寂古字也有写作"淑"的。寂是水清，水清而无物。寂寞一词，本指自然界的寂静空旷，引申为人心情的冷清孤单或处境的孤独无援。①

寂为水清（亦即尗，从尗从宀的结构），空荡荡的，什么也没有。我们不是说"水至清而无鱼"吗？故而寂有寂灭义。"寞"从莫，直接含有否定性，其语源为"墓"，②表示埋没、消失，是对现实生活、生命存在的否定。如此说来，在寂寞心理的感受中，意义比较消极的一面更多地倾向于"寞"的否定性。因此，对常人而言，特别是心性浮躁、欲望膨胀者，寂寞是虚无，是可怕的深渊，不敢接近，不敢面对，本能的逃脱，诸如少妇耐不住寂寞，红杏出墙；学者耐不住寂寞，混迹江湖，等等。

俗世间的多数，自觉不自觉地回避寂寞。我们都在忙碌：上班下班，开车挤车，饭菜家务，人情来往；即便休闲娱乐也是在紧张、紧凑的计划中，在应对、应酬的繁复中，一句话，属于"充实型"（实有）的工作和休闲。人们被各种事物包围着，似乎从未想过为什么。这已成习惯，似乎只有"充实"才是有意义的，尽管偶尔也有人会沉静下来隐约地会升起一丝淡淡的怅然。

很多人习惯于"充实"的生活，偏爱"闲不住"的热闹，多有"恋栈"情结；少数

---

① 齐冲天，齐小乎编著：《汉语音义字典》，中华书局2010年版，第409页。
② 章季涛：《实用同源字典》，湖北人民出版社2000年版，第80页。

位高权重者,更有退休恐惧症。有些从官场上退下的官员,因为无法忍受"寂寞"——不再有权,无法动用公共资源,也没人附和随从——而深感失落,陷入严重的焦虑中。其人郁郁寡欢,很快就疾病缠身,未能终老。

所有这些都来自对寂寞的恐惧。

克里希那穆提指出:"寂寞是多么奇怪而吓人的东西呀!我们从不允许自己太靠近它。如果偶然靠近,我们也会很快地逃开它。我们用尽办法去逃避寂寞,或者掩盖它。我们有意识无意识的成见似乎要去避开它或克服它。逃避和克服寂寞都是无用的,压抑或忽略这种痛苦,问题仍然存在。你可能在人群中迷失自己,从而完全孤立;你可能很活跃,但是寂寞静静地爬上你的心头;放下书,它还在那里。娱乐和饮酒不能够溺死寂寞,你可以暂时逃避它,但是当笑声和酒精的效果消失时,寂寞的恐惧又回来了。你可能有野心想成功,你可能能力过人,你可能很有知识,你可能参加礼拜,并在冗长的仪式中忘却自己;但做了你想做的,寂寞的痛楚仍在。你可能只为你的儿子、为了大师、为表现你的才能而存在着;但是寂寞就像黑夜一样掩住你。你可能去爱或恨人,根据你的气质和心理需求来逃脱;但是寂寞还在那里,伺机等待,退缩是为了再次接近。"①

人们为什么要拒斥寂寞、逃避寂寞?那是欲壑难填之故。欲望本质上是个黑洞,不断地侵吞着世间的财物名利。我们在第三章第一节"欲"字分析中讲到,欲之谷,是张开大嘴的河谷,贪婪地吞咽着,唯恐不能满足那个"开口"。正如巴尔扎克所言"扩大自己的欲望无异于将悬崖下的深谷挖得更深"。②

欲望谷的空阔在于贪婪的吸收,不断的获取,表现为处处伸手,贪得无厌:守住分内的,巧夺分外的,觊觎他人的。分外分内活更有贪财贪色无所不及者,谓之"什么都要,就是脸不要"。

法国作家拉·布吕耶尔(La Bruyere)笔下的"利己主义者"是个活脱脱的欲望"吞噬机":"纳东活着只是为了自己。在他眼里,其他人根本不存在。每次赴宴,他必定高踞上座,而且一人要占三个人的座位;他忘记餐桌旁边还有别人;他霸占佳肴,把每道菜都据为己有:在把所有菜尝遍之前,他无法对任何菜专心致志;他真希望能够同时品尝所有的菜肴,他不动刀不动叉,只靠他那双手;他用力

---

① [印度]克里希那穆提著,罗若蘋译:《爱与寂寞》,九州出版社 2005 年版,第 79—80 页。
② [法]巴尔扎克:《两个新嫁娘》。

十一、惆怅、寂寞与迷茫

将肉翻来覆去,掰开,撕碎,弄得其他客人只能享受他的剩余。""他吃东西的时候,骨碌碌地转动着眼珠;对于他,餐桌是喂马槽;他剔牙,然而又继续埋头。"①

欲望的"吞噬机"隆隆作响,所到之处,蝗虫一般"照单全收",以不断地攫取、捞取、抽取来填补欲望谷的无底洞。这样的吞噬很亢奋,带着蝗虫扫荡的疯狂,不能自已,无法消停,似乎不停地消费、消耗才能维持、证明其存在。

总之,欲望多,浮躁起,骚动兴,人性之河浊浪滔天,人心以吞噬、充满为乐趣。这些都是不甘"寂寞"的结果,是"寂寞"的反面。那么,寂寞是什么呢?

前面讲到"寂"的直接语源是"淑",淑是水清,"欲寡心自清"。② 从根本上讲,清心寡欲者,心若古井,不起波澜,修行者的心性多半如此。这是寂寞的较高境界。不过,寂寞的境界并非高不可攀,很多质朴的心灵都自然而然地散发着寂寞的清馨。

譬如淑女,"淑"字来自水清。水之善莫过于情湛,故谓淑清。淑用以形容人的善良、美好,是假借俶("善也")而得的语义。③ 不过"淑"的美好还与水清、水静有关,"窈窕淑女",即以窈窕形容"淑"女之娴静,带出了"寂"的意境。

淑女的娴静,与欲女的浮躁形成鲜明的对照。娴,是文静安闲,④或者娴静。闲,有闲情逸致,寂静安详的意象,举手投足,不慌不忙。淑女之娴便是如此。

辜鸿铭认为中国人理想的女性形象中最重要的一个特征就是"幽闲",相当于英文的"modest and cheerfulness"。"幽"字,字面意思是幽静僻静、害羞、神秘而玄妙;"闲"的字面意思是"自在或悠闲"。其中"幽"字蕴含着"modest"的谦恭、端庄、纯朴而害羞。"幽"的这种话腼腆、羞涩。这是一切女性的本质特征。一个女人的这种腼腆、羞涩性愈发展,她就愈具有女性,而成为一个完美、理想的女人。

---

① [法]拉马丁,布封等著,程依荣译:《法国散文选》,湖南人民出版社出 1987 版,第 12—13 页。
② [美]威尔逊:关于钱虔诚的格言集。
③ 齐冲天,齐小乎编著:《汉语音义字典》,中华书局 2010 年版,第 408 页。
④ 齐冲天,齐小乎编著:《汉语音义字典》,中华书局 2010 年版,第 519 页。

图 11-2　陈逸飞笔下的娴静淑女

随即，辜鸿铭引用《诗经》的一段"情歌"："关关雎鸠，在河之洲，窈窕淑女，君子好逑"，指出"窈窕"与"幽闲"有同样含义，从字面上讲，"窈"即幽静恬静的、温柔的、羞羞答答的；"窕"字则是迷人的，轻松快活、殷勤有礼的。"淑女"两字则表示一个纯洁或贞洁的少女或妇人。由此，辜鸿铭认为中国理想女性有三个本质特征，即幽静恬静之爱，羞涩或腼腆以及"debonair"字所表达的那无法言状的优雅和妩媚，最后是纯洁或贞洁。①

辜鸿铭所说的中国理想女性的三个本质特征，最根本的就是幽静恬静，亦即"淑"的幽娴和娴静。娴，或闲，《说文》："闲，阑也。从门中有木。"而阑为门栏（欄）。因此，闲为闭门安居，有"子燕居，申申如也，夭夭如也"之闲适；或者说，"闲"是避开外界喧嚣，独自清闲、幽闲的一种心境，是寂寞的一种表现形态。

从"寂"到"淑"，引出中国理想女性的本质特征。这里，我们把淑女的静美，那种婉约之空明，幽深之空灵，"寂寞"之娴静看作东方女神的品性，而与知雄守雌的阴性文化特质的道家修心境界相呼应，呈现了老子之道的"寂兮寥兮"。

通过淑女之性的讨论，引出寂寞的原型。于是在女神的阴性特质里，寂寞的

---

① 辜鸿铭著，黄兴涛、宋晓庆译：《中国人的精神》，海南出版社 1996 年版，98—100。

天空显得如此的澄明,如此的豁然,哲人、诗人、作家,凡是内在于心灵的,都感悟到了寂寞的伟大:

"在寂寞之中,思想会如电光火石般闪现,情感会如春华秋实般升落,黄昏因寂寞而美丽,心境因寂寞而充实。"

"寂寞是一炉千年的温火,把人的灵魂细细慢熬,能熬炼出一些支撑天地的铁骨……唯其脱俗,所以成就高远;唯其高远,所以产生寂寞。"

"寂寞如良师,如益友,它在你失望的时候来安慰你,在你孤独的时候来陪伴你。但人们却不喜欢寂寞,如苦口的良友,人们疏远它,回避它,躲闪它。终于有一天人们会想念它,寻觅它,亲近它,甚至不愿离开它。"[1]

能感悟寂寞的伟大,也体现了其心灵的伟大,那是一颗能消除外缘、远离喧嚣的心,一颗不再寻求依赖的心。

在哲学层面,面对寂寞就是面对存在。前面讲到寂寞之"寞"通"墓","墓"是人的寂灭之地。因此,面对寂寞也就是面对死亡。这话有点像海德格尔讲的"向着死亡存在"。海德格尔所说的面对死而未死,已经体验了死,摆脱了被"大家伙儿"对自身的包围,获得了人生某种真正切身的意义。[2] 所以,晚年的李泽厚在其房间里摆个骷髅,直面死亡,以便更从容地对待人生。[3]

(三)孤独:自我的镜子

寂寞至此,我们不得不转向其双胞胎兄弟——孤独。寂寞与孤独,在很多情

---

[1] 以上三段引文分别引自:张乃光:《独享寂寞》;郭枫:《且饮一杯寂寞》;陆蠡:《寂寞》。
[2] 张祥龙:《朝向事物本身——现象学导论七讲》,团结出版社 2003 年版,第 242 页。
[3] 李泽厚,刘绪源著:《该中国哲学登场了——李泽厚 2010 年谈话录》,上海译文出版社 2011 年版,第 143—144 页。

形下形影不离,难以区别。英语的寂寞与孤独都是一个词:lonesome 或 solitary。但是克里希那穆提认为寂寞与孤独完全不同,寂寞必须转化为孤独。了解寂寞的人可能无法了解孤独。"如果你在经历寂寞的时候,你注意到寂寞,就会进入孤独。而那是无法估量的。"当我们的心灵不再分离,而进入整合的状态,即观察者就是被观察者时,这就是孤独。因为"完全孤独时,当心灵不再寻求任何事、不摸索、既不寻求回报也不逃避处罚,当心灵是真正静止时,只有在那个时候,那心灵无法衡量的才会出现"。①

孤独是一种心灵的整合状态,意识与无意识处于交互融合的"一"(oneness)。"孤"从子,瓜声。瓜作为声符是孤的关键,作为瓜果,在古代的宇宙观中,意义非凡,尤其是瓜之大者。而瓠,从夸,夸为大,取虚中而大之义,其形圆而大,如同今日葫芦之类。瓠,也借作壶。② 因此,孤,大类上就是葫芦了。而葫芦,在中国文化中象征着瓜瓞绵绵、子孙万代。在神话中,葫芦也是人类先祖的象征。③ 在非洲多贡人心目中,葫芦是女性与太阳的象征。巴姆巴拉人视葫芦为孕育、妊娠,是母腹的象征。④

孤,从子,子也有生的意象。子与滋、字同源,而字为生子、生育义。⑤ 孤,一方面有生育生殖的意象,另一方面有整体合一的意象。由于葫芦或孤的容器功能,葫芦或孤与壶相关。而壶与壹相通。⑥ 壹是一的大写,有容器的整合功能。这表明孤的"壹",的确是单一的、孤独的,但也是生成的和整合的。这样的孤独才是伟大的心灵所具备的:与天地相通,卓越而富有创新。

所以,很多艺术家、科学家钟爱孤独。英国作家赫胥黎说:"越伟大、越有独创精神的人越喜欢孤独。"⑦法国作家波韦尔斯:"孤独是作家的基本工具。"⑧北岛说:"作家就是应该孤独的。"美国作家霍桑说:"我一直生活在孤独中,所以我

---

① [印度]克里希那穆提著,罗若蘋译:《爱与寂寞》,九州出版社 2005 年版,第 73—75 页。
② 齐冲天,齐小乎编著:《汉语音义字典》,中华书局 2010 年版,第 428 页。
③ 刘锡诚,王文宝主编:《中国象征辞典》,天津教育出版社 1991 年版,第 116 页。
④ [法]让·谢瓦利埃,阿兰·海尔布兰:《世界文化象征辞典》,湖南文艺出版社 1992 年版,第 345 页。
⑤ 王力主编:《王力古汉语字典》,中华书局 2000 年版,第 213 页。
⑥ 臧克和:《说文解字的文化说解》,湖北人民出版社 1995 年版,第 382—385 页。
⑦ 赫胥黎:《正当的研究》。
⑧ 波韦尔斯:《我的信念》。

十一、惆怅、寂寞与迷茫

垂暮之年,保持着青春的朝气和心灵的清新。"西班牙画家毕加索声称:"没有孤独,就什么事情也干不成。"爱因斯坦也有类似的说法,大意是:只有深层的孤独才有对宇宙人生的深度思考。

孤还有个同源词"寡"。①《说文》:"少也。从宀从颁。颁,分赋也,故为少。"颁有分发的意思,分则少。但是金文中,寡从宀从见,像人在室内顾视。东汉郑玄注曰:"寡当为顾。"寡的"少、孤单"义与顾视义没什么必然联系。②那么宀下之人,其视何为?笔者以为,室内那个顾看的人,恐怕是做法事的巫师。其人祭祀时,需要与外界隔离,处于绝对的安宁、静谧状态,就像后世老道施法,周边多有师傅及其子弟护法。巫师独居室内,上香端坐,静心凝神,"顾"视灵界。这个"顾"实际上就是通神者的"内观",是与神沟通的"入定"状态。《三命通会》上讲,八字有华盖星的,"多主孤寡,纵贵亦不免孤独作僧道"。这也说明孤独与清心寡欲"出离心"(今日的僧侣,古代的巫师)的关联。

"寡"神通广大,不同常人,后引申为万人之上而独一无二的皇帝之"寡人"的称谓估计由此而来。另一方面"寡"的"独一无二"(或许古代通神者已有色戒,寡兼有独身义),也借喻为丧偶独处的状态。

孤独,是自我的整合态,意识与无意识处于相互融合、流动之中,从而不断地激发无意识的创造力(也是"通神"的状态),不断地显示自我的智慧。那种"真实"的自我,是心理镜像中的自我(意识的聚焦,非实体性的)。这情景有点像《举着反光镜的手——M.C.埃舍尔的自

图 11-3 寂寞乃孤独之家

---

① 王力:《同源字典》,商务印书馆 1997 年版,第 131 页。
② 杨琳:《汉字形义与文化》,南开大学出版社 2012 年版,第 120 页。

画像》。① 而孤独的英文 solitary(名词意为独居者,隐士)与 self(自我)同源,也说明了孤独是心灵深处的自我存在。总之,孤独,是自我的镜子,聚焦了自我的存在。

最后,我们返回寂寞与孤独的关系上。通常人们很少区分彼此。上文所谈已涉及其微妙的区别。简单地讲,孤独是功能性的、内涵发生的;寂寞是结构性的、形式表现的。寂寞从宀,房屋之形,为空间性的存在;而孤独为内在的生成,是时间性的存在。在这意义上,我们借助海德格尔"语言是存在之家,诗人守护着这个家"的命题形式,道是"寂寞乃孤独之家,思想家守候着这个家"。

(四)迷茫与无聊

惆怅是故乡的失落,是对故乡的深沉留恋。但是今人已很少有这样的乡愁,因为不知根为何物,也不屑其为何物,迷茫占据了心灵。

迷茫,那是在茫茫大海、莽莽丛林中迷失方向的感觉。迷茫在于"迷",《说文》:"迷,惑也。"迷从米,罗振玉认为甲骨文的米"象米粒琐碎纵横之状";马叙伦进一步指出,米"象复古稃谷拆开,米出见也。从十,十为甲之古文,甲拆而米见"。② 米为米壳破裂之形,意味着米经曝晒,失去水分而破壳裸身。

米脱壳,又曝晒失水无疑是断绝种子的生殖力,米粒是被阉割的种子。米的声符字反映了这一无根的状态:糜(糜烂,不成形)、眯(尘埃入目,眼睛睁不开,视觉被阉割)、麋(四不像,无根)、洣(洣江,又名泥水,水体混浊不清)。如此之

---

① 乐秀成改写:《GEB——一条永恒的金带》,四川人民出版社 1984 年版,图 3。
② 李圃主编:《古文字诂林》,第 6 册,上海教育出版社 2003 年版,第 683 页。

十一、惆怅、寂寞与迷茫

米,在"迷"的语境,便是迷路了:路被阉割而无从。

今人多说迷茫,没有方向,却也不求定向,反而沉迷在迷茫中。这貌似悖论,实为互补:目标、信念之大方向的迷茫,必然导致当下玩物游戏的迷恋。说到底,迷茫是无聊的通行证。正因如此,无聊大行其道。

无聊源于没有意义。史文德森认为,人类痴迷于意义,无法忍受空洞的生活,必须找到可以成为意义的东西,毫无意义的生活是无聊的。一个运行良好的社会能促使人们在世间寻求意义。然而,我们若采用一种更宽泛的"意义"概念,那么生活中的意义不是太少,而是太多了。我们穿行于各种意义之间,但这些意义并不是我们所寻求的意义。无聊时,并不是毫无作为让我们感到空虚,恰好相反,我们几乎总在行动。空虚感来自于意义的虚无。史文德森指出,很多工作是非常无聊,繁重而重复,往往与生活的意义无关。至于休闲,也不见得比工作更有意义。①

无聊,英文为 boredom,有厌烦的意思。沪语中与无聊对应的词是"厌气"(yiqi),意为"闲着无聊而感到寂寞"。② "厌气",关键在于厌,厌(厭)从犬从肉从甘,即食狗肉甘美,有吃过头,即吃"伤"的意思。③ 厌是吃的过饱而无食欲,没有胃口。欲望之空谷关闭了,不再有吞噬的动力,与第二节讲的逃离寂寞的欲望膨胀正相反。正如史文德森所说:"处于深层的无聊中,人就丧失寻找欲望对象的能力,于是世界枯萎了,凋零了。""欲望不得满足,就会导致痛苦;而欲望一旦实现,就会导致无聊。"④

无聊时就设法没事找事地打发时间,或者说"消磨时光就是试图寻找其他事物来赶走无聊。原则上说,这种事物可以是任何能转移注意力的东西。感到无聊时,我们总是会看着手表"。⑤

商业社会充分理解人们的无聊,想方设法地推出消磨时光的产品。我们看到,在地铁站、公交、商店、寝室、宾馆等,几乎任何一个地方,手机族一刻不离地

---

① [挪威]史文德森著,范晶晶译:《无聊的哲学》,北京大学出版社 2010 年版,第 21-22 页,第 25-26 页。
② 钱乃荣编著:《上海话大词典》,上海辞书出版社 2008 年版,第 316 页。
③ 邹晓丽:《基础汉字形义释源》,中华书局 2007 年版,第 176 页。
④ [挪威]史文德森著,范晶晶译:《无聊的哲学》,北京大学出版社 2010 年版,第 35 页,第 53 页。
⑤ [挪威]史文德森著,范晶晶译:《无聊的哲学》,北京大学出版社 2010 年版,第 121 页。

守候着手机屏幕。iPhone，人们戏称"爱疯"，说白了，是在疯狂地消费无聊。

电子产品的不断升级、时装流行的年年翻新，究其根本，是用以满足人们"试图寻找其他事物来赶走无聊"的冲动。因为无聊，娱乐界在推出新品的同时也设法制造各种新闻、绯闻、谣言来刺激一大批"粉丝"消费无聊。

图 11-4　衣帽架下的空虚和无聊

消费时代一个最大特征就是时尚。而时尚强调的就是新，时尚杂志引导着这样的新，那是一味求新的流行，而不顾及其他方面。于是，搞怪行为、炫酷设计、前卫打扮，以及刻意变化同音（有方音因缘）字形的网络词汇（如同学—童鞋，姑娘—菇凉，长知识—涨姿势等），纷纷出炉。总之，时髦在消费无聊，无聊加剧时髦。

无聊，是面对心灵的虚无，无所聊赖，无以把握。无聊，无聊，如何有聊？当究"聊"字之妙。《说文》："聊，耳鸣也。从耳，卯声。"聊的音义从卯为关门之义，耳门关闭，耳内就嗡嗡作响，故谓耳鸣。耳腔就是一个共鸣腔。张舜徽《说文解字约注》："盖聊之言膠（liao 空谷）也，谓耳如空谷硌作响也。"[1]

儿时就有塞住耳朵，而闻鸣响的经历。一般而言这是生理性耳鸣，为体内血管搏动、血液流动、肌肉收缩、关节活动、呼吸运动等发生的微弱的声音。平时因外界声强而掩盖了。但这只是表象，深层意义上的"聊"犹如老子所说的"塞其

---

[1] 齐冲天，齐小平编著：《汉语音义字典》，中华书局 2010 年版，第 515 页。

兑,闭其门",即倾听内在生命的声音,是圣(聖从耳)人之耳的谛听。而这需摒弃俗世的欲望和喧哗方能听到的内在声音。

耳通肾,是生命的象征。因而"聊"是自我生命本源的声音,只有进入自我本源的世界,才能把握自我存在的命脉,才能有所"聊"赖——依靠的是本源的自我。由此可见,"无聊"切断了与自我生命本源之声的联系,时刻寻找外缘的依赖,自然如无头苍蝇。

"聊",是耳朵的门栏,与"闲"之门栏所构成的"娴静"、"幽娴"之境相映成趣。

惆怅、寂寞等情愫五行属水,与属土的烦恼、忧虑正好相反,放弃当下、外缘,而望曾经、内在。在中医理论中,肾水为先天之本,脾土为后天之本。惆怅、寂寞等系肾水之本,具精神超越性;而烦恼、忧虑系脾土之欲望,多物质之外缘。

在本体意义上,惆怅、寂寞等情愫与母系、母神的情怀和特质遥相呼应,因此其情感深度一直延伸到采集—狩猎时代的寥廓。

十二

深仇大恨

恨,五行属木,与怒的五行一样。但恨的木气向内、朝下(指向树根,恨而生根,即记仇性),而怒的木气向外、朝上。很多情况下,人是因憎恨而生气发怒的。杜克洛(Duclos)说:"憎恨是被抑制了的一连串的愤怒。"[1]恨与怒的字义也经常相通,如"恚"字,《说文》解释为恨;《广雅·释诂》解释为怒。现代心理学认为恨与怒的原始情感密切相关。[2]

---

[1] [法]杜克洛:《有关风俗的考察》。
[2] [美]克雷奇,克拉奇菲尔德,利维森等著,周先庚,林传鼎,张述祖等译:《心理学纲要》(下),文化教育出版社1981年版,第414页。

十二、深仇大恨

（一）恨：非我族类其心必异

古希腊哲学家恩培多克勒（Empedokles）认为，土、气、火和水是构成万物的四种基本元素，决定其结合与分裂的力量是爱与恨（或斗），即吸引和排斥的力量。① 先贤早就意识到恨的分裂和排斥的属性。这样的观念也体现在成语中：势不两立，不共戴天。

恨，从心，艮声。而艮，许慎说是从目和匕（匕首），"犹目相匕，不相下也"。即两人怒目相互视，互不相让。② 也有人将艮解释为"怒目如刀，表示狠、恨之形"。③ 但还有不少学者认为，艮与见相通，见从目从人，艮从目从反写的人，本义是回头看的意思。④ 不管艮是怒目而喝止，还是转身注目而吓退，艮都有阻止义。这也就是为什么艮卦为山、为止之所在。

艮之止义，就是拒止、排斥。这与恨的心态完全吻合。然而，我们不禁设问："恨"何以要排斥？其排斥对象又是谁？亦即"恨"的原型是什么？

这是一种深刻的原型，历史悠久，一直可以上溯到动物的领域性行为（territorial behavior）。这是指一只或一群动物用以保护其领域免受同种其他成员侵犯的方法。例如，可利用声响（如鸟鸣）或气味来标示领域的界限。⑤

虎大多独自行动，活动范围较大，一般在 500～900 平方公里（华南虎 100～200 平方公里），最大的可达 4200 平方公里以上。老虎经常巡视领地。其时会

---

① ［美］梯利著，葛力译：《西方哲学史》，商务印书馆 1995 年版，第 30 页。
② 汤可敬：《说文解字今释》，岳麓书社 1997 年版，第 1117 页。
③ 熊国英：《图释古汉字》，齐鲁书社 2006 年版，第 71 页。
④ 李圃，郑明主编：《古文字释要》，上海教育出版社 2010 年版，第 789 页。
⑤ 《简明不列颠百科全书》，第五卷，中国大百科全书出版社 1986 年版，第 344 页。

举起尾巴将有强烈气味的分泌物和尿液喷在树干上或灌木丛中,或者用锐利的爪在树干上抓出痕迹,以此界定自己的势力范围。闯入者即遭攻击(防御性攻击);虎伤人事件大凡系人误入其领地所致。

黑猩猩是群居动物,每个黑猩猩的群体有自己的居住地。在这个领土范围内,成年的雄黑猩猩常常三五成群,紧靠在一起,有规则地巡逻边界。有时候它们爬上树梢,观察邻近群体的"敌方"领土;有时候它们警觉地嗅着大地,拣起树枝和叶子闻闻,似乎在寻找线索,以确定有没有陌生客人来到。假如巡视时遇到同类,而且势均力敌,双方在互相威胁一阵后,一般都谨慎地撤退;假如对方势孤力弱,巡逻者就毫不犹豫地向对方发起进攻。①

早期人类同样有着强烈的领地争夺和守护意识。"猎人为丰富的捕猎物而争夺美好的狩猎区,牧人为他的牲畜获得新草原而战,耕者为处女地而争夺。"② 氏族—部落的群居生活,确立了其周边的疆界,用特定的记号标识着,误入者格杀勿论。统一的部落,不仅是社会组织的整合,也是领地的共享,同时也形成一种对外的嫉视态度,而有"我族"(we group)与"异族"(other group)之分。"已族中心主义"(ethnocentrism)为部落的共同精神。③ 这正是《左传·成公四年》讲的"非我族类,其心必异"。

非我族类,在远古时代,就是恨的理由。Hostile(敌对的,敌方的,敌意的),其词根为host,古英语作ost,表示外邦人、敌人。④ ost,与oust、out相似,表示驱除,也是外人。在古代观念中,外人不可信,富有敌意(hostility)。

对外族的排斥,一方面是物理层面的,表现在疆界领地的控制,延续了动物的传统;另一方面是无形的,表现为文化心理上的敌视,导致了族群之间的仇恨。

---

① 郑开琪,魏敦庸编:《猿猴社会》,知识出版社1982年版,第25页。
② [美]威尔·杜兰特著,幼狮文化公司译:《世界文明史——东方的遗产》,东方出版社1999年版,第29页。
③ 林惠祥:《文化人类学》,上海世纪出版集团2011年版,第174页。
④ 《克莱因英语综合词源词典》,荷兰爱思维尔出版社。

十二、深仇大恨

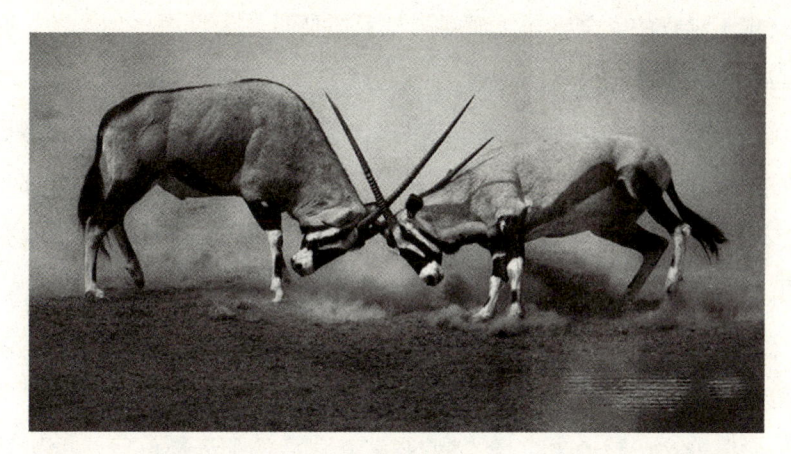

图 12-1　憎恨,一定程度上是动物领地争夺行为发展而来的对立情绪

恨从艮,其阻止、排斥行为的具体落实,就是防止敌方部落的入侵,把敌方成员赶到边界尽头,确保自己的生存空间(当今国家防务谓之战略空间)。这条边界就是"限",界限、限制;或"垠",土地的尽头。因此,"恨"可以看成是从心,从限或垠,省形的字,表示针对敌方侵扰的心理底线。由于相邻的部落经常入侵,践踏这一"底线"(限、垠),"恨"的排斥情感随之生起。

领地的心理底线不容践踏,而部族冲突却在此一次次结怨!

不仅"恨"记录着这远古的结怨,其他相关的汉字也印刻着这样的结怨。我们发现,一些声符涉及边界的心字旁的字都有怨恨的含义。如,从心从至的"恎",为恨;其中至,或为陉的省形。陉,《尔雅·释山》谓之"山绝陉",即绝壁,也是尽头边界的意思。《玉篇》:"陉,限也",明确了其边界的含义。又如从心从厓的"惈",意为恨;其中厓,《说文》谓"山边也"。厓,也做涯,或崖。① 显然,是心理的边界,是外族冒犯的界限。

这表明,在自我中心的族群理念中,非我族者就是外缘的、边缘的,有些对对方的蔑称就带有仇视的意味。英语的"despite"(轻视,憎恨,侮辱)也反映了这一历史情感。从构词上讲,despite 从 de,表示向下;词根 spit 是词根 spect 的变体,表示"看",合起来就是看不起、鄙视、仇视了。

将敌对部落看作边缘人、下等人,源于视对方为异己,无法容忍而设法排挤

---

① 《康熙字典》。

的心态,源于自身的安全感缺乏而竭力把敌方驱逐到天涯海角的企图。而这样必然导致更大的隔阂、更多的迷惑,进而造成更深的怨恨。

"惑"字就蕴含着这种由隔阂而来的怨恨。惑从心从或;或,从口,像城邑之形,以戈守卫之。本义是国家的"國"。① 或,想必是敌方守护的疆土,那里的一切全然不被己方理解和接受,因而深感困"惑"。正因如此,或之"國"也是令人痛恨的,故而从心从國的"慖",表示心乱和恨。② 心乱与惑相关,系彼此隔阂、误解而导致的怨恨。与其"國"交接,多有冲突,生发出掌掴之"掴"的打击、敲打意象。此刻"國"作为敌对部落间的界限,危机重重,战事不断。这也难怪,双方挤兑的区域,能安宁吗!说来奇怪,我们膝盖骨背后的那个部位居然也与"國"关联——"膕"也。这是腿弯曲时形成窝儿的地方,是大腿与小腿屈曲时大受挤压地方。那大腿小腿好比两个敌对的部落,夹在中间的"國"(膕)便是"掴"打的战区。

(二) 对立与仇恨

"恨"来自敌对部落的敌视,是一种对立情绪。对立势必会演变为对抗、争斗。这体现为"斗"的音义原型。

争斗之"斗",本作"鬥",是简化归并为斗的结果,而"斗"的本义为量粮食的器具。鬥,《说文》:"两士相对,兵杖在后,象斗之形。"甲骨文的鬥,为左右两人

---

① 邹晓丽:《基础汉字形义释源》,中华书局2007年版,第100—101页。
② 汉语大字典编辑委员会编:《汉语大字典》,湖北辞书出版社,四川辞书出版社1992年版,第982页。

侧面相向,呈现徒手搏斗之形。①

这说明,搏斗是两个人之间的行为,最典型的就是决斗。

决斗,英文为"duel",与汉字的"鬥"音义相通;而 duel 的词根为 two(拉丁语 duo),拉丁语的 duellum(战争)是拉丁语 bellum 的最早形式,古代学者断言它是两派之间的斗争、战斗、战争的词源。汉字中,对与斗也同源。②

维柯谈到远古神判时说,"古代各民族的战争一定是从受委屈的两方个人的私斗开始(拉丁人把这种战争就叫做 duella 决斗),尽管双方都是国王,双方在自己的民族面前,都想公开地辩护自己的罪行或报复对方。特洛伊战争确实就是以这种方式开始的,即先由墨涅劳斯和巴里斯两人决斗(前者是被侮辱的丈夫,后者是受他的妻子海伦诱骗着);等到决斗不分胜负时,希腊人和特洛伊人就互相战争。"③

古代战争与决斗,表现为两个人、两个民族的对峙和争斗。假如彼此也不分胜负,战争就延续,双方的敌对情绪也在增长。历史上很多邻近地区、国家长期处于对峙、敌视状态;当今世界,以色列与巴勒斯坦、朝鲜与韩国等国依旧处于这样的敌对状态,彼此仇恨。

对立的状态容易生发仇恨的心,这正是从对从心的"怼"字所蕴含的。《说文》:"怼,怨也。从心对声。"怼为怨恨,起于对立、对峙的情结。

在古代氏族、部落的冲突中,己方对敌方的仇恨最终在战俘身上集中爆发。古代战俘,命运悲惨,往往受尽凌辱、虐待,最后被处决。

在古代苏美人的雕塑上刻画着用绳索牵着头的一列战俘。这情景很像汉字"奚"——从爪(胜利者的手)从糸(绳索)从大(人的正面之形,在此意指俘虏或奴隶),即成人头上有绳索捆绑之状。④ 糸或表示发辫或连着发辫的绳索(参见第十章第四节),不管具体解读如何,"奚"都可以看作沦为奴隶的战俘。当战胜者面对这些曾经伤害过己方的"奚"时,眼睛里一定会发射出嗔恨的光。这恐怕就是"傒"——怨恨的由来吧。

---

① 尹黎云:《汉字字源系统研究》,中国人民大学出版社 1998 年版,第 24 页。
② 周及徐:《汉语印欧语辞汇比较》,四川民族出版社 2002 年版,第 207—209 页。
③ [意]维柯著,朱光潜译:《新科学》,人民文学出版社 1986 年版,第 485 页。
④ 许进雄:《中国古代社会——文字与人类学的透视》,中国人民大学出版社 2010 年版,第 539 页。

"怼"之恨基于对立而生,那么"仇"之恨呢?仇恨,在现代社会变革史上有着特殊的效应和影响力,那由仇恨激发的斗争和动乱,冲击和改变着传统的礼仪规范,也无情地摧毁着人性的底线。"仇"的力量如此强大,其中究竟蕴含着什么重大秘密?

仇,本义为匹配,表示成双的事物。①《说文》:"仇,雠也。"《尔雅·释诂》:"仇,合也,匹也。"从匹配到对立,进而敌对(比较一下前文提及的 two 与决斗的关系),大概是仇的意义发展路径吧。但是,"仇"的原型还不在此。

仇,从人,九声。"仇"的结构有点费解:九是什么?作为数字的九,很神奇,其字形意义如何与仇关联呢?我们回溯"九"的古文形态,比较专家的研究成果,发现"九"的原型与龙形图腾或龙蛇崇拜有关。②

具体说来,"九"为虬,夏人尚九,九为夏数,"九"源于龙蛇崇拜。姜亮夫指出:"盖夏族中心之人曰禹,禹字从虫从九,即后虬字之本。九者象龙属之纠绕,夏人以龙虬为宗神,置之以为主,故禹一生之绩,莫不与龙与九有关。"③白川静也认为,九乃曲身折体之龙。龙既写作"虫"(非昆虫之虫),又写作"九"。④

九的龙蛇崇拜也见于《周易·乾卦》。乾为龙,其中的六爻为六龙,所谓"时乘六龙以御天"。乾卦有"用九:见群龙无首,吉"之谓。这个九,显然是龙的象征。

既然如此,那么,"仇"字中的人与九(龙蛇)处于什么关系?其中发生什么变故?我们在第六章第四节里讲到上古穴居,多有蛇患,恐蛇症笼罩着远古的心灵,时时提防着:有它乎?无它乎?深受蛇患之害的祖先自然也恨蛇入骨,由此生发人与蛇(九)的"仇"缘。

人与蛇的"仇",缘源远流长。美国天文学家卡尔·萨根推测人类智力起源

---

① 章季涛:《实用同源字典》,湖北人民出版社2000年版,第462页。
② 文字学家有不同的解读。如林义光、高田忠周等依据许慎的意见,认为九的本义为曲;徐中舒谓九为曲钩之形。丁山认为,九是肘的本字,是臂节的象形,臂节可屈可伸,故有纠屈义;李孝定认同丁山之说,认为肘,古盖做肬;马叙伦考九诸形为肘,与厷为一字。朱芳圃以为九像动物践地之形。于省吾说九像虫之上曲其尾。木霁弘综合诸家之说,认为"九"是一个龙形图腾化的文字;从《九歌》之九可见其神秘性,即对龙形(或蛇形)的崇拜。见李圃主编:《古文字诂林》,第10册,上海教育出版社2010年版,第894—897页;李圃、郑明主编:《古文字释要》,上海教育出版社2004年版,第1330页。
③ 姜亮夫:《楚辞学论文集·诗骚联绵字考》《楚辞学论文集·九歌解题》,上海古籍出版社1984年版。
④ [日]白川静著,苏冰译:《常用字解》,九州出版社2010年版,第75页。

十二、深仇大恨

时说,人与爬虫不可调和的敌意,在西方是最强烈的,正如圣乔治(英国守护神,曾杀死恶龙)所证实的那样。《圣经·创世纪》第三章,上帝注定人与蛇是永恒的敌人。他认为,人蛇对立早在哺乳动物出现的时代就形成了。那时令人恐惧的爬虫白天称霸,占支配地位,但到夜里大多被迫龟缩不动。而热血的哺乳类不敌爬虫,白天只好固定不动或躲藏起来。到夜里开始袭击爬虫,尤其是窃吃爬虫的卵。卡尔·萨根调侃道,一顿早餐吃两个鸡蛋(事实上几乎可以肯定,鸟类是恐龙的主要现存后裔),这就是原始哺乳动物遗留下来的烹调方式吧![1]

吃爬虫的卵——蛋,是人对爬虫(龙蛇)之恨的有力发泄,是复仇的有效方式。在人蛇交恶的争斗中,吃其蛋有断后的阉割之快,就像骂人断子绝孙之毒。巧合的是,"蛋"从虫,正是爬虫的标志。蛋是明代以来的通行字,音义来自延,即诞。[2] 因此,蛋的字象表示:蛋为虫(龙、蛇)所生。

今日我们依旧喜欢吃蛋,而且花色名堂不少,诸如煮蛋、煎蛋、炒蛋,还有腌制咸蛋、皮蛋的。人类在享用蛋的美味时,是否满足了无意识中复仇的快乐?政治集会和抗议活动中的扔鸡蛋行径是否也意味着仇蛇情结的投射?

不过有一点是清楚的,汉语中以蛋为词尾的词汇大多有骂义:坏蛋、笨蛋(爬行类智商的确不高)、混蛋、滚蛋、捣蛋、完蛋、王八蛋。这大概是仇蛇情结(诋毁、贬低、诅咒)穿越千万年无意识的一种发泄吧。

蛇,本字为"它";"它"在甲骨文中的意义似乎是:危险,伤害,妨碍。[3] 的确,"它"很邪恶,甲骨文造型突出其三角形的头部(楷书也隐约可见)。这是绝大多数毒蛇的基本特征。"它"盘踞着,成为大地的化身。地,从土,它声;"也"是它的讹变。[4] 这表明大地是一条蛇,是古人"虎踞龙盘"的想象。所以维柯说,英雄们把大地想象为一条巨龙,时常警觉和戒备着;又把它想象为九头蛇(hydra)。[5]

大"地"与蛇之守备的关联意味着领地权利的维护,也是后世"地头蛇"的来由,此乃"恨"的艮止行为,亦即盘曲洞穴之蛇(它)的拒斥、排斥行为。于是有了

---

[1] [美]卡尔·萨根,吕柱,王志勇译:《伊甸园里的飞龙》,河北人民出版社1982年版,第116页,第108—111页。
[2] 齐冲天,齐小乎编著:《汉语音义字典》,中华书局2010年版,第1018页。
[3] [瑞典]高本汉著,潘悟云译:《汉文典》,上海辞书出版社1997年版,第5页。
[4] 李圃主编:《古文字诂林》,第10册,上海教育出版社2004年版,196页。
[5] [意]维柯著,朱光潜译:《新科学》,人民文学出版社1986年版,第261页。

"排他"之说。他,即它的今字。① "它"据此演化为第三人称,是富有意味的。"他"(它),不同于你我关系,"他"是另一个,属于异己分子(other)。现在西方哲学喜欢讲"他者"(the other)。萨特有一个著名论断:他者是地狱。撇开"他者"的理论细节,就蛇性而言,"他者"是人性的对立面,是自我的对立面。

其实这个"它"就在人脑深处。美国脑科学家麦克林(Paul Maclean)通过研究脑神经的进化,提出三位一体脑的概念。他认为人的大脑由原始的神经细胞逐层进化而来的,脑的每一步进化都保留着原有部分,最后形成三层脑。第一层是爬行动物的脑,麦氏称之为爬虫复合体(R-complex)。爬行动物脑产生于2.5亿至2.8亿年前,主要显示领地争夺、两军相斗和恫吓以及社会等级、寻偶求爱(交配)等行为模式。第二层是古哺乳动物脑或者边缘系统,约起源于1.65亿年前的最古老的哺乳动物,具有内外信息的整合感知,也有情感和情绪的体验。第三层为新哺乳动物脑,是覆盖在脑的其余部分之上的堆积物:新皮质。人的新皮质相当大,占据了人的大脑的绝大部分,主持着思维过程,体现理性原则。②

三位一体的脑模式很容易使人联想起弗洛伊德无意识理论。弗洛伊德把人的精神状态划分为三种:伊德(id)、自我(ego)、超我(superego)。其中爬虫复合体的攻击和性行为与伊德完全一致。伊德(id)即指人的兽性方面,拉丁文或英文作"it"。③

原来"它"就是本我伊德啊!

回到"仇",从人(自我),从九(蛇、它、本我),仇恨的对象居然是无意识的本我,即自我与本我的战争。这么说的话,仇恨的本质源于意识与无意识、自我与本我的分裂和对立。无疑,仇恨的消解便是彼此的对话和沟通了。

再回到"仇"的本义:"配偶,是二人的配合。"④从心理分析的角度讲,"仇"的配偶本义,实为自我与本我的和合融洽状态;其后的敌对、仇恨义才是人格、人性分裂导致的。许慎说:"仇,雠也。"雠,从鸟,从言,应答的意思。在象征意

---

① [瑞典]高本汉,潘悟云译:《汉文典》,上海辞书出版社1997年版,第6页。
② 参见[美]埃里克·詹奇著,曾国屏等译:《自组织的宇宙观》,中国社会科学出版社1992年,第185—189页。
③ [美]卡尔·萨根,吕柱,王志勇译:《伊甸园里的飞龙》,河北人民出版社1982年版,第64页。
④ 王力主编:《王力古汉语字典》,中华书局2000年版,第16页。

十二、深仇大恨

上，鸟代表自我意识，表示言语沟通（动物中鸟最善语言）。仅当自我意识与本我无意识效应"雠"时，方能"相逢一笑泯恩仇"。

至此，笔者不由想到身披铠甲的小动物犰狳（armadillo），它何以如此名谓？犰狳是穴居动物，昼伏夜出；一遇天敌便钻进洞内，如果来不及，便卷成一团，以坚硬的鳞甲保护身体。"犰狳"声符（九、余）想必也是有来路的吧：九，为屈曲之形，表示犰狳遇险时的卷曲之能；而余，屋舍之形，[1]表示犰狳屈曲一团（"犰狳"，沪语念做"球圆"），如屋舍之安。

图 12-2　它，远古起与人结仇，已深入人的无意识，成为本我。仇恨心理的本质是自我与本我的冲突。
图片突出蛇头部位，正是汉字"它"的上部结构

以心理象征而言，"犰狳"之"犰"对应于本我之压抑状态——九之屈曲；而"犰狳"之"狳"对应于自我之存在空间（房舍为自我的象征），而"余"的古文表示"我"。犰狳的名谓在显示其习性的同时，似乎也表达了自我与本我的关系。

仇恨从对立（怼）到匹配，到和解，字神早有安排啊！

---

[1] 何金松：《汉字文化解读》，湖北人民出版社 2004 年版，第 309—310 页。

247

（三）憎：恨的结构和功能

"仇"揭示了恨的上古因缘——它（毒蛇）的伤害在古人心灵上留下阴影，由此也成了人性中的兽性（伊德），成了荣格所说的阴影原型。

当远古先祖关切地询问：有它乎？它（伊德或阴影）早已潜伏在心理深处了——深深地蛰伏在大脑皮质下面的边缘系统的下面，这双重的下面，层级分明，就像双层蒸锅——曾，即甑的初文。① 故曾隐含着层义——繁体的层（層）从曾，加层就是增。

它在底层，上有两层之压，负担也不轻，难怪"它"的相关声符字，如佗（驮也）、驼（《正字通》："凡以畜负物曰驼。"骆驼载物也）、砣（秤砣之压）都有受压的含义。受压的它——伊德或阴影，激起一股情绪——憎。

憎，便是恨的结构，比较简单，就是心能、心结的一层层的叠压关系，如同点心店里高高叠加的蒸笼。与物之叠加不同的是，心理关系的叠加会有情绪反应，即因挤压而产生嗔恨。这是一种被压的沉重感，英文恰好也有类似的表达——hard feelings（怨恨）。

不断强化、层层加码（re）的感觉（sense），就是变得顽固坚硬（hard）而无法松动、缺乏弹性的感觉。遂合成单词"re-sense"，即 resent（怨恨）。这与"層層叠压"的"憎"遥相呼应。

为什么反复、叠加的感觉（"反感"）就成了怨恨、憎恨呢？看来有两个方面的可能：其一，自我经历了反复、叠加的挫折和压迫而产生仇视的态度。那些声

---

① 李圃，郑明主编：《古文字释要》，上海教育出版社2004年版，第103—104页。

十二、深仇大恨

称痛恨所有男人的女人，一定是经历了多重或沉重的恋爱挫败而伤透了心。

其二，在群体水平上，两个长期对立、冲突的家族、部落，由于不断积累着的负面性而生恨意。生活在这样环境中的个体，从小被灌输复仇的观念，培育敌对的情感，造就"仇恨入心要发芽"的偏激心理。

"憎"是心能的"增"压态，也是心理能量的聚集态。所以英国哲学家大卫·休谟认为恨是一种束缚的感觉。[1] 这样的感觉在脸部的表现，就是表情肌向脸的中央部位聚集：双眉紧锁、眼睛发直、嘴角下陷等。恨的表情是紧张的、僵硬的，也就是束缚的状态。但是，恨的"束缚"，貌似收敛，却旨在出击，就像拳击手攻击前的预备动作。

在恨的表情中，最关键的是皱眉肌，为消极表情的枢纽。科普作家丹尼尔·麦克尼尔说："脸上的天堂和地狱是主颧肌和皱眉肌。主颧肌是微笑的制造者。它斜穿脸颊直到嘴角，将嘴角向上拉起。皱眉肌使眉毛皱拢，使眉心中间显出竖直的皱纹。大多数愉快的表情与主颧肌有关，而大多数不愉快的表情与皱眉肌有关。"[2]

皱眉肌作为脸上的地狱，具有唤起、组织仇恨的功能。皱眉肌位于印堂山根一线，毗邻两侧的眉肌、眼肌，下接鼻骨肌。皱眉肌收缩的话，把周边肌群全部向眉心、鼻梁聚集，造成"恨"的凝重感。其中还衍生出两条著名的纹路：印堂中间的竖纹，鼻梁山根处的横纹，这一竖一横的，尽显横竖横的"革命"精神。

这两条位于脸面中央的纵横纹路，气度非凡，意义非凡，它们是皱眉肌感召力的标志。一旦仇恨进入皱眉肌，脸面相关肌肉力便紧急调动，迅速集合，形成队列——纵横纹表现出强劲坚韧、坚定不移的特质。

如果强大的皱眉肌换成一个国家、一个组织，该会有什么结果呢？

显然，国家的皱眉肌是唤起民众的团结力量。一方面，弱国面对强敌入侵而众志成城。1937年卢沟桥的枪声，唤醒了中华民族的救亡意识，国共合作，一致对外，建立全民抗战的统一战线。另一方面，面临国内冲突的升级和激化，统治者为转移矛盾，常常铤而走险，发动对外战争，从而获得聚集民心的皱眉肌。

因此，埃里克·霍弗（Eric Hoffer）说："共同的仇恨可以凝聚最异质的成

---

[1] 维基百科 http://zh.wikipedia.org/wiki/仇恨。
[2] [美]丹尼尔·麦克尼尔著，王积超等译：《面孔》，中国友谊出版公司2000年版，第206页。

分。""恨是最有力的凝聚剂。"①

皱眉肌显示了仇恨的基本结构和功能,是基于"憎"(曾)的层积和聚集意象。但是从面相"地形学"的角度讲,还远远不够。根据传统的中医面诊理论和相理经验,恨的脸面寓意丰富而深刻,有助于理解恨的心理渊源。

眉心(即印堂),因皱眉而挤压,形成一条竖纹,这在相学上叫悬针纹。印堂有悬针者,个性固执,爱较劲,符合深仇大恨者不依不饶的特征。相书上讲,悬针纹深多主凶死(意外之死),意味着复仇心强烈,不计后果,容易冲动而惹祸。

印堂,又称命宫,以平坦明亮为上,显示人的精神健康阳光的一面。印堂受到挤压,心理则压抑,负面情绪在滋长。印堂所对应的中医面诊全息反射区为肺脏,此处挤压,说明肺活量不够,也暗含着气量不够,即心胸狭隘。一个满怀仇恨的人心里一定堵得慌,根本谈不上气量。那么,他的心里被什么东西给堵上了呢?想必是一座山吧。八卦中,艮为山,艮有阻止的含义。艮山坐心头——恨也!

愤恨甚者,不仅皱眉,而且鼻肌也皱起,结果山根处出现横纹。山根是鼻子的起点、基础。山根所对应的中医面诊全息反射区为心脏。② 山根现横纹,是心脏受压的标志,也意味着心性之心的压力(中医的身体之心,与神识之心合一)。而在相学十二宫名谓里,山根又叫疾厄宫(广义的疾厄宫包括年寿),主健康。这表明愤恨甚者,其山根横纹实在是对心性的伤害;换言之,恨是一种疾厄状态,属于心理不健康的范畴。

因此,从根本上讲,仇恨是一种负面情绪,是破坏性的。法国前总统希拉克在 2004 年 6 月 6 日纪念"二战"中盟军登陆诺曼底 60 周年时说:"仇恨没有未来。"的确,憎,从曾,曾经也、过去也;仇恨在纠集过去的障碍,无法面对未来。③

南非前总统曼德拉在遭受 27 年牢狱之苦后,为化解种族矛盾,不计个人恩怨。他说:"若不能把痛苦与怨恨留在身后,那么其实我仍在狱中。"曼德拉以其仁厚宽容,推翻了心中的艮山,为南非赢得了未来。

---

① 埃里克·霍弗著,梁永安译:《狂热分子——码头工人哲学家的沉思录》,广西师范大学出版社 2008 年版,第 121—122 页。
② 王大有:《掌纹珍病实用图谱》,北京科技出版社 1995 年版,第 104—105 页。
③ 马立诚:《中日相互仇恨没有未来》,2012 年 12 月 10 日财经国家周刊。

（四）恨的本质

情感是一种价值的表达。[①] 如说"对不住、对不起"，是歉意，表示行为方面触犯了他人的利益（价值）；惆怅是对流失了的岁月价值的伤感；悲痛是对被毁弃了的价值的感受；愤怒是试图摧毁对方价值的冲动；傲慢是高估自己的价值；高兴系获得生命的价值。

而恨，是所有情感中价值取向最丰富、最强烈的：恨别人比自己强（嫉妒）；恨子女不如自己（失望）；恨自己的过错（内疚）；恨对方贬低自己（耻辱）；恨自己不争气（遗憾）、不如意（哀叹）。可以说，恨作为负面情绪的代表，涵盖了各种价值关系。

"恨"字以艮为声符，艮有阻止义，引申为限制、边界义（参见本章第一节）；而边界本身就有尺度、度量的意象。远古时代的人或人类的童年，具有儿童思维的自我中心特征：凡是符合我标准的（即符合己方的价值）都是好的，大加赞美；反之都是坏的，加以拒斥。"恨"的尺度针对的正是敌对部落的价值系统——崇拜的神灵、所用的语言、履行的礼俗等，对此加以贬低，斥之为怪异、邪恶。

当个人或群体以一种价值体系衡量另一种价值体系时，排异反应就开始了。价值体系作为判断是非的标准——圭，必然伴随着排异心理，这就是为什么从心圭声的"恚"义为怨恨的缘故了。圭，规也；圭表，古代测量日影的器具。恚，为心中的圭表，即心里有一把秤，爱憎分明，立场坚定。

[①] 荣格认为，情感主要是发生在自我与某一特定内容之间的过程，是接纳还是排斥意义上给内容以某种特定价值的过程。见［瑞士］荣格著，吴康译：《心理类型》，上海三联书店2009年版，第368页。

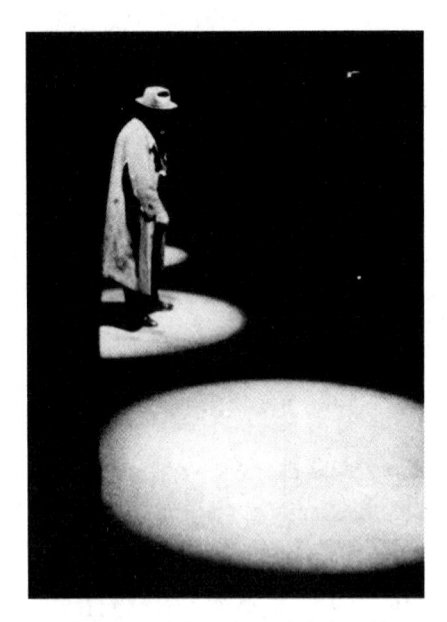

图 12-3　人们习惯于站在自己的立场(圭)判断是非，决定爱恨

"恚"的恨义，最初可能与祭祀有关。这反映在"忌"字里。忌，为憎恨义，也表示畏惧、禁戒。忌音通祭，为祭祀祖宗，如忌日。而跽为祭祀时正襟危坐状（故跽从忌），一脸敬畏，唯恐犯忌。《释名·释姿容》："跽，忌也，见所敬忌不敢自安也。"[①]

顾忌犯忌，是祭祀心理的重要特征。禁忌、忌讳是祭祀礼仪的一套规则（"恚"），不得丝毫冒犯，否则会导致天祸。这里，忌从己，记也，忌讳牢记于心也。[②] 孔子讲的"克己复礼"，在此语境里，"礼"可以看做是祭祀礼仪，"克己"即克制犯忌而守戒律。如此说来，"克己复礼谓之仁"，仁，爱也；其反面就是"放己违礼谓之忌"，忌，恨也。

因此，恨的本质就在于度量、判断、取舍各种价值关系。正如舍勒所说：怨恨的本质在于攀比，即怨恨者把自己的价值与别人的价值加以比较，但在比较后却因自己无力获得别人所拥有的价值而对之进行贬低。怨恨者之所以贬低他人所拥有的价值，目的是要消除这种价值给他造成的存在压迫。[③]

恨，木气向下，聚集心灵的根部；对应八卦震卦。震为动，所以恨常被用于激发斗志。但恨之震也是力比多，是阴影，有着深远的生物渊源，因而具有深厚的破坏力。

[①] 周清泉:《文字考古》，四川人民出版社 2003 年版，第 366—368 页，第 371 页。
[②] 齐冲天，齐小乎编著:《汉语音义字典》，中华书局 2010 年版，第 382 页。
[③] 张志平:《情感的本质与意义——舍勒情感现象学概论》，上海人民出版社 2006 年版，第 135 页。

十三

爱 与 生 命

  爱的情感是如此的重要，如此的普适，怎么说都不为过，有史以来它不断地成为文学、艺术、宗教、哲学的主题，却依旧"没完没了"。爱的定义也跟着"没完没了"，难以穷尽。对此弗罗姆以哲学家的最大公约数叹道："爱，人类生存问题的答案。"[①]

  爱与愉悦一样，五行属火；歌曲《冬天里的一把火》把爱的火焰比喻为闪烁的眼光，温暖的心……爱火如神明，如天光，爱的世界充满秩序。

[①] [美]埃·弗洛姆著，康革尔译：《爱的艺术》，华夏出版社1987年版，第6页。

（一）"爱"的呼唤

爱是生命、生存。爱与心密切关联，难怪我们经常见到以鸡心符号来表示爱。在汉语习惯上，爱与心也是并称组词的。爱与心的一体化，是千万年来人类的生命经验，《爱的奉献》唱道：

> 爱是 love，爱是 amour
>
> 爱是 rarc，爱是爱心，爱是 love
>
> 爱是人类最美好的语言
>
> 爱是正大无私的奉献
>
> 我们都在爱心中孕育生长
>
> 再把爱的芬芳洒播到了四方
>
> 我们要在爱心中大声地歌唱
>
> 再把爱的幸福带进每个人的身上
>
> 爱会带给你无限温暖
>
> 也会带给你快乐和健康

网民常以"爱无心"取笑简体字。的确，爱的繁体，有一颗"心"藏在其中——"愛"。爱从心，理所当然；若进一步细究"愛"的结构，就有点费解了。

笔者"爱"上了这个费解的结构，一心想搞清楚"愛"字的上下零部件有何功用。但多年来，一直未能参透其形义结构、音义关系；而文字专家各抒己见，歧见纷呈。《说文》："愛，行皃。从夊，㤅声。"许慎把爱的本义说成是行走的样子。

又说"㤅,惠也。"㤅,即爱的本字。① 这是最初的"歧见":爱的本义为行,与爱有什么关联?而且爱的声符字,多为隐蔽义,②更增添了"爱"字的"暧昧"。

我们先看爱的本字——"㤅",从心,旡声。"旡"与心的关系是破译"爱"的入口。这涉及"旡"的构形意义。许慎认为旡是欠的反写(参见第五章第一节),意指打饱嗝,表示吃好饭了,是既的本字。③ 但多数古文字专家认为,旡是字形为扭头向背后的跽坐人形,是既的省文;④或者是"像人跽而口向后张之形"。⑤看来,向后张口之形较符合甲骨文的"旡"义。

以"旡"之回首义理解"㤅",给人许多联想空间。白川静从"爱"的本义结构中,推导出"回首顾盼、牵挂于心"的意象。⑥ 这是富有启发的建设性的解读。这样,我们自然把"㤅"(爱)看做是"心的回转""心的眷顾",亦即关心、关爱之谓。

显然,"㤅"(爱)的关照意象比较合理,也具哲学深度。

不过在笔者看来,"旡"之回首,恐不会这么简单地"眷顾"了事的,"爱"之从夊(行走)也不是无缘无故的。爱这么重要的情感,一定有着深刻的心灵因缘。在远古浓重的巫术神话背景下,"爱"字的独特结构无疑地隐含着祭祀活动的重要信息。

那么,"爱"是怎样的祭祀活动呢?我们不由再度叩问"㤅"字中的关键因素"旡"。从语源上讲,旡与气有关(按,是许慎饮食气逆之气的引申),"㤅",便是气的给与、惠赠,也是"气的交感"。⑦ 气的异体写作炁。在道家等修炼中,气多写作炁,为先天之精炁,具有生命能量。同样,在"㤅"的语境中,旡也具备灵体特征。那么旡的灵体能量,意欲何为?

研究表明,"㤅"以旡为声符,有注入义⑧。这个信息很重要,意味着灵体能

---

① 《玉篇》:"㤅,今作爱。"
② 殷寄明:《汉语同源字词丛考》,东方出版中心 2007 年版,第 472—474 页。
③ 尹黎云:《汉字字源系统研究》,中国人民大学出版社 1998 年版,第 53 页。
④ 苏宝荣:《〈说文解字〉今注》,陕西人民出版社 2000 年版,第 312 页。
⑤ 李圃,郑明主编:《古文字释要》,上海教育出版社 2010 年版,第 839 页。
⑥ [日]白川静著,苏冰译:《常用字解》,九州出版社 2010 年版,第 2 页。按,白的结构分析与国内学界的不同。
⑦ 齐冲天,齐小乎编著:《汉语音义字典》,中华书局 2010 年版,第 941 页。
⑧ 张建铭,张宛如:《汉字字根——〈说文〉声母字语源义考释》,山东友谊出版社 2010 年版,第 139 页。

十三、爱与生命

量的注入。从"忎"的结构上讲,是"旡"的灵体对"心"的注入。"忎"的注入义犹如一道闪电,照亮了"爱"的真义。

在远古信仰中,生命是不朽的,生命可以轮回。古埃及人做木乃伊时,心脏留在体内,以期来世顺利复活。因此,心被认为是生命和灵魂的场所。[①] 而埃及的象形文字以罐子代表心。[②] 由此可见,"忎"字中的心,也是生命和灵魂的归宿。而"旡",便是注入灵魂的气。"旡"相当拉丁文的 animus(精神)和 anima(灵魂),它们与希腊语里的"风"是同一个词。荣格考察了希腊语、拉丁语、阿拉伯语中灵魂词源时,发现其大多与风、气体、呼吸关联,认为灵魂就是运动着的力,即生命力。[③]

我们认为,"忎"字中隐含着生命复活的故事,储存着灵魂回归心脏身体的古老的祭祀活动。"旡",音 ji,是给予,生气灌注的给与、赋予;而"旡"的甲骨文为"扭头向背后的跽坐人形"。这是谁呢?笔者猜测,"旡"很可能是一位做"法事"的祭司,他跽坐着,念念有词地一番念咒,把由此获得的神力注入那颗期待复活的"心"。"旡"反映了这个动态过程,一方面,他转过身——这是象征性动作,表示阴阳转化,就像民间还存在的走阴巫师;另一方面,他张开口,把生命—灵魂之气"惠赠"于"心",唤醒那"心"的生命力。

这样的"施法"仪式,多半反映了古人对灵魂的重生、转世、复活的信念,即逝者返阳的期望,其时祭司运用"法力",一路护送灵魂,令其安然返回身体。此外,"旡"的注入,还包括危重病人的救治(特别是昏迷不醒),婴幼儿夜啼的招魂,梦游失魂态的回返,总之,是生命的复活。

由此,"忎"可以看成是灵魂重返身体之旅,是希望之旅。而这恰好回应了爱与爱的本义(行貌)不相匹配的困惑。现在我们再来看许慎的定义:"爱,行皃。从忎,夂声。"那声符"夂"正体现了灵魂回归路上的悠悠状。魂归身体的故里,原来这就是爱啊!

说到这里,我们不由想起第八章第一节的"憂"(忧),其结构与"爱"非常相

[①] [德]汉斯·比德曼著,刘玉红等译:《世界文化象征辞典》,漓江出版社 2000 年版,第 383 页。
[②] [法]让·谢瓦利埃,阿兰·海尔布兰编,《世界文化象征辞典》编写组译:《世界文化象征辞典》,湖南文艺出版社 1992 年版,第 1097 页。
[③] 冯川编,冯川、苏克译:《荣格文集》,改革出版社 1997 年版,第 20 页。

汉字情——符号中的情感世界

图 13-1 繁体字的"爱"从心,从旡,表示心的呼吸,灵魂的回归

似:中间从心,下面从夂;所不同的是:"忧"的上面从页,"爱"从旡。"忧"是先人的灵魂离开身体前往灵界的行(夂),突出后人对出离灵体的去向或可能降祸的"忧虑"。而"爱"是离体灵魂在祭司的护送下重返身体的行(夂),强调复活或重生的价值。因此,爱关联着、影响着生生之体的命运。

事实上,"爱"之灵魂的回归,生命的复活,起于曾经的灵魂出离、生命的危机,有着曾经的悲哀以及对重生的冀望(参见第七章第二节)。这就是"哀"。而"哀"思的背后是生还的期待("爱"的回归),因此,刘熙说:"哀,爱也,爱乃思念之也。"①

爱,是灵体、灵气的注入,在注入身体,注入心房(前文所说的埃及象形文里的心为罐子)之际,生命洋溢着激动,充斥着忘我的激情。这就是我们习称的兴趣"爱"好的状态,一种生命被激活的盎然状态。英语中的"interest"(兴趣爱好),义为 concern(关心),从 inter(在…之间)从 est(根词为 es, to be 存在)。②因此,Interest 就是处于存在状态(鲜活的生成态),与爱、爱好的状态相通。

在"爱"的回归中,祭司的引导至为关键。"爱"有个异体,从旡从牧,③突出祭司(旡)的引导之功,即像放牧一样,护送灵魂的回归;换言之,"旡"是灵魂的放牧者。

在犹太—基督教文化中,喜欢把神与人的关系类比为牧人与羊群放牧关系。

---

① 《释名·释言语》。这表明哀与爱音同义通,彼此有内在关联。
② 周文标主编:《多功能英汉案头大辞源》,辽宁人民出版社 1993 年版,第 930 页。
③ 汉语大字典编辑委员会编:《汉语大字典》,湖北辞书出版社、四川辞书出版社 1992 年版,第 2200 页。

十三、爱与生命

牧者与羊的比喻带有典型的游牧生活的印记。牧羊人在《旧约》中的隐喻意义特指上帝,到了《新约》中又指耶稣基督。《旧约·诗篇》第 23 章中有一节诗以被牧之羊的口吻称颂牧人:

> 主是我的牧人,我什么都不缺乏。
> 他使我安卧在青草地上,
> 领我到幽静的溪水旁。
> 他使我的灵魂苏醒,
> 又照着他的应允,引导我走正直的路。
> 我纵然经过死阴的幽谷,也不害怕。
> 因为你在我身旁,
> 你的杖,你的竿使我得到安慰。①

诚然,"无"在这里可以看做是耶稣基督,神的放牧体现了耶稣的爱。"无"也可以看成是引领犹太人走出埃及的摩西。在摩西的带领下,犹太人重返上帝应允之地——迦南。就犹太人的命运而言,这是上帝的爱,是摩西的爱。

迦南(Canaan)是犹太人的福地,是"流着蜜和奶"的土地,也是蒙受神恩的庇护地。相信很多民族都有自己的"神恩庇护地"。至于每个个体的"神恩庇护地",就是家乡了,那情意深深、血脉悠悠,有着祖先神福荫的故里。

当我们谈论庇护地时,常有历经迁移而最终得以安居的故事,这与游魂历经曲折最终回到身体的经历相似。正因此,才有爱的关切,爱的守护。所以爱本质上也是一种庇护:羽翼下的雏鸟、大象腹下的小象、母猴背上的小猴……偎依在母亲怀抱中的婴儿。

爱的庇护意象其实早就储存在"爱"的音义——隐蔽上(见上文),诸如傻(人隐)、蓸(草木茂盛隐蔽不见)、叆(云盛遮日而不明)、曖(目之遮蔽)。显然,遮蔽就是庇护,故而"爱"的语源义也被看做是庇护的。②

概言之,爱的庇护("爱护"),就是灵魂回到身体,游子回到故乡。

---

① 叶舒宪:《圣经比喻》,广西师范大学出版社 2003 年版,第 79—80 页。
② 张建铭,张宛如:《汉字字根——〈说文〉声母字语源义考释》,山东友谊出版社 2010 年版,第 139 页。

"忞",从注入到庇护,意义深广,象征丰富。如果再来点荣格的"积极想象",想必还有不少惊喜。比如,上文提及的"旡"字中所蕴含的呼吸、灵魂等意象,对应着拉丁语 animus(精神)和 anima(灵魂)。而 animus 和 anima,在荣格心理学中有特殊的意蕴,分别表示阿尼姆斯(animus)和阿尼玛(anima)原型;前者是女性心灵深处的阳性特质(内在的男人),后者是男性心灵深处的阴性特质(内在的女人)。[①] 男女间之所以会发生深刻的爱情,正是激活其"心"灵深处"旡"的缘故。

爱走在回家的路上,咏唱着生命的赞歌,庇护着灵魂的安宁,爱的故事源远流长……

(二) 仁者爱人

爱,是主流宗教的核心话题。在宗教思想里,爱是灵魂的拯救,具有普世意义,位居价值高地。尽管"忞"的本义也关乎灵魂拯救,但其古义停留在巫术祭祀的层面而未被升华。在汉语世界,倒是发展出与"爱"相对应的"仁"。

仁是中国古代一种含义广泛的道德观念,其核心指人与人之间的亲亲相爱。《说文》:"仁,亲也。从人从二。忎,古文仁从千心。𡰥,古文仁或从尸。"《礼记·丧服四制》:"仁者,可以观其爱焉。"《春初·元命苞》:"仁者,情志好生爱人,故立字二人为仁。"《礼记·经解》:"上下相亲谓之仁。"

仁是孔子思想的核心,以此作为最高的道德标准。《论语》言及"仁"109次,但对"仁"的解释"因人而异",如"克己复礼为仁"(12.1);"仁者先难而后

[①] [瑞士]卡尔·荣格等,张举文,荣文库译:《人类及其象征》,辽宁教育出版社 1988 年版,第 157 页,第 165 页。

十三、爱与生命

获"(6.22);"能五者(恭、宽、信、敏、惠)于天下为仁"(17.16);"爱人"为"仁"(12.22);乃至"忠恕"为"仁"(4.15)。①

那么"仁"究竟是什么?李泽厚认为仁的含义宽泛而多变,不必细究哪一种说法最为根本或最为准确。这 109 种解说,彼此构成一个有机整体。"仁"的结构有四个方面或因素组成,诸因素相互依存、渗透或制约,从而具有自我调节、相互转化和相对稳定的适应功能,构成一个颇具特色的思维模式和文化心理结构:(1)血缘基础,以"孝""悌"作为"仁"的基础,把"亲亲尊尊"作为"仁"的标准;(2)心理原则,把"礼"和"仪"的外在规范约束解说成人心内在的要求,使伦理规范与心理欲求融为一体;(3)人道主义,亲亲之爱,由亲及人;(4)个体人格,"为仁由己""当仁不让""己欲立而立人"等历史责任的担当,个体人格的塑造,以及对理想人格的追求。其整体特征则是(5)实践理性。②

"仁"的确不同寻常,发展到这个程度,不是偶然的,一定有其原型力量。

一般认为仁从二,表示两个人。北宋学人徐铉谓"仁者兼爱,故从二",把仁看成人间之爱或人的社会关系。但这说法多少有点牵强,比较"流俗"。仁之有爱,分量不轻,字中必有深意。文字学家尹黎云认为,"仁"中的二,表示天地。而人,照许慎的说法,是"天地之性最贵者也"。可见,仁原本只是人的繁文。人在天地之间,为其精华所在;果实之心乃果木的精华,故果实之心称果人(果仁)。③

老子说:"道生一,一生二,二生三,生万物。"二就是阴阳,天和地是最大的阴阳。人是天地阴阳的产物,是天地人三才的基本组成。人与仁通用(《广雅·释诂四》:"人,仁也。"),那天地之间(二)的"人",就是天地之生的种子;换言之,天地如一巨大的果实,人是其中的果仁。这里,果仁也是"为天地立心,为生民立命"之所在。

如果说果仁为果实的种子,是生命本源的象征,那么,仁爱之"仁"可谓人格之伦理—心理的生命本源。在心理咨询实践中,咨询师以其仁心催发来访者的新生,即唤醒其人心灵深处的种子(仁),告别旧我,迎接新我——重新做人(人与仁的同一)。

---

① 杨伯峻:《论语译注》,中华书局 2006 年版,第 16 页。
② 李泽厚:《中国古代思想史论》,安徽文艺出版社 1994 年版,第 20—33 页。
③ 尹黎云:《汉字字源系统研究》,中国人民大学出版社 1998 年版,第 1—2 页。

"仁"的结构主要体现在"二"的阴阳关系上,即通过天地阴阳的交合、结合产生生命的爱。"二"与尼之古音相同,①而仁,战国金文又写作"𡰥"(从尸从二,尸即人之卧形)。何金松认为𡰥"盖由尼变来。"尼,为两人亲昵状,即昵的本字。因此,仁的本义是亲昵,即夫妻情爱。②

由此可见,"二"的音义(尼)为结合,"仁"中之二的结合乃夫妻承天地阴阳之气的结合(故成亲要"拜天地"),是二(男女)到一(合而为一)的过程,对应着生育之性细胞减数分裂的过程。这是"仁"的血缘基础,即亲亲基础。

血缘亲亲,相当于英语中的 kin(亲戚,家族)。kin 的音变形态为 gen(k、g 通转),为生,即血缘关系,派生出 gene(基因)、genetic(遗传的)、germs(胚芽)、generate(生殖,生成);kin 的同源词包括 kind(种类,善)、king(国王)、akin(类似的,同族的)。③

图 13-2 仁,或从尼,男女和合貌

同族为亲,血亲相爱,亲情自然善待,所以 kind 兼有"种类"和"善"义。这是意味深长的。Kind 是同类,即 akin。同类者心意相通,故为善;相反,"非我族类其心必异",故为不善。Kind 语源意象居然与儒家"亲亲尊尊""爱有差等"的"仁"学观如此相似!

恰巧,"仁"的一种英译即作 kind 或 kindness(仁慈)。④ 说实在的,kind 的原型意义简直是"仁"的"翻版"。kind 为善,源于生(kin,gen)。"仁"为善,也源于生(尼,夫妻情爱、阴阳交合之生)。而"仁者寿"之谓,本质上体现了寿之绵绵,生生不息。

---

① 高本汉:《汉文典》,上海古籍出版社 1997 年 11 月版,第 241 页。
② 何金松:《汉字文化解读》,湖北人民出版社 2004 年版,第 445 页。
③ 王文明:《英语词汇奥妙无穷》,湖北教育出版社 2000 年版,第 268—269 页。
④ 《远东汉英大辞典》(简明本),新华出版社,无东图书公司 1995 年版,第 57 页。

既然"仁"与"人"通用,那么"仁"的秘密也在"人"中。我们注意到甲骨文的"人"面向右侧(左右的确定是从画面内部出发的),[①]而右对应左大脑(语言区)意识和光明、生命和希望,通常讲的座右铭、无出其右,都强调右的正确性、合理性。[②] 因此,"人"字本身暗含着生命存在的积极价值。这是一种"向生而立"的人生观(这也是中国哲学重生的传统),正好对应于海德格尔"向死而生"的存在观。

"人"蕴含着"生","人生"是也,因而"仁",便是"向生而立"的伦理—心理。

"向生而立"者,立于天地之间,这是大写的人,也是"大人"。《周易·文言》:"夫大人者,与天地合其德。"大人合天地之德而成其仁,我们又回到"仁"的二元生成关系中,说明"仁"爱是大爱,是得天地之气的本然之爱。

换言之,得天地之气,亦即阴阳升降气机的交合。人作为"天地之性最贵者",集中体现了天地的交合、连接(因而是天地间的枢纽)。而这构成人的德性,合天地之德的品格和能力。德者,得也;德性,凝聚着天地之性,化现为伦理—心理结构——仁。

"仁"中二的连接和交合,实际上是走向一的二(为动态过程),属于"和实生物"的二合一。在心理结构中,具有自组织的整合功能。"仁"的一个异体写作"忈",[③]从二,显然是指心的合二为一。相反,"次"(《说文》:"从欠二声。")字中的二,属于分离性质的,故其二为贬义,所谓次要、次品,也就是今日网络语中流行的"二"("二货""很二的")。作为"次"的心为"恣",乃恣意放纵之心,是"很二的"心,是对"一心"的破坏。

二合一的整合义,其仁爱意象典型地表现为"懿"。懿,表示德行美好,如懿德、懿范。《说文》:"懿,专久而美也。从壹,从恣省声。"懿从壹,即一的大写,为整合,是对放纵、分离的"恣"的统摄。这里,"恣"可以看做是心理阴影,或者人性中的野性、兽性,"壹"降服了"恣",从而把分立的人格系统整合成统一的有机体,那就是"懿"。

心灵的二合一,最重要的形态是意识与无意识的合一,也是天人合一在个体

---

① [法]游顺钊著,徐志民译:《视觉语言学论集》,语文出版社1994年,第38页。
② 罗建平:《汉字原型中的政治哲学》,广东教育出版社2008年版,第218页。
③ 《五音集韵》:忈,如邻切,音人。亲也,仁爱也。

心理层面的表现。陶冶心性是实现其合一的常见形式。陶冶的关键在于"冶"——冶金、冶炼。这是心灵炼金术,是心理自组织的修炼,是把人格的不同("二")元素一一合成的过程。甲骨文中的"冶",从二,从刀,从火,可能表达火上锻打刀剑的冶铁技术。① 冶金技术,大多涉及合金(如铁刃铜钺),冶从二,大概与此有关。而冶的发音在广东话中与二接近,与廿相同,想必其中也有所关联。

说到"懿"的整合,"冶"的合成,英文的"integrity"(诚实,诚恳,完善,完整)也有相应的意象。Integrity 源于拉丁文 integer,表示完整(completeness)、整体(whole)。其同源词 integration 意为结合,综合,集合,一体化;使成为整体。② 这说明,完整合一的东西,特别是心理人格方面的整体性、一体化,即"一心一意"状态,自然表现为诚恳、诚实的品德。

Integrity 的整体性源于结合、组合。印欧词汇有个重要根词 ar-,或 are-,就表示组合,组成整体,连接(fit together)。其同源词有 art(技艺,艺术);arm(手臂,装备);arthrosis(关节);aristos(贵族,本义 best,最好的);order(秩序);ordiri(纺织)等。③ 其中 aristos(贵族)是 Arete(德性,善)的最高级,意即在 Arete 方面最优秀的,是贤人、善人,是有技艺(体现贵族本质的活动)的人;而 arete 的名词形式 areter,意为祈祷者。④

在古希腊文献中,Arete 的内涵非常丰富,因"境"而异,很难单纯地理解为"德性"。从根词 are-方面讲,arete 也是一种连接,这是人性与神性的连接。Areter(祈祷者)就是人与神合一的状态。Arete 的神性也在祈祷者(贤者、贵族)的心中。这有点像孔子讲的:"仁乎远哉?我欲仁,斯仁至矣!"(《论语·里仁》)仁在君子的心里,仁如影随形。

话说至此,arete 与仁的对应关系昭然若揭。不妨说,古希腊哲人经常提及

---

① 冶字的形义,见李圃,郑明主编:《古文字释要》,上海教育出版社 2010 年版,第 1061 页;许进雄:中国古代社会——文字与人类学的透视,中国人民大学出版社 2010 年版,第 173 页。
② 周文标主编:《多功能英汉案头大辞源》,辽宁人民出版社 1993 年版,第 927 页。
③ 周文标主编:《多功能英汉案头大辞源》,辽宁人民出版社 1993 年版,第 2026 页。另见王文明:《英语词汇奥妙无穷》,湖北教育出版社 2000 年版,第 242—243 页。
④ arete 的用意见洪涛:《逻各斯与空间——古希腊政哲学研究》,上海人民出版社 1998 年版,第 121—122 页,第 183 页,第 270 页。

的 arete,在连接相合的意义上,就是孔子念念不忘的"仁"。而且 arete 的意义迁变,与"仁"的意义纷至相呼应,显示了本源范畴的生发力。

总之,仁是天地之合,一如古希腊的人神之合 arete,是合二为一的整合。在这二合一的过程中,爱现身了,从亲亲到社群,从伦理到心理,从外在礼仪到自我人格。

(三)孝:族群延续的生命意识,自我超越的社会责任

仁爱是人性的爱;仁爱之本体现为孝,《论语·学而》:"孝悌也者,其为仁之本与!"《孝经·开宗明义章第一》:"夫孝,德之本也,教之所由生也。"通俗地说,孝是爱父母;是一切德行的根本,也是教化产生的根源。

孝,是儒家伦理思想体系中占有特殊地位的重要范畴。孝的含义大致有三个方面:一是赡养敬事父母,《说文》:"孝,善事父母者。从老省,从子。子承老也"。二是继承父母遗志,完成先人未竟事业,《中庸》:"夫孝者,善继人之志,善述人之事者也"。三是祭祀祖先。[①]

"五四"以来,知识界倡导个人主义,批判家族制度,孝也成了被攻击的对象。诚然,孝在家长对子女绝对服从的伦理要求方面有其负面性。但是,叶舒宪认为孝的价值远非如此简单。他指出,比较文化研究表明,中国人的自我观念有其特殊性,即"自我本质上是一个延续的家族在血缘上的发展部分,是个人所属家族的特定祖先的逐渐延续"。这种儒家自我观念超越个人肉体的存在,而强

[①] 王月清、暴庆刚:《中国哲学关键词》,南京大学出版社 2011 年版,第 99 页。

调族类的永恒绵续,使个体的有限生命成为无限家族生命绵续中的一个环节。

从族类不朽的立场出发,个人所承担的社会基本义务便是如何保证家族生命延续的问题,也是个体把自己有限生命扩展到无限系列中的前提条件,而这问题和条件,儒家思想将其归结为一个字——孝。这样,孝不仅仅是"善事父母者",而且成为个体超越死亡焦虑的强大精神支柱,具有非凡的宗教和心理学价值。据此,向来被看做是伦理规范的孝,原来是一种独特的生命哲学:充分实现生命的现实价值——生命的再生产,一种典型的重生哲学。①

重生哲学,也就是上节的"人"(仁)所体现出来的"向生而立"。而"爱"所蕴含的祖先的再生、复活意味着家族生命绵续。照黑格尔辩证逻辑的说法,"孝"便是"向生而立"的现实性与再生、复活的超越性(灵魂的轮回)的统一。

当然这一推论并非逻辑游戏,而是基于"孝"的原型。

孝,文字学家大多承许慎"子承老"的解释,即子(后辈)搀扶长发老者之形。② 但是这一解释过于"现代"了(相对于上古殷商),与孝的音义相关的同源字(学、教、效、肖等字),③很难发生意义上的关联。

假如放下许慎先入为主的解释,细察甲骨文"孝"的上部毛发状的象形,它是否一定是头发,且一定是老人的长发?对此黄奇逸认为,孝是小孩头上插着某种植物的象形(笔者按,头发乃头顶的草木,彼此相似)。他指出,这是一种祭法,民间口语"披麻戴孝",这个"孝"是戴物于头上。其在精神上孝敬祖先,形式上在先祖灵前、神位前头戴某种植物。所以《国语·周语下》:"言孝必及神。"黄奇逸进而推测头上的植物就是"舜草",又名孝草。《述异记》:"舜草,今之孝草也。"④

孝的祭祀说令人耳目一新。不过在笔者看来,头上插舜草还有更深的祭祀意图。这与灵智有关。原始民族信奉万物有灵论,相信灵魂转世。照原始思维的逻辑,个人实际上是其祖先的再生。譬如,加拿大的爱斯基摩人笃信:"人死后灵魂仍转生为人,即托生为其后裔,通常为孙辈。因此,在爱斯基摩人的心目

---

① 叶舒宪:《英雄与太阳——中国上古诗的原型重构》,陕西人民出版社2005年版,第221—222页。
② 李圃,郑明主编:《古文字释要》,上海教育出版社2010年版,第810页。
③ 章季涛:《实用同源字典》,湖北人民出版社2000年版,第292—293页。
④ 黄奇逸:《商周研究之批判——中国古文字的产生与发展》,巴蜀书社2008年版,第555页。

中,任一儿童均为其祖父母或已故先祖所凭附。"①

英国文化人类学家爱德华·泰勒指出:"人的灵魂在另一个人的躯体中的新生或是再生,这种永恒的转化是这样发生的,即死人的灵魂促使婴儿的更生。""通常认为,祖先或父母的灵魂迁移到孩子们的身上;从蒙昧人的观点来看,这种灵魂的迁移,就是很好地解释双亲与孩子之间的普遍相像以及甚至较少的隔代遗传现象的理论。"②

古人认为,灵魂的迁移主要在头顶心囟门的位置。在印度的理发民俗中,自古以来有一种习惯,即人的头顶中央的一小缕头发是剪不得的,因为这小缕头发是盖住头顶的裂缝的,此处是人出生时灵魂的入口,而死后,灵魂也正是从此处离开。③ 其实很多民族都有头顶留一撮发的习俗,大凡与守护灵魂有关。婴儿的囟门尚未封闭,民俗以为,婴儿夜啼等与其灵魂不安宁有关,故而有的地方还留传着叫魂的习俗。

灵魂出入囟门的信念依然保留在宗教传统中。在藏密修行中,以梵穴为囟门。而藏密大乘功认为顶轮(中脉的上端)是以百会穴为中心,旁及后脑与前额的包括许多穴位在内的轮状区。武当松溪派之内丹术就是以打开囟会、前顶、百会、后顶为开顶的,这里所说的打开并不单是指该穴有气感、光感,而且该穴的骨头凹陷开裂。开顶功的著名功法便是颇瓦法。

"颇瓦"是藏语 pohwa 的音译,本义是迁移、搬心。颇瓦法为开顶之法,为将来往生做准备。藏密功中以颇瓦法开顶,拙火定打通中脉。④ 年轻健康的修行者修炼颇瓦咒音一般都可以在一个月左右使顶骨开裂,且以头顶能插入香或草为证。

由此观"孝",可以说,小孩头上的孝草,其功能与破瓦功头顶插入的草相

---

① [苏联]谢·亚·托卡列夫著,魏庆征译:《世界各民族历史上的宗教》,中国社会科学出版社1985年版,第124页。
② [英]爱德华·泰勒著,连树声译:《原始文化——神话、哲学、宗教、语言、艺术与习俗发展之研究》,上海文艺出版社1992年版,第485—486页。
③ [德]孔汉思著,杨煦生、李雪涛等译:《世界宗教寻踪》,生活·读书·新知三联书店2007年版,第97页。
④ pohwa 译为破瓦,形神皆合。身体有如房屋,头顶犹如屋顶。修破瓦就是开屋顶之瓦,让灵魂出窍,换言之是将心魂迁移到极乐世界。有关"破瓦"修法参见:[旅美瑜伽士]陈建民口述,[美]康地保罗笔录,[美]无忧子译:《佛教禅定》,宗教文化出版社1997年版,第265—267页。

似,是灵魂出入身体的象征。而这正是祖先的灵魂,孝草的插入,意味着祖先的灵魂进入后代的身体,后人因此获得祖先的智慧和能力。而上文所提的孝与效、肖的同源表明,祖先找到了一个能"效"法自己的接班人,一个在社会功能方面与之"肖"似的后人。如果后人的行为没有达到先人的预期,那就叫做"不肖子孙"了。

"孝"涉及的灵魂迁移,本质上与"爱"字中的灵魂复归相通。"孝"是在感恩先祖("灵魂灌注")之爱的基础上,展现后人对前人的爱。在父系社会,这样的爱,与血缘生育观汇合,表现为子女对父母的爱(所以"filial"一词,既指孝顺的,也指子女的),最后形成儒家的孝道生命观。

灵魂的迁移与血缘的合一,形成一条上溯父母祖先、下连子孙的纵向路线。在此环节中的个体自然担负起"承上启下"的神圣职责:一方面,继承祖先的家业、家训(对得起列祖列宗),谓之"子克家"。这里,"克"表示担当、担负。[①] 另一方面,还要把这一家业、家训传给下一代,从而确保家族血脉、文脉的源远流长。否则"不孝有三无后为大"了。

图13-3 孝,一条上承祖先,下接子孙的生命血缘与社会责任相融合的价值体系

这样,"孝"就不单纯是孝敬父母,更有担负家族兴旺的使命。笔者年轻时常听父辈说"前人强不如后人强"。此话虽是励志性的期待,也说明此过程中,个人生命被上下亲情连贯着,无形中担负起家庭和社会的职责。

子女是自己生命的延续,望子成龙,望女成凤的心态,说到底是自我生命意识的一种投射。当今中国教育充满了这样的急迫,导致许多负面

---

① 蒙卦九二,纳妇吉,子克家。黄寿祺、张善文:《周易译注》,上海古籍出版社1989年版,第49页。

影响。但是，我们也不能因此否认其积极、正面的社会效应（诸如鼓励人们努力进取，一代胜过一代等）。

"孝"像一条爱河，上游连接着祖先、家族，是亲情的源头，也是对故乡的爱，进而扩大到对祖国的爱（此刻的孝，实际上已转化为"忠"了）；中游是自我生命意识的投射，却又超越自我的局限，体现了家庭和社会的责任；下游是对子女小辈兴旺发达的期待。

（四）生生不息，回归本源

从爱、仁、孝，一路演奏着爱的生命进行曲。爱就是生。《论语·颜渊》："爱之欲其生。"《周易·系辞》："天地之大德曰生。"

爱之生，慈也。《说文》："慈，爱也。从心兹声。"兹、滋、孳相通。[1] 心之所滋为慈，故为养育爱抚之义。[2] 慈爱，是母爱，滋养的爱，细雨润无声的爱；是怀抱的爱，庇护的爱（参见第一节，"爱"有隐藏的音义）。

滋养与庇护，那也就是胎儿在母体里享受的爱，这样的爱，无时无刻、无所不在，可谓"念兹在兹"了。[3] 兹，许慎解释为草木滋盛。兹的甲骨文像两束并列的丝，学者以为丝（丝）的本字。[4] 但也有人大胆地认为兹字从玄，是女阴的象形。[5] 笔者以为，从生的角度讲，女阴之"兹"表示孕育，似乎更有解释力。如此，许慎的"草木滋盛"说，自然可以理解为大地母亲的孕育。

---

[1] 章季涛：《实用同源字典》，湖北人民出版社2000年版，第439页。
[2] 齐冲天，齐小平编著：《汉语音义字典》，中华书局2010年版，第380页。
[3] 《尚书·大禹谟》："帝念哉！念兹在兹，释兹在兹。名言兹在兹，允出兹在兹，惟帝念功。"
[4] 汤可敬：《说文解字今释》，岳麓书社1997年版，第121—122页。
[5] 薛俊武：《汉字揆写》（第一集），三秦出版社2005年版，第308—310页。

沿着这个思路,我们继续探究"慈"的声符义。

兹,汉语字典的释义为:其一草木滋盛。其二年,今兹即今年。其三现在,《广雅·释言》:"兹,今也。"其四代词,相当于"此""这里""这个"或"这样"。其五草席,《尔雅·释器》:"蓐谓之兹"。[1] 兹的释义及其古籍用例与兹的本义相去甚远,与慈爱的语象也益发不相干。

不过我们很快发现,这种不相干只是表象,是语义抽象的结果。我们回到原初状态,感受那胎盘世界的生生不息,处于正在进行时的状态(to be doing),即当下的在或现在。我们指示当下事物时,会用一个叹词"喏"(喏,就是这个),沪语的发音很像英语的 now(现在)。"喏"实际上是把当下的存在变成可指称的代词:这里、这个。兹是"喏"的哲学形态,有着哲学存在论的意味,颇有德语 da 的风采。[2]

显然,兹的时间性和代词,都与原初的生养态有关。问题是,兹何以有草席义?

且看"蓐"字,与褥相通,意指草席。褥,从辱,音义独特。《释名》:"褥,辱也,人所坐袤辱也。"什么意思? 我们在第十章第三节中谈到农耕农事时,辱的原型与耕耘有关,而耕耘在原始思维中是一种性行为。辱的性意象进入"蓐"字,便是床戏之类的联想。床与床垫具有通用性,mat(床垫)一词最初即与希伯来语 mittah(床)有关。[3] 而"bed"(床)在古印欧语中,是挖掘、耕耘的意思(其根词为 bhedh,表示 garden plot)。[4]

由此可见,兹之草席(床,床褥)义,就其根本还是生命生殖的隐喻,即通过生殖生育实现的爱,或者归结为母体孕育的爱——慈爱。"慈"是草席生育之爱(兹)的心性表达。

---

[1] 汉语大字典编辑委员会编:《汉语大字典》,湖北辞书出版社,四川辞书出版社 1992 年版,第 1338 页。

[2] 定冠词 the,相应的德语为 da(th 与 d 通转)。da 在德语中的规定性更富有哲理。张祥龙指出,"Da"在德文中是一个很活泼、很"滑溜"的词,有"那里""这里""于是""那么""但是""那个""这个""因为""当……时""虽然"等意。有鉴于此,他把"Dasein"译为"缘在"。见张祥龙:《从现象学到孔夫子》,商务印书馆 2001 年版,第 84 页。

[3] 周文标主编:《多功能英汉案头大辞源》,辽宁人民出版社 1993 年版,第 1100 页。

[4] 周文标主编:《多功能英汉案头大辞源》,辽宁人民出版社 1993 年版,第 2031 页。

十三、爱与生命

同为草席的还有一个字——"茵"。茵,初文为因,像茵褥之形;或簟席之形。① 作为床垫或床褥的"因",有着床事的生成义,从性的发生到梦的发生,都成就了床的因缘。前者是生命的孕育,后者是灵魂的降临。

图 13-4　爱是生的滋养,充满了生命之树的花果芬芳,根系深长

"因"是睡眠的场地,迎候着无意识的降临,就像医神阿斯克勒庇奥斯(Asklepios)的石床(kline,clinic)、弗洛伊德的长沙发。"因"提供了梦的场所,是心灵的故乡,是产生心灵意象的源泉。通过睡床,我们可以退行到心灵的底层,获得无意识精神的丰富的能量,可以治愈心灵的创伤,让人恢复本来面目。这就是人在动物时代曾经拥有的,却在人类直立行走后逐渐退化了的能力。天亮时分,人站立起来了,开始了他的理性生活。夜幕降临,人躺在床上,如同动物横在地上,吸收大地母亲的能量。

"因"的状态,犹如大母神的子宫,温暖而放松。躺在"因"上,自由自在,无忧无虑。好一个"躺"字,从身,尚声;明明是躺下,何以为尚(上)?笔者以为,躺的语源义,很可能来自敞。② "躺"之从尚,乃敞之省形。这样,躺就是身体的敞

---

① 李圃,郑明主编:《古文字释要》,上海教育出版社 2010 年版,第 617 页。
② 语源学者以为"躺"从尚,谓之向上直躺,倒在地上。见齐冲天,齐小乎编著:《汉语音义字典》,中华书局 2010 年版,第 999 页。笔者之说也见于"裳"字,裳为下衣,何以从尚音,其实也是敞,即敞开的衣裙。

开,是身体无意识的释放状态。

因,令身体得以敞开,充溢着大母神的爱。感受这样的爱,就是从心的"恩"。

"恩"是回归本源的爱,是对母亲生养的感恩之爱,报恩之爱。"因"的床褥也是家庭、故乡和祖国。"恩"指向自我的出生地,指向地心,大地母亲的地心引力强烈地牵挂着游子的心。那种归心,像着魔似的被推向大地深处。难怪"恩"的音义,如"摁"字,有下按的态势(所谓"放下"),那是下按到母体深处获得新生的冲动,也是回到母体获得心安的期待,即"放心"状态。

其实,我们也注意到安的音义("按")之所在了。这是将身心安顿在地母的深处(放下心),感受到"成性存存"的自在。"恩"就是寄生于"存存"中的爱,①是感应存在之涌现(physis,参见第一章第一节)的爱。安顿于此正是恩情的发祥地。

总之,慈,是滋养的爱,大母神的付出;恩,是对大母神养育之爱的报答之情。

爱,对人或事物的深厚感情,源自灵魂的迁移和延续,缘于生命的生养和给与。"爱"的灵气注入,是祭司、上师(也是基督、菩萨)拯救世人的爱,充满了精神力量。"仁"的阴阳化生,散发着天地自然的厚爱。"孝"的"肖"像,上承祖先的灵,下续子代的命,综合了"爱"与"仁",显示了自我生命的超越性。"慈"从滋,心之滋生,对应从心从生的性(nature),把"慈"爱上升到哲学本体论的层次。如果说"慈"是爱的上行运动(生命的上升),那么,"恩"就是爱的下行运动(灵魂的降临)。

---

① 荐,从艹,从存;荐之为草垫在于存的生命存在,即床或温床的孕育之生。

参 考 文 献

李圃,郑明.古文字释要.上海:上海教育出版社,2010.
刘志基.古文字考释提要总览.上海:上海人民出版社,2010.
裘锡圭.文字学概要.北京:商务印书馆,1988.
高明.中国古文字学通论.北京:北京大学出版社,1996.
汉语大字典编辑委员会.汉语大字典(缩印本).武汉:湖北辞书出版社;成都:四川辞书出版社,1992.
王力主编.王力古汉语字典.北京:中华书局,2000.
[汉]许慎.说文解字.北京:中华书局影印,1963.
齐冲天,齐小乎.汉语音义字典.北京:中华书局,2010.
张建铭,张宛如.汉字字根——《说文》声母字语源义考释.济南:山东友谊出版社,2010.
张舜徽.说文解字约注.郑州:河南人民出版社,1983.
汤可敬.说文解字今释.长沙:岳麓书社,1997.
邹晓丽.基础汉字形义释源.北京:中华书局,2007.
尹黎云.汉字字源系统研究.北京:中国人民大学出版社,1998.
何金松.汉字文化解读.武汉:湖北人民出版社,2004.
殷寄明.汉语同源字词丛考.北京:东方出版中心,2007.
臧克和.说文解字的文化说解.武汉:湖北人民出版社,1995.
刘志基.汉字文化综论.南宁:广西教育出版社,1996.
周清泉.文字考古.成都:四川人民出版社,2003.
黄奇逸.商周研究之批判——中国古文字的产生与发展.成都:巴蜀书社,2008.

[瑞典]高本汉著,潘悟云译.汉文典.上海:上海辞书出版社,1997.

[日]白川静著,苏冰译.常用字解.北京:九州出版社,2010.

章季涛.实用同源字典.武汉:湖北人民出版社,2000.

任继昉.汉语语源学.重庆:重庆出版社,2004.

张希峰.汉语词族丛考.成都:巴蜀书社,1999.

张博.汉语同族词的系统性与验证方法.北京:商务印书馆,2003.

黄易青.上古汉语同源词意义系统研究.北京:商务印书馆,2007.

周及徐.汉语印欧语词汇比较.成都:四川民族出版社,2002.

[法]沙加尔,龚群虎译.上古汉语词根.上海:上海教育出版社,2004.

[美]王士元主编,李葆嘉主译.汉语的祖先.北京:中华书局,2005.

周文标主编.多功能英汉案头大辞源.沈阳:辽宁人民出版社,1993.

[瑞士]卡尔·荣格等,张举文,荣文库译.人类及其象征.沈阳:辽宁教育出版社,1988.

[瑞士]卡尔·荣格,成穷,王作虹译.分析心理学的理论与实践.北京:生活·读书·新知三联书店出版社,1991.

[瑞士]卡尔·古斯塔夫·荣格著,徐德林译.原型与集体无意识.北京:国际文化出版公司,2011.

[瑞士]冯川编,冯川,苏克译.荣格文集.北京:改革出版社,1997.

[美]霍尔,诺德贝著,冯川译.荣格心理入门.北京:生活·读书·新知三联书店,1987.

[德]埃利希·诺伊曼著,李以洪译.大母神:原型分析.北京:东方出版社,1998.

[英]乔治·弗兰克尔著,褚振飞译.心灵考古.国际文化出版公司,2006.

[英]乔治·弗兰克尔著,刘翠玲译.未知的自我.国际文化出版公司,2006.

刘锡诚,王文宝主编.中国象征辞典.天津:天津教育出版社,1991.

[法]让·谢瓦利埃,阿兰·海尔布兰著,《世界文化象征辞典》编写组译.世界文化象征辞典.长沙:湖南文艺出版社,1992.

[德]汉斯·比德曼著,刘玉红等译.世界文化象征辞典.桂林:漓江出版社,2000.

[英]杰克·特里锡德著,石毅,刘珩译.象征之旅.北京:中央编译出版社,2001.

[英]戴维·方坦纳著,何盼盼译.象征世界的语言.北京:中国青年出版社,2001.

[英]米兰达·布鲁斯-米德福德,菲利普·威尔金森著,周继岚译.符号与象征.生活·读书·新知三联书店,2010.

[英]德斯蒙德·莫里斯著,刘文荣,今夫译.人类行为观察——探索人类奥秘的最佳途.深圳:海天出版社,1989.

[美]戴维.M.巴斯著,熊哲宏,张勇,晏倩译.进化心理学:心理的新科学(第2版).上海:华东师范大学出版社,2007.

[美]米尔恰·伊利亚德著,晏可佳等译.宗教思想史.上海:上海社会科学院出版社,2004.

[美]米尔恰·伊利亚德著,晏可佳,姚蓓琴译.神圣的存在——比较宗教的范型.桂林:广西师范大学出版社,2008.

[德]孔汉思著,杨煦生,李雪涛等译.世界宗教寻踪.北京:生活·读书·新知三联书店,2007.

[苏联]鲍特文尼克等编著,黄鸿森,温乃铮译.神话词典.北京:商务印书馆,2004.

丁山.中国古代宗教与神话考.上海:上海书店出版社,2011.

袁珂.中国神话传说词典.上海:上海辞书出版社,1985.

何新.诸神的起源.北京:时事出版社,2002.

叶舒宪.中国神话哲学.北京:中国社会科学出版社,1992.

叶舒宪.高唐神女与维纳斯.西安:陕西人民出版社,2005.

叶舒宪,萧兵,[韩]郑在书.山海经的文化寻踪——"想象地理学"与东西方文化碰触.武汉:湖北人民出版社,2004.

叶舒宪.英雄与太阳——中国上古诗的原型重构.西安:陕西人民出版社,2005.

王小盾.中国早期思想与符号研究——关于四神的起源及其体系的形成.上海:上海人民出版社,2008.

傅亚庶.中国上古祭祀文化(第二版).北京:高等教育出版社,2005.

刘源.商周祭祖礼研究.北京:商务印书馆,2007.

[法]列维·布留尔,丁由译.原始思维.北京:商务印书馆,1986.

[德]利普斯,汪宁生译.事物的起源.成都:四川民族出版社,1982.

[英]凯伦·阿姆斯特朗著,胡亚幽译.神话简史.重庆:重庆出版社,2005.

[美]约瑟夫·坎贝尔,张承谟译.千面英雄.上海:上海文艺出版社,2000.

[英]约瑟夫·坎贝尔,比尔·莫耶斯著,朱侃如译.神话的力量.北京:万卷出版公司,2011.

[美]艾兰著,江涛译.龟之谜:商代神话、祭祀、艺术和宇宙观研究(增订版).商务印书馆,2010.

[意]维柯,朱光潜译.新科学.北京:人民文学出版社,1986.

[美]斯塔夫里阿诺斯著,吴象婴,梁赤民译.全球通史.上海:上海社会科学出版社,1992.

[英]阿诺德·汤因比著,徐波等译.人类与大地母亲.上海:上海人民出版社,2001.

[英]汉默顿著,李鹏,顾瑜译.伟大的思想(历史卷).北京:九州出版社,2004.

萧兵.中庸的文化省察.武汉:湖北人民出版社,1997.

萧兵,叶舒宪.老子的文化解读.武汉:湖北人民出版社,1993.

叶舒宪.诗经的文化阐释.武汉:湖北人民出版社,1994.

叶舒宪.千面女神——性别神话的象征史.上海:上海社会科学出版社,2004.

尚秉和.周易尚氏学.郑州:中州古籍出版社,1994.

黄寿祺,张善文.周易译注.上海:上海古籍出版社,1989.

叶秀山.中西智慧的贯通.南京:江苏人民出版社,2002.

叶秀山.思·史·诗——现象学和存在哲学研究.北京:人民出版社,1988.

孙周兴.说不可说之神秘——海德格尔后期思想研究.上海:上海三联书店,1994.

陈嘉映.海德格尔哲学概论.北京:生活·读书·新知三联书店,1995.

[德]海德格尔著,彭富春译.诗·语言·思.北京:文化艺术出版社,1991.

张祥龙.现象学导论七讲——从原著阐发原意(修订新版).北京:中国人民大学出版社,2011.

李泽厚.中国古代思想史论.合肥:安徽文艺出版社,1994.

张祥龙.先秦儒家哲学九讲——从《春秋》到荀子.桂林:广西师范大学出版社,2010.

[美]克雷奇,克拉奇菲尔德,利维森等著,周先庚,林传鼎,张述祖等译:心理学纲要(下),文化教育出版社,1981.

蒙培元.情感与理性.北京:中国社会科学出版社,2002.

黄意明.道始于情——先秦儒家情感论.上海:上海交通大学出版社,2009.

[英]查尔斯·达尔文著,余人等译.人与动物的情感.成都:四川人民出版社,1999.

[印度]克里希那穆提著,罗若蘋译.爱与寂寞.北京:九州出版社,2005.

[美]苏珊·朗格著,刘大基等译.情感与形式.北京:中国社会科学出版社,1986.

[美]曼弗雷德·S.弗林斯著,张志平等译.舍勒的心灵.上海:上海三联书店,2006.

张志平.情感的本质与意义——舍勒情感现象学概论.上海:上海人民出版社,2006.

后　　记

这是笔者第三本关于汉字原型的书,有点动"情"了。

《汉字中的身体密码》(2011.1)出版后,2012年起就酝酿写汉字心理学方面的书,后书名改定为《汉字情:符号中的情感世界》。不料"情"路坎坷,迟迟未能动笔(2013年主要是阅读和思路酝酿)。"情"世界,"光怪陆离",迷途难行;不断陷入困境;而"情"困导致笔困,加之内外事务的应对,感觉经常"失联",不时心慵意懒,远不及前两本书写得顺畅。

十三章"情"路,跌宕起伏地写了近一年,正文总算在11月30日完成,而本想暑假前交稿的。幸好责编张旻、郑世彦宽厚而有耐心,一再"善解人意",留出时间,以便"玉成"汉字情感原型的自然"孵化"。

笔者向来有探源的冲动。维柯说凡是本源的东西,也是本质的。我们从汉字的源头看到很多本质的东西,激发起求真的意志。本科时惊异于数学的演绎性,特别是数学与实在的平行性:数学演绎可以先于物理发现。读研时,看海德格尔存在哲学,笔者注意到"存"和"在"字本身就蕴含着存在论的相关思想,不由想到汉字与实在的对应关系。后来从荣格的集体无意识概念中找到了这一对应结构,深信汉字原型也具有数学的神力。

寻觅汉字原型,不仅需要文字学的知识理性,更需要意象的直觉参悟。具体到每个情感原型时,两者关系微妙。笔者尊重先贤的研究成果,不轻易另起炉灶(时下一些文字学书,喜欢自立新说,却流于戏说、胡说)。遇到歧见,尽量在原型的框架内加以整合。这也得助于心理分析的实践活动,其时汉字的构件成了探寻原型世界的路标和路径。

在探索汉字原型时,笔者也注意不少方言用字充满着特殊的原型。方言字很多是古文字的一部分,尽管被"标准字库"打入冷宫,判为生僻字、废字、死字,

后 记

却以鲜活生动的形态应用于日常口语中。即便新起的"俗字"也隐含着深刻的原型。笔者在寻觅老家邵阳话里的方言字原型时，幸遇黎良军教授，他惠赠的邵阳话专著给笔者很多启发。

笔者以字道自居，取义于字以载道，多年来独自耕耘，做了一些抛砖引玉的研究工作。蛇年立春后初见微博@汉字门，即识为同道，视为知音。汉字门（吴雪君）的汉字原型研究，是笔者迄今为止所见最为广阔和深刻的。我们在汉字原型诸多方面高度认同。他紧贴传统，以形名演绎汉字原型，自成一体，构成汉字原型研究光谱中的亮点。笔者乐见汉字原型研究光谱的扩展，为此继续抛砖引玉，令汉字文化大放异彩。

复旦哲学教授刘康德非常赞同笔者的研究方法，是为数不多能认真研读拙著的学者。他多年来一直探讨中国哲学关键词的事-理关系（后来成为一项国家社科课题），与笔者的汉字原型分析多有共鸣。

本书酝酿提纲之际，上海戏剧学院的哲学教授黄意明赠其力作《道始于情——先秦儒家情感论》，正合"情"窦初开时。而书稿进入尾声时，收到黄亚平教授大作《广义文字研究》。此乃上海大学美学教授林少雄引介汉字符号学研究者黄教授与笔者结缘之故。少雄一直对汉字原型寄以厚望，关注汉字原型中艺术概念，探讨其对艺术创作的效应。

马年开春，书稿一二章也刚写出，在无极书院遇到一批中国方志愿者，一些志愿者对汉字原型产生浓厚兴趣。其中史慧虎最为恳切，至诚追随笔者的学问，着意推广汉字原型的研究成果，为书稿收集相关图片和材料。

又，书中插图多注明出处，个别网络图片，作者无从查实，望所有者告知，以期后补。

以上人与事，伴随着书稿，也成就了书稿，在完稿之际，笔者感恩所有玉成"情"书的缘分！

罗建平
2015 年